本书得到的资助如下：

国家社会科学基金重大项目（21&ZD077和23&ZD045）

国家自然科学基金项目资助（71973094和72173085）

教育部人文社科规划项目（20YJA790093）

浙江省自然科学基金重点项目资助（LZ17G030001）

中央高校基本科研业务费专项资金

上海市人民政府决策咨询研究基地顾海英工作室

浙江舟山国际农产品贸易中心有限公司博士创新站

浙江大学长三角智慧绿洲创新中心

浙江大学文科教师教学科研发展专项项目资助

问卷调查方法与研究设计

Questionnaire Survey Method and Research Design

张跃华 著

ZHEJIANG UNIVERSITY PRESS
浙江大学出版社
·杭州·

图书在版编目（CIP）数据

问卷调查方法与研究设计 / 张跃华著. -- 杭州：
浙江大学出版社，2025.3. -- ISBN 978-7-308-25897-5

Ⅰ. C91-03

中国国家版本馆 CIP 数据核字第 2025F1J300 号

问卷调查方法与研究设计

张跃华　著

责任编辑	钱济平
责任校对	朱卓娜
封面设计	雷建军
出版发行	浙江大学出版社
	（杭州市天目山路 148 号　邮政编码 310007）
	（网址：http://www.zjupress.com）
排　　版	杭州星云光电图文制作有限公司
印　　刷	杭州钱江彩色印务有限公司
开　　本	710mm×1000mm　1/16
印　　张	23
字　　数	298 千
版 印 次	2025 年 3 月第 1 版　2025 年 3 月第 1 次印刷
书　　号	ISBN 978-7-308-25897-5
定　　价	98.00 元

序:授人以渔

2024年9月,我们的学生,浙江大学的张跃华教授将其书稿《问卷调查方法与研究设计》送到我的案头,邀请我写一个序,我欣然应许。好像是两年前,跃华在写作过程中曾让我看过书稿,我也提出过不少意见。因事务繁多,我提了意见后就没再多过问,想是已经出版了,等待他的赠书。直到9月接到邀约才知,他的书稿还在编辑中,真是好事多磨。写个序,对我来说似乎不难,但写一个好序却不那么简单,我想了好久,国庆假期时才终于动笔。这要从我对田野调查的感知说起!

发言权的获得

我是经常行走在田野中的学者,对田野调查特别感兴趣。从上大学时的寒暑两假期实习到课程实习,再到毕业实习,做的都是同一种工作,即对农村各类组织的调查。只不过大学阶段的调查统一被称为"实习",不如"田野调查"好听或者"高大上"。但自那时起,田野调查就已成为我生命中不可缺乏的东西。

早期的田野调查,我们通常吃住在农家、村部或企业中,行动仅靠双脚或自行车。尽管条件很简陋,手段很原始,但我们获取一手资料却是那么简单,调查员和被访者都是那么坦荡、那么真诚,调查效果也非常好。也许那时我还是一名在校大学生或研究生,人们从来不需要提防我,也没有提防过。即使刚踏入社会,在农村参加为期一年的"三同"(同吃、同住、同劳动)工作时,我享受的也是如庙里的菩萨一样的待遇。最让我感到满意的就是大学时代学到的调查技巧,在工作的第一年,山西省委农村工作队下乡到屯留队时,我就用它来帮助团队制定"粮食倍增"计划,①最终成功实施计划,实现目标。当然,计划能够成功实施首先得益于队长对我能力的信任,其次得益于山西省农业科学院的支持,帮助我克服很多困难。其中最关键的是我对所在单位的技术能力有比较充分的了解,对工作队驻地河头村农户当时的生产状况及演变有透彻的调查分析。这些了解与分析都来自持续不断的田野调查。这件事让我认识到,实实在在的田野调查是解决问题的好办法。我们的行动与策略就是由调查结果支撑的。作为调研者,我一直凭借自己多年的"实习"经验,实现自己的目标;始终相信"没有调查,就没有发言权",行万里路,读万卷书,见多自然就会识广。我的研究就是从这里开始的。

答案就在问题中

民间有一种说法:"名师一点,胜似十年修行。"对此我深有体会,寻求点拨是我求学的初衷。当然,在我进入大学从教后,点拨学生也就成为我的主要工作。至于自己有没有掌握点拨之功,能否胜任教师之职,我是有过自省的,并有过一个恰当的判断。② 从教后,我思考最多的是大学教育的核心到底是什么,想来想去,一个字:"悟"!从我的观察与经历感知到,提升学生的悟性③当是做大学教师的根本,如何从教学研究中提升学生悟性,当是"传道、授业、解惑",这是成为良师的不二选择。实现目标的核心手段或方法来自基层。问题的产生同时会伴随有答

---

① 史清华.中国农家行为研究[M].北京:中国农业出版社,2009:506-507.
② 我自认是有思想,有想法,想做点事的人。我的这一想法在《中国农家行为研究》(中国农业出版社,2009)一书的附录"我的三十年"中有一个详细记录。当然,最早的记录应是我从教前的自画像,详见史清华《农户经济行为及活动研究》(中国农业出版社,2001)之附录"我"。
③ 这个认识也来自我对当代大学生的调查,虽说都是一些点状调查,不系统,但和我的初判吻合。

案。这就需要人们深入基层民众中进行细致的调研与观察。

调研策略的形成

作为大学老师,我们的目标就是启发学生,让学生们从此不再人云亦云,让他们在行动中形成自己的思想。这个工作说起来容易,做起来却非常难。但也正是因为难,①我与学生才有共同挑战自我的机会。

作为一名以田野调查为主要工作的学者,在引导学生的过程中,我常想把一些调研的方法、技巧等系统地写成一本书,分享给有兴趣的学者,但时至今日还停留在口头或课堂上,实在有违自己"挑战自我"的说教。我的学生张跃华教授则不同,他用行动给了我最好的回答。在上海交通大学做博士研究生时,跃华就对我的田野调查非常着迷,也是对我的调查(方法、代表性、数据、认知)提出疑问或建议最多的学者。他毕业后到浙江大学开始践行田野调查,这一践行不只是步我走进生活的后尘,更是让走进生活有了一种升华。现在摆在我们面前的这部《问卷调查方法与研究设计》书稿,就是跃华教授挑战自我的一个真实写照。

全书共 10 章,20 余万字,以教材的编写方式,从概念到理论,从理论到方法,详细地对田野调查工作进行了叙述,并对实践中遇到的问题与解决方式以案例的形式加以解读,每章后还配有思考题供读者深化理解。跃华的这部专著,确切地说,应是一部自己行动的记录。客观的自我需要与主动的分享责任,让他不遗余力地将数年时间沉淀在此,还在浙江大学的课堂上成功分享,并因此获得了 2019 年浙江大学优质教学一等奖,相关课程获评浙江省优秀研究生课程以及省级一流课程,其课程内容也被系统地整理成一部书稿。跃华的这一行动大有一种"苦在当下,

---

① 不记得在哪里看过一个小视频,谈今天大学生的"卷"。我想,"卷"的实质应是大伙都认为容易,都走在了这一容易的路上的结果。在大伙都认为难行的路上,我看根本不存在"卷",甚至还有点孤独。

利在千秋"之感。在这里,我提前替读者谢谢跃华,你做得真棒!

我虽不能说是本书的第一个读者,但对本书每一章节涉及的内容都深有体会。过去是零碎的体会,跃华的努力让我这位老田野工作者对田野调查本身又有了一种系统性的认知升华。科学研究最讲认真二字,从问题发现,到问题诊断,再到问题解决的思想形成、方法确定,严格地说,都有特定严谨的科学要求。如在集体化时代,基于对劳动力生产效率的调查,农村集体工分决定"为男性全劳力,10分;女性全劳力,7分;小孩半劳力,5分",就是这么一个看似不科学的科学决策。① 通常,决策的形成应是在科学研究基础上做出的。而科学研究放在社会科学领域,又表现为田野调查引领下的逻辑判断与数据获取和分析。所以从这个角度看,田野调查是策略形成最好的方法。

田野调查作为一种方法,跃华教授在书中对它的应用场景已讲得很详细了。本书不只是一般在校学生进入社会科学领域的必读教材或必用工具,同时也是政府决策人员、商业营销人员的必备工具。能够真正掌握田野调查方法,并亲自走进生活者,通常也就会做出正确的决策,让其行动顺利,少走弯路。

期盼张跃华教授的《问卷调查方法与研究设计》顺利出版,同时也期盼读者能从中受益。请相信我,一部从实践中走出来的著作,一定也会引导你在实践中获益。"前人栽树,后人乘凉",我们可以借此书分享跃华给我们的"凉",让我们在行动中获取实实在在的"粮"。相信跃华的行动结晶,可以让我们获取福利。

2024年10月9日写于交大闵行校区

---

① 盖庆恩,朱喜,史清华.劳动力转移对中国农业生产的影响[J].经济学季刊,2014(3):1147-1170。

前　言

1. 本书面向的对象和特点

这是一本关于问卷调查方法与相关数据分析的书。它主要面向三类人员。

第一类是政府工作人员。问卷调查是一种为政府提供必要信息的有效方法。政府工作人员可以通过问卷调查了解群众中发生的若干问题，尤其是不同问题之间的权重，也可以了解公众对公共服务的评价。

第二类是从事商业市场营销的人员。例如，餐厅经理可以通过问卷调查得知客人偏好什么口味的菜品，哪些菜品是受欢迎的，为什么受欢迎，以后可以在哪个方面进行改进；银行经理可以通过问卷调查了解哪些人是最好的目标客户群体，具有哪些特征的客户风险最大；保险公司的经理可以通过问卷调查的方法知道目标客户群体的保险需求，然后设计新的保险产品。

第三类受众群体，也是最主要的一个群体，就是相关研究人员和学生，包括本科生、硕士生和博士生。在以往的论文评审中，我们发现很多学生的学位论文中涉及问卷调查时，往往会出现各种错误。本书会着重讨论问卷设计过程中哪些地方最容易出错误，如何设计问卷中的问题，例如，如何询问一些敏感性的问题——收入问题、留守儿童性侵问题、民众对军事组织的态度问题等。

本书的特点主要在于：第一，针对的是小规模调查，与具有专门研究目标的问卷设计。如调查范围在 100～2000 个样本的调查，尤其是针对某一个研究主题进行的研究。例如：某国民众

1

对境内各种军事力量的态度调查,如果受访者直接表达出他们对某个军事组织的反感态度,那么他们的人身安全将会受到威胁,这个时候应该如何设计问卷? 又例如:关于公众对罕见病群体进行捐助的意愿调查,研究人员应该如何设计变量? 如何才能知道公众对罕见病的认知程度? 由于部分问题涉及伦理问题,受访者很难直接回答这些问题,但是可以通过巧妙的问卷设计得到相对有效的信息。

第二,面向的是传统的问卷调查,例如利用纸质问卷进行的调查。之所以采用纸质问卷而不是网络问卷,主要是因为考虑到纸质问卷的门槛比较低,即使在调查中发现了问题,也比较容易修改。

第三,不强调统计学或数学方法,只侧重应用,针对各种不同的问题,提出相应的问卷设计方法。不熟悉基本统计学、计量经济学知识的读者,可以根据需要,自主学习一些相关的统计学内容,理解起来会更加容易。

2. 本书的写作背景和目标

本书的写作背景主要有以下四个。

第一,培养定量研究的逻辑思维能力。

现在很多政府工作人员和学生(无论是人文社科专业,还是理工科专业)通常还是习惯用定性的方法来思考问题。实际上,定性分析方法和定量研究方法是两个互相补充的方法,定量研究的起点往往是深度访谈等定性研究方法,不重视定性研究方法的定量研究是不成功的。但是,定量研究在数据可获取的情况下可以得到一些更加深刻的研究结论。所以本书主要介绍如何通过问卷调查去获取数据,以及获取数据以后,如何利用数据进行科学分析,得到一些新的认识。问卷调查和数据分析的过程就是培养逻辑思维能力的过程。

第二,问卷调查是进行公共政策研究和绩效评估的重要途径。

　　笔者希望读者通过对问卷调查设计的学习和应用,在公共政策研究中使用一些微观数据,为目前已经实施的政策或措施提供一些启示,包括学校的教学改革、饭店推出的新菜品、航空公司负面新闻对业绩的影响、社会公众对政策的反应、病死猪流入市场的概率,等等。

　　第三,问卷调查是深入了解基层的重要途径。

　　我们通常采用对典型对象进行访谈的方式获得必要的基层信息,在群体规模较小时,通过直接观察得到的信息相对比较准确,但是随着群体规模的扩大,通过直接观察得到信息的效率就会逐渐降低。由于人与人之间是异质(有差别)的,经济学研究强调异质性,假设每个人都是不一样的,所以访谈的对象在多大程度上能够代表所有人,往往需要进行问卷调查以获得每个人的信息和偏好,再通过数据分析的方法得到结论。

　　第四,在大数据时代,问卷调查仍然有无可替代的作用。

　　通过运用大数据分析具体问题和随机抽样调查结合的方式,可以更好地解释社会现象。运用大数据可以解决很多商业问题,也可以分析很多经济现象。但大数据的主要问题在于数据往往是有偏的。例如:人们到医院去看病,每次刷卡所产生的医疗费、治疗方法、使用的药品、看病的时间等数据,都会被计算机记录下来。这些数据在不断更新,所有人的这些数据就会形成一个非常庞大的数据库。用这个数据库可以分析目前的医疗制度有没有产生严重的过度医疗,医院的制度改革成效,甚至医生的道德风险等问题。但是不能仅依靠这个数据库去分析医疗保险是否增进了农户的健康水平,也无从得知农户是否由于医疗保险释放了医疗需求。

　　因为这个数据库是有偏的,它仅收集了到医院看病的人的数据,没有收集那些有病却并没有去医院的人,以及那些原来没有病,以后可能会去医院的人的数据。从这个意义上讲,可以通过问卷调查了解受访者的意愿和态度。如果问卷调查采取的是严格随机抽样的方法,数据分析的结果可以反映整体的情况,或者说是整个社会的情况。但是,如果大数据得到的样本是全体样本,刚才这些问题也可以得到部分解决。

本书在进行问卷设计讲解时,会特别关注如何设计变量,以及如何培养读者的社会科学的逻辑思维能力。例如,关于饮酒对寿命的影响研究,如果调查结果显示 90 岁老人的白酒饮酒量显著高于 80 岁人的饮酒量,而 80 岁人的饮酒量又大于 70 岁人的饮酒量,70 岁人的饮酒量大于 60 岁人的饮酒量,这种情况下能否说明喝白酒有利于长寿呢?

出现这种情况时,可能是分析数据的方法出了问题。如果在做问卷调查时,加入了一个重要的变量,例如健康状况,分析结果可能就变得不显著了。这是由于健康状况较差的人可能会控制饮酒量,所以健康的人饮酒量相对于不健康的人会比较高,这是一个很容易理解的正相关的关系。同时,在没有意外的情况下,越健康的人寿命会越长。所以,是更好的健康状况同时导致了饮酒量高和寿命长。饮酒量和寿命的相关关系说明不了任何问题。

更深入的分析如下:在控制健康状况相同,在其他因素一样的情况下,再分析饮酒量对寿命的影响,这时候就可以得到饮酒量对寿命的真正影响。之所以在问卷调查的数据中会出现这种情况,主要是因为幸存者偏差。那些身体不好又大量饮酒的人,很可能没有活到 80 岁或者 90 岁就去世了,在数据中观察不到这些人的存在。因此,问卷调查设计的好坏,很大程度上在于对问题理解的深刻程度。对问题的理解越深刻,前期深度访谈和预调查越深入,后期问卷设计就会越精彩。同时,这个过程也可以培养一个人定量分析的逻辑思维能力。

本书主要包括四个目标。

第一，了解问卷调查在哪些领域比较容易使用，在使用问卷进行调查时需要注意哪些基本的问题。

第二，了解问卷调查中一些关键变量的设计，这些关键变量的设计思想是什么。例如，如何知晓饭馆中顾客对某种菜品的偏好？这种偏好是否和年龄有关系？

第三，掌握一些基本的随机抽样方法。如果通过随机抽样的方法去抽样调查，得出的结果就可以在很大程度上反映总体的情况。但是随机抽样是一种非常难实现的调查方法，大部分研究都很难做到完全数学意义上的随机。那么就要根据不同的研究目的，进行抽样方案的选择。例如调查某地民众对军事组织的态度，如果要直接了解民众对不同的军事组织的态度，基本上不可能通过随机抽样的方法，这时候可以通过大样本、方便抽样的方法进行。

第四，掌握一些设计问卷的基本技巧，例如怎样去排列不同问题的顺序？不能让受访者了解研究人员的意图，否则就会对受访者产生诱导。需要注意的是，本书将在一个问题上介绍不同领域的案例，例如精准扶贫、罕见病、转基因、教学评估、农田水利建设、信贷问题等案例，主要目的在于让不同背景的读者更易理解、应用。本书主要涉及问卷调查的设计原则、方法以及一些技巧，有些部分难度比较低，但也有些部分难度相对高一些，读者可以根据自己的需要，选择有兴趣的部分进行学习。对于其中难度较大的部分，可以再参考其他相关的专业书籍，本书只是浅尝辄止，为大家进行简单的介绍。

目　录

1　调查方法 ························· 1

　关键术语 ······························· 1

　1.1　问卷调查和我们 ········· 4

　1.2　问卷调查的作用 ········· 5

　1.3　问卷调查的伦理问题 ········· 14

　小练习 ······························· 21

　参考文献 ······························· 22

2　问卷设计 ························· 23

　关键术语 ······························· 23

　2.1　制定调查提纲 ············· 25

　2.2　明确问题 ··················· 26

　2.3　确定变量 ··················· 28

　2.4　构建测量指标和量表 ········· 29

　2.5　设计题项 ··················· 31

　2.6　避免问卷的诱导性 ········· 36

　2.7　问题尽量客观 ············· 45

　2.8　真实性检查 ················· 52

　小练习 ······························· 53

　参考文献 ······························· 56

3　问卷调查的形式 ········· 58

　关键术语 ······························· 58

　3.1　面对面访谈 ················· 59

3.2　集中调查（农户）·································· 68

3.3　电话访谈····································· 70

3.4　网络调查····································· 73

3.5　大型调查问卷（普查）与专项调查·············· 83

小练习·· 96

参考文献······································· 98

4　问卷调查的步骤························· 99

关键术语······································· 99

4.1　深度访谈···································· 101

4.2　设计问卷···································· 116

4.3　预调查····································· 135

4.4　招募调查员·································· 141

4.5　处理调研前的琐事···························· 143

4.6　问卷调查的实施······························ 147

4.7　处理回收的问卷······························ 149

小练习······································· 152

参考文献······································ 154

5　整理调查问卷························· 156

关键术语······································ 156

5.1　及时整理调查问卷的必要性····················· 156

5.2　问卷录入··································· 158

5.3　清洗数据··································· 166

5.4　数据库备注································· 169

5.5　扫描原始问卷并装订·························· 170

小练习······································· 171

参考文献······································ 172

6 抽样 ··· 173

关键术语 ··· 173

6.1 抽样的重要性 ································· 175

6.2 基本概念介绍 ································· 176

6.3 抽样的过程 ···································· 183

6.4 抽样设计类型 ································· 184

6.5 样本容量的确定 ····························· 203

小练习 ·· 205

参考文献 ··· 210

7 问卷调查的难点与挑战 ························ 211

7.1 敏感性问题作答 ····························· 211

7.2 用实验测度无法观察的变量 ············ 222

7.3 网络调查的抽样方法 ······················ 229

7.4 因果关系分析 ································· 232

小练习 ·· 236

参考文献 ··· 237

8 问卷数据分析方法 ····························· 239

关键术语 ··· 239

8.1 基本的统计学概念 ·························· 241

8.2 描述统计 ·· 266

8.3 基本回归模型 ································· 273

8.4 相关关系分析 ································· 277

8.5 DID 方法 ·· 279

8.6 RD 方法 ··· 283

小练习 ·· 289

参考文献 ··· 292

9 **问卷调查的常见问题及解决方法** ·············· 293

   关键术语 ············· 293

   9.1 缺乏多因素分析 ············· 294

   9.2 变量难以加总分析 ············· 303

   9.3 抽样错误 ············· 305

   9.4 缺乏基本变量 ············· 308

   9.5 问卷过于冗长 ············· 311

   9.6 未明确研究的主题和方法 ············· 315

   9.7 部分样本访问不到 ············· 320

   9.8 应答率问题 ············· 324

   小练习 ············· 326

   参考文献 ············· 327

10 **案例分析** ············· 329

   10.1 居民养老和医疗情况调查 ············· 329

   10.2 某省保险人员职业伦理研究 ············· 337

   小练习 ············· 348

后　记 ············· 349

1

调查方法

▶ 关键术语

问卷(Questionnaire):为收集信息而设计的文件,主要由问题和其他类型的项目组成(谢宇,2013)。通常用来获取和分析相关信息,主要在调查研究中使用,但也可以在实验、实地研究和其他观测方法中使用(Babbie,2020)。

访谈(Interview):访谈者直接向受访者提问的资料收集方式。访谈可以通过面对面的方式进行,也可以通过电话的方式进行。访谈是收集调查资料的一种替代方法(Babbie,2020)。

受访者(Respondents):通过回答调查问卷、访谈问题为研究人员提供分析资料的个体(Babbie,2020)。

测量(Measurement):对事物的特征或属性进行量化描述,对非量化事物进行量化的过程。社会科学中往往通过一些操作化指标对研究对象在某些概念(如特征)上的取值进行测量(谢宇,2013)。

偏误(Bias):测量或估计的情况与实际情况之间的差异(谢宇,2013;罗胜强和姜嬿,2014)。

偏差(Deviation):指具体取值和某个特定值的差,表示对某个特定值的偏离程度(谢宇,2013)。

异质性(Heterogeneity):即差异性,指分析单位(例如个体、

1

群体或组织单元)在某些特征、属性或状态上存在差异(谢宇, 2013;费明胜等,2017)。

变量(Variable):是说明现象的某种特征的概念,其特点是从一次观察到下一次观察会呈现的差别或变化。例如身高、体重、年龄、家庭年收入等都是变量。变量的具体取值被称为变量值,也就是数据。在量化研究中,主要研究的就是各个变量之间的关系,也就是可以变化的量之间的关系(贾俊平等,2021)。

匿名(Anonymity):使研究者和读者都无法将特定回答与特定研究对象对应起来的方式(Babbie,2020)。

保密(Confidentiality):研究者可以将特定回答与特定研究对象对应起来,但研究者向研究对象承诺不会公开(Babbie,2020)。

知情同意(Informed Consent):研究对象被告知研究的内容以及可能的风险,请求他们签署的声明,表示他们已经了解其中的风险,但仍同意参与研究(Babbie,2020)。

开放式问题(Open-ended Questions):受访者被要求做出自己回答的问题(Babbie,2020)。深度访谈和定性访谈基本依赖于开放式问题。

封闭式问题(Closed-ended Questions):受访者被要求在研究者所提供的答案中选择一个答案(Babbie,2020)。因为封闭式问题能够保证回答具有更高的一致性,并且比开放式问题更容易操作,因而在调查研究中相当流行。

对照/控制组(Control Group):指随机抽选实验对象的一个子集,其中每一个个体没有接受某种特殊的处理。没有对照组,就没有办法确定干预措施或是某些其他变量(或几个联合变量)是否产生了作用(谢宇,2013;贾俊平等,2021)。

实验/干预组(Experimental Group):指随机选择的实验对象的子集,实验组中的个体要接受对照组所没有的某种特殊处理(谢宇,2013;贾俊平等,2021)。

抽样(Sampling): 从总体 N 个单位中任意抽取 n 个单位作为样本的过程(贾俊平等,2021)。

某农业企业希望了解公众对转基因食品的态度,就设计了一份调查问卷,委托调查公司到高铁站、汽车站以及图书馆等人口稠密的地方发放了 1000 份该调查问卷。问卷主要有 2 个问题:

1. 您平时是否购买转基因大豆油?

A. 购买　B. 不购买　C. 无所谓

2. 您认为转基因食品是否对人体有害?

A. 有害　B. 无害　　C. 不知道

这种问卷调查结果或许可以得到一些感性的结果,但是结果的可靠性却不足。

第一,抽样不严谨。由于调查在类似高铁站这样的地方进行,很难做到科学抽样,因此调查的结果不能反映整个社会对转基因食品的偏好,甚至无法反映高铁站乘客的相关偏好。只有每个人都有被抽到的可能性,且概率是已知的时候,我们才能够得知公众对转基因食品的态度。

第二,公众无法客观回答问题 2。因为这是一个需要科学论证的问题,公众是无法凭直觉判断转基因食品是否有害的。对这个问题可以进一步设计为:

1. 您认为转基因大豆油是脂肪还是蛋白质?

A. 脂肪　B. 蛋白质　C. 不知道

2. 您认为转基因成分主要存在于哪里?

A. 脂肪　B. 蛋白质　C. 不知道

通过这些客观问题,可以了解公众对转基因食品的认知。

第三,缺乏控制变量。我们在研究公众对转基因食品的态度时,除了客观上转基因食品是否有害外,公众态度本身也是一个主观问题。需要将人群分为不同组,例如以学历、年龄等为依据。进行分组进而可以通过回归的方式分析,具有哪些特征的人群更倾向于认为转基因食品有害或无害。

第四,缺乏敏感性问题设计。如果被访人认为这个问题很敏感,不想引起争执,也不想回答问卷,那么直接询问的结果将得不到有效的数据。

本书通过案例讨论如何设计问卷,才可以得到科学的调查结果,并避免调查过程中出现的种种偏误,帮助读者理解问卷调查背后的数据分析逻辑。尤其是对于敏感性问题的设计,如何在被访者的隐私得到保障的情况下,仍然能够从问卷中得到如上述案例中,公众对转基因食品偏好的客观结果。

1.1 问卷调查和我们

调查研究法是社会科学常用的方法之一,这类研究往往通过向人们询问问题来收集所需的信息,询问的方式包括问卷调查和访谈等(Babbie,2020)。问卷调查与调查研究法的关系相当紧密,是调查研究法中获取信息的主要方式。调查问卷的设计对于社会研究者而言是一项重要的实践技巧(罗胜强和姜嬿,2014)。每种社会研究方法各有优劣,适用于不同的研究场景或研究问题,但并非绝对割裂,也可以相互配合使用(Babbie,2020)。例如:问卷调查的准备阶段往往会通过内容分析法或实地研究法明确研究问题,再配合文献分析法设计调查问卷,在调查问卷的设计中往往也会用到实验研究法以获取某些变量,而将问卷发放给受访者获取相关信息并进行分析的过程本质上也是一种调查研究。

我们在生活、工作和学习中,会自觉不自觉地用到问卷调查方法。

例1,我们在学校读书时候,本科生院请你参加优秀教师评选调查,选出以下三位老师中你最喜欢的老师:A. 王老师 B. 李老师 C. 刘老师。当评选结果显示王老师的票数最高时,能否说明王老师就是同学们最喜爱的老师呢?答案是否定的!因为没有考虑到每位同学在评选中对三位老师排名的权重,也就是说同学们对老师喜欢的程度没有体现出来,这也是投票选先进的重要弊病之一。

例2,我们进行农村调查,希望了解农村留守儿童的健康状况是否受到了父母亲外出打工的影响。如果调查仅仅将儿童分为留守儿童和非留守儿童,再将他们的健康进行比较得出结论,这个结果可以反映父母不在身边对留守儿童健康状况的影响吗?答案是否定的!因为孩子是不是留守儿童,有可能是内生的。也就是说,儿童是否健康会影响父母外出务工,而不是相反的因果关系。

例3,我们甚至不能够将税务局办事大厅中,服务结束后的满意度调查结果认为是科学和客观的结果。因为每个办事窗口的人流量不一样,每个窗口工作人员接待的客户不一样。例如面对偷税漏税的客户,工作人员的服务态度再好,也可能被打差评,这并不能说明工作人员的服务态度有问题。这种办事大厅的满意度调查只有在大样本、每个窗口的人流量是同质的条件下才能一定程度上反映工作人员的工作情况。

因此,当我们在生活中遇到与问卷调查相关的问题时,对这些问题进行刨根问底的思考,不但有利于我们今后利用调查问卷作为工作和生活的工具,而且可以显著提高逻辑思维能力,不会被数字游戏欺骗。

1.2 问卷调查的作用

1.2.1 纠正访谈获取信息的偏误

如果研究人员想了解公众对垃圾分类的态度,设计问卷如:

"您对垃圾分类到底是赞成、不赞成还是无所谓？"可以想象，不同人对垃圾分类的态度差异可能非常大，也就是说，对垃圾分类的态度完全取决于调查的是哪个群体。

这些访谈对象能否代表整体的公众呢？如果在大学里做这个调查，调查对象则大部分都是学生，学生对垃圾分类的认识和公司白领或家庭妇女的认识，很可能是不一样的，这主要取决于人与人之间的异质性。问题回答的差别可能还取决于如下因素：是因为小区内配合垃圾分类的公共设施不够完善，还是因为垃圾分类的宣传不充分？受访者的受教育程度是否影响其对垃圾分类的理解？垃圾分类的宣传力度是否对他们的理解产生了偏差，使受访者对垃圾分类有不同的态度？还有，高收入群体是否会对垃圾分类产生不同的看法？

除了是否赞成垃圾分类政策之外，另一个值得研究的问题是，这项政策的社会成本有多大？我们知道，垃圾分类后，废旧物资再利用产生的收益很大程度上是社会收益，从另一个角度讲，垃圾分类在一定条件下是社会文明程度的体现。分析垃圾分类的社会成本对于公共政策有着重要的意义，可以帮助政府优化相关的政策。例如，分拣的耗时就是一个重要的社会成本，这个时间成本对于不同的人而言是有差异的。因为同样的时间，对于不同的人而言，机会成本（opportunity cost）是不一样的，也就是不同职业的人在相同的时间里可能获取的收入不同，这种情况下社会的平均成本要怎么计算呢？

这些问题如果仅仅通过观察或访谈，很难得到客观的答案。通过问卷调查可以纠正一些主观认识上的偏误。

例如，在关于某省保险人员职业伦理的调查研究中，研究人员首先到四家保险公司对几位员工进行了面对面访谈。为了解财险销售人员的职业伦理行为倾向，研究人员询问了被访谈者一些关于职业伦理态度的问题，例如："认不认同理赔是可以控制的,就是承保的时候,先确保能获得保费,理赔时根据公司经营情况控制赔付率。"被访谈者对这个问题的回答是:"赔付是不太好控制的,因为现在媒体比较发达,理赔的东西大众都知道,并且监管要求也是比较明确的。"但是,当研究人员将该问题设置成调查问卷随机发放给某省域内的其他财险销售人员时(1343 个随机样本),得到的结果却如图 1-1 所示。

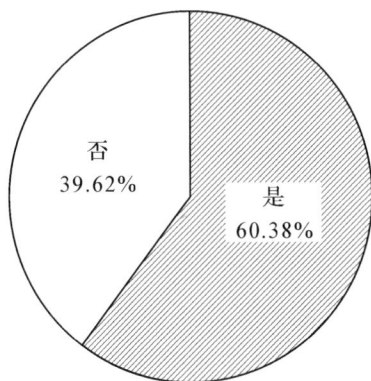

图 1-1 某省财险销售人员是否认同
"财险中的理赔可以适当控制"

约有 60.38% 的财险销售人员认同"财险中的理赔可以适当控制"。这说明面对面接受深度访谈的被访谈者可能出于职业伦理问题的敏感性和面对面访谈的实名性会隐瞒部分信息,导致访谈获取的信息有偏误;或者由于访谈对象的数量太少,导致得到的信息不够全面。而问卷调查经过巧妙的设计可以保护受访者的隐私,具备一定的私密性,减少受访者的心理防备,在样本量足够大的时候,能得到更接近于真实情况的数据结果,从而纠正访谈获取信息的偏误。

需要说明的是,对"财险中的理赔可以适当控制"这一说法表示认可并不能说明财险销售人员的职业道德一定存在问题。因为结合访谈内容来看,在财险理赔过程中的定损阶段,往往会由于技术不到位而无法准确测定标的物的损失程度,这个时候就需要定损员根据经验进行判断,有一定的弹性,这也是"理赔适当控制"的情况。当然,也可能存在一种违背职业伦理的情况:定损员与客户勾结,故意夸大损失程度,获取更高的保险赔付金额,这一行为会损害公司利益,是一种违背保险职业伦理的做法。因此,如何应用问卷调查纠正访谈获取信息的偏误,又如何解读问卷调查结果与访谈信息的差异,需要结合实际问题具体分析。

1.2.2 获取难以直接观察的信息

银行工作人员希望了解以下两个问题。

第一,贷款企业的主业收入占总收入的比例对还款概率的影响如何?

第二,如果扩大贷款规模,降低贷款的门槛,将贷款扩大到未贷过款的群体,对坏账率会产生什么样的影响?

对于第二个问题,银行无法观察到没有贷过款的群体的基本特征及贷款意愿的情况(因为他们根本就没有贷过款),这个问题可以通过问卷调查的方法进行分析。

如图 1-2 所示,把人群分成 A、B、C 三个群体,A 群体是已经贷款的群体,B 群体是已经贷款并没有还款的群体,C 群体是还没有贷款的群体。

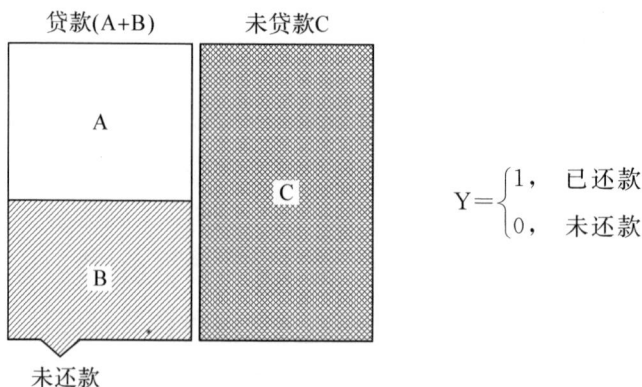

图 1-2　银行贷款还款影响因素研究中的人群分类

做一个简单的分析:把 Y 作为贷款人是否还款的变量,如果没有还款就把它定义为 0,如果还款就把它定义为 1。可以想象一个贷款者,他的受教育程度、年龄、职业、家庭收入、性别以及主业和副业的比例等因素,都会影响到他的还款概率。如果控制住主业、副业比例以外的各种因素,就可以得到一个贷款者的主业占比对其还款概率的影响。

对于银行关注的第二个问题,另外一部分群体 C,他们没有贷款,所以研究人员根本得不到这些人的任何信息。不能简单假定 C 群体贷款以后的还款行为和 A 或 B 群体的行为一样。因为本身贷到款的人和未贷到款的人在风险、生产规模、风险态度等方面都是不一样的。在这种情况下,就可以通过问卷调查解决这些问题,不仅仅要调查 A 和 B 群体,也要调查 C 群体。问卷调查不仅可以得到 C 群体对贷款的意愿和需求,还可以得到其与 A、B 群体之间的差异。基于 C 和 A、B 群体的差异,经数据分析得到如果 C 群体贷款后,他们可能的行为会不会和 A、B 群体的行为一样。这些信息非常有助于银行优化贷款政策,评估是否扩大贷款规模。

另外一个有趣的例子是,针对脱贫问题,政府的一系列政策是否起到了重要作用? 哪一项政策更加有效?

例如,政府与银行合作,发动乡镇政府与村委会,将农村信贷推广到了每个乡村,农户获得信贷的概率大大增加。但关键的问题在于:农户获得贷款后是否更容易脱贫? 这些贷款对农户生产起到了什么样的作用? 是否有利于农户改善生产条件或健康状况? 这些问题不能将已经贷到款的农户和未贷到款的农户直接进行比较。因为这两个群体是不一样的,贷款农户和未贷款农户在脱贫问题上的差异不仅仅是贷款引起的,还包括了两个群体的差异性。因此,精准扶贫工作的难点往往在于这些逻辑问题上。通过问卷调查可以获得一些直接观察难以得到的信息,从而逐一解决这些难点。

1.2.3　得到隐藏的信息

环境保护的重要性人尽皆知,但是环境保护到底有多重要?好像大家都说不太清楚,那么如何通过问卷调查的方法得到农户对环境保护的认识?2018年底,研究人员对浙江省某个山区县进行了相关调查,测度了环境保护意识对农户林业生产的影响。

2015—2020年毛竹的市场价格持续低迷,2018—2019年毛竹的价格大约在22元/担①。农户如果从山上砍完竹子并拉到公路边,产生的成本基本在22元/担左右。由于上山砍毛竹利润太低,很多农户已经不砍伐竹子了。然而,山上的毛竹如果超过10年生长期,就会枯死。研究人员已经实地观察到这个县部分山头出现了山林退化的情况。竹林枯死后,由于竹根盘错交叉,很难有新的树木长出来。竹林退化的威胁主要有两个:生态退化威胁,容易滋生山火。当地政府发现这个问题以后,就在考虑如何才能够激励农户持续砍伐毛竹,维护生态平衡。

但无论是财政补贴,还是别的激励方法,在这种背景下都不是理想的解决方案。因为毛竹的价格一直比较低,农民即使砍伐了毛竹,也很难卖出去。如果有了补贴,农户有了利润后又不会有动力去改变目前的生产模式。最好的办法是把竹林改造为经济林或生态林,也就是说只有将竹林变成树林,生态问题才能得到根本性的改观。实际上,这部分竹林基本上都是1986年左右村集体分配给村民的山地,当时毛竹价格比较高,村民逐渐将灌木林改造成了竹林。目前,如果将竹林改造成树林,农户还可以按批准后的砍树额度获得新的收入,至少比目前抛荒的情况要强。但是,砍树要经过林业局批准,而且如果土地性质发生了

---

① 每担毛竹50公斤左右。

变化,农户也很难接受。

研究人员的问题在于:如果向农户强调环境保护的重要性,会在多大程度上促进农户将竹林改造成树林? 即环境保护的观念会在多大程度上影响农户的林业生产行为? 如果附加一些其他激励政策,农户的行为是否会发生变化? 当然,这是一个复杂的问题,问卷调查只是获取一些必要的农户意愿信息。

如果直接告知农民,要加强环境保护,那么无论农户是否愿意改造竹林,都不能够识别出环境保护对农户行为的影响。在这种情况下,研究人员设计了一份调查问卷,通过掷硬币的方法决定农民回答的问题类型(见案例1-1):

案例 1-1

环境保护概念对农户的林业生产行为的影响

硬币正面:由于竹子价格持续低迷,砍伐竹子的利润非常低,您愿意将全部(或部分)竹林改种成其他经济林(例如红豆杉等)吗?

A. 愿意　B. 看情况　C. 不愿意　D. 没有想过

硬币反面:由于竹子价格持续低迷,砍伐竹子的利润非常低,而且,竹林退化,部分山头荒了,生态也受到了威胁,您愿意将全部(或部分)竹林改种成其他经济林(例如红豆杉等)吗?

A. 愿意　B. 看情况　C. 不愿意　D. 没有想过

每位农户只回答两个问题中的一个,研究人员可以通过两组农户回答的差异来判断环保意识对他们行为的影响。

为了保证两组农户之间的同质性,两组农户需要通过随机抽样(random sampling)来决定。调查员在调查受访农户时,通过抛掷硬币的方法来区分农户属于对照组还是实验组(回答有附加信息的组)。当硬币是正面时,就请农户回答第一个问题;

当硬币是反面时,请农户回答第二个问题。两个问题的唯一差别是第二个问题里有一个关于环境威胁的附加信息。

通过抛掷硬币,两组农户在大样本情况下几乎是同质的,也就是统计上相似的。在具体分析时,通过 t 检验来验证两组农户的同质性。这种情况下两组农户回答这个问题的差异,就可以用他们的生态保护意识进行解释。

当然,问卷调查不仅仅是问这么一个问题,为了获得一个比较完整的逻辑链,研究人员需要询问一系列的相关问题。研究人员调查了 A、B、C 三个村,了解了受访者的一些基本情况,例如年龄、受教育程度之类的人口学变量,也了解了每个农户拥有的竹林面积等信息。问卷调查发现 A 村的每户农民平均有 21.9 亩山林,B 村有 20 亩,C 村有 19.61 亩,每个村庄农户的山林平均亩数是差不多的,研究人员也询问了受访者"你们家山林有没有人打理"之类的问题。调查发现 A 村有 14.18% 的农户抛荒,B 村有 46.94% 的农户抛荒,C 村有 8.62% 的农户抛荒。除此之外,研究人员还了解了农户的家庭成员中打理竹林的人数、雇工人数,以及目前打理竹林的家庭成员的年龄(见表1-1)。通过了解这些人的年龄,可以发现,不管是 A 村、B 村,还是 C 村,打理竹林者的年龄普遍超过 60 岁,这意味着年轻人已经很少参与竹林生产工作了,以后竹林抛荒问题会越来越严重。

表 1-1 竹林打理的基本情况

变量	A 村	B 村	C 村
每户平均竹林亩数/亩	21.91 (131)	20.19 (85)	19.61 (103)
无人打理的比例/%	14.18 (141)	46.94 (98)	8.62 (116)
每户平均打理竹林的人数/人	0.85 (135)	0.56 (93)	0.83 (115)

续表

变量	A 村	B 村	C 村
雇工人数/人	0.82 (126)	1.46 (89)	0.57 (109)
家里打理竹林的成员 A 年龄/岁	60.56 (95)	65.12 (42)	60.84 (89)
家里打理竹林的成员 B 年龄/岁	60.33 (21)	60.60 (5)	60.50 (6)
家里打理竹林的成员 C 年龄/岁	45.00 (2)	—	—

注:括弧内为样本量。

接着,研究人员又问了一个问题,作为进一步研究的铺垫:"您上次砍伐竹林的时间,大约是什么时候?"通常竹林是两年砍伐一次,问卷调查是在 2018 年底进行的,如果农户 2016 年或之前没有砍伐竹林,甚至 2014 年以前也没有砍伐竹林的话,就意味着这一农户家的竹林基本上已经荒废掉了。

通过这个问题,研究人员发现 A 村有 13.97% 农户的竹林是抛荒的;B 村有 55.67% 竹林是抛荒的,超过了一半;C 村相对比较好,只有 1.82% 的竹林抛荒了(见表 1-2)。在这个基础上,研究人员利用刚才设计的问卷做了这个小实验。在表 1-3 中,A 组是回答第一个问题的农户,B 组是回答第二个问题的农户。

表 1-2　上次砍伐竹林的时间的统计

变量	Λ 村 (136)	B 村(97)	C 村(110)
2017 年或 2018 年砍伐的占比/%	79.41	38.14	80.00
2016 年砍伐的占比/%	5.15	3.09	18.18
2015 年砍伐的占比/%	1.47	3.09	—
2014 年及以前砍伐的占比/%	13.97	55.67	1.82

注:括弧内为样本量。

表 1-3　是否愿意将竹林改其他经济林的统计

分组	变量	A 村(140)	B 村(96)	C 村(114)
A	愿意/%	41.67	19.64	54.84
	看情况/%	27.77	23.21	14.52
	不愿意/%	16.67	42.86	17.74
	没有想过/%	13.89	14.29	12.90
B	愿意/%	43.28	35.00	37.74
	看情况/%	35.82	25.00	30.19
	不愿意/%	11.94	40.00	18.87
	没有想过/%	8.96	0.00	13.21

注:括弧内为样本量。

由表 1-3 可知,A 村有 41.67% 的人愿意把竹林改造成其他经济林。相应地,B 组加入了新的信息,B 组有 43.28% 的农户愿意改种其他经济林,稍微多了一点点。B 村的抛荒最严重,在没有附加信息时,有 19.64% 的农户愿意将竹林改成其他经济林;添加附加信息后,有 35% 的农户愿意加入竹改林的行动。但是 C 村的情况有所不同,这个村竹林抛荒的比例比较低,发现有 54.84% 的农民愿意改造竹林,但是加了附加信息以后,竹改林的比例反倒降低了。当然,最终分析结果要通过 t 检验,以及控制多种因素,利用回归的方法分析数据,分析当农户得到关于生态保护的信息以后,生产行为是如何变化的。

因此,通过比较巧妙的问卷设计和数据分析,可以得到环境保护态度这种隐藏信息。反之,直接询问是很难得到一些比较准确的信息的。

1.3　问卷调查的伦理问题

在进行问卷调查时,伦理问题非常重要。做调查务必要遵循学术伦理,首先要遵守四项基本的原则:诚实、正确、效率及客观,这四项原则是负责任研究行为的基本准则,也是符合研究伦理的最低标准。因此,在进行问卷调查时应注意以下伦理问题。

1.3.1 确保数据的真实性

社会科学研究的主要目标是为了增进人类知识。因此,问卷调查首先要诚实,不能夸大其词,不能说谎,不能篡改数据,不能诱导、引导受访者给出特定答案。有些问题可能受访者回答不上来,或回答不够准确,这种情况下调查员只要客观地记录就可以了。

以 2004 年在 S 省进行的农户调查为例,研究人员发现某村庄不同受访者的答卷高度相似,尤其是养老保险的购买情况,以及农户的一些生产特征非常相似,而且这些问卷全部是由调查员填写的。因此,研究人员处理这个问卷时会高度怀疑这些问卷是由调查员胡乱填写的。

又如,有一年,笔者组织 H 省籍的学生做回乡调查,让学生在暑假回家期间在所在的村庄采用方便抽样的形式开展问卷调查。在处理问卷数据的时候,研究人员发现这个调查在统计上是有问题的,例如问卷所获得的医疗保险的缴费率与研究人员掌握的县级层面信息是不匹配的。遇到这种问题是否能认为这些数据是被篡改的呢?这种情况不能认为数据是被篡改的。因为方便抽样的结果未必会与整体样本特征相符,但如果偏差很大,可能会出现两种情况:一种是问卷调查失真;另一种严肃的情况是县级层面的数据可能失真。

篡改数据是一个非常严重的问题,如果调查员篡改了某份问卷的数据,那么这份问卷基本上作废了;如果学者篡改了数据,那么这个学者的学术声誉基本上没有了。

那么如何确定问卷是否准确? 如何确定受访者是否撒谎? 一个基本的问卷调查原则是:**如果没有发现被调查者很明显地**

在撒谎,通常会默认他在讲实话。另外,在讨论其他学者的数据时,基本上也倾向于默认他人的数据是真的。如果这个学者的数据是假的,其学术声誉将毁于一旦,在任何一个国家都是这样的。所以请大家注意,**数据是绝对不能造假的**。此外,正是因为在原始数据里面有很多问题无法解释,无法解释的信息往往正是研究的创新点。社会科学非常复杂,影响人类行为的变量非常多,分析变量之间的因果关系非常困难,因此从问卷中获得变量很可能无法完全解释样本行为,这是正常的情况。

例如,在关于某省保险人员职业伦理的调查研究中,研究人员通过前期访谈发现:该省保险人员普遍认为寿险公司人员违反职业伦理的现象更常见,甚至主要是因为寿险公司人员违反职业伦理的问题过于严重,才造成了目前保险行业口碑不佳的现状。但是通过分析问卷调查的结果可以发现,财险公司人员同样会出现某些违反职业伦理的问题,某些问题甚至比寿险公司更严重(见表1-4)。这样的结果与研究人员掌握的访谈信息是不匹配的,但研究人员也不能断定这是接受调查的保险人员"不诚实"导致的,而造成这种"不匹配"现象的原因正是这个研究需要重点关注的地方。

表1-4　某省保险人员违反职业伦理行为发生的频率

单位:%

行为类别	总体	寿险公司	财险公司
返佣行为①发生的频率	0.242	0.212	0.374
劝说退保行为发生的频率	0.128	0.133	0.082

1.3.2　受访者自愿参与

受访者自愿参与是社会调查研究的一个基本伦理准则

---

① 返佣主要是指保险销售人员将保险佣金返给客户,以降低保险价格,获得保险市场的竞争力。这种做法在保险监管中是不允许的。

(Babbie，2020)。很多研究有伤害他人的可能，研究人员无法确保某项研究一定不会对他人造成伤害。如果某项问卷调查会让受访者产生不愉快的感受，例如要求保险人员说明自己是否有过违反职业伦理的行为，研究人员就必须有足够的理由支持该项研究设计，例如设计隐私性问卷调查，在得到有效信息的同时避免被访人信息泄露。

自愿参与和不伤害受访者的原则已经越来越常规化，逐渐达成了"知情同意"的共识，即受访者会在调查前被告知研究的大致内容以及潜在的风险，提供这些信息后，再请受访者表明是否同意继续调查(Gerrig et al.，2015)。因此，在问卷调查前，也可以请受访者签署**知情同意书**，表示他们已了解其中风险，但仍选择参加。

1. 不能够误导/欺骗/强迫受访者

对研究对象身份的处理是非常重要的伦理问题，而研究者或调查员如何处理自己的身份是非常重要的。有时候，向受访者表明自己的研究者或调查员身份是有用甚至必要的。当调查研究需要研究人员隐瞒自己的身份时，就需要慎重考虑学术伦理问题。一旦涉及误导和欺骗，是不符合学术伦理的。

例如，在访问某个养殖业大户时，有些调查员担心受访者不愿意接受调查，可能会谎报自己的身份，谎称自己是农科院派来的工作人员，甚至会说自己是国务院派来的调查员，这样的调查行为会导致受访者错误估计调查员的身份。需要注意的是，这是一种典型的问卷调查学术伦理问题。笔者在做农户调查时，经常会有一些基层干部陪同协助调查，因此调查时可能会有一些农户误会调查员的身份，这时务必要及时纠正这种认知错误。研究人员可以向受访者说明真实身份，例如是学生、某单位的工作人员或大学老师等。

第二个案例，是关于某市某海岛一个村庄农户问卷调查，因为该调查采用的是方便抽样,为了能够做之后的跟踪调查(longitudinal survey),需要知道受访者的具体联系方式和电话,但是调查过程中拒访率很高。后来,有个调查员想了个办法:在碰到某个受访者(农户)后会先问:"今年您有没有拿到绿肥补贴? 有没有拿到小麦种子补贴?"这时受访者往往会回答:"没有。"接下来该调查员就会继续问:"那您能不能告诉我联系方式和姓名?"这位调查员通过这个方法获得了很多受访者的姓名和联系方式,这些信息往往都是真实有效的,但这种行为实际上是对受访者的一种误导,因为受访者会将提供联系方式和发放补贴联系到一起,但实际上该调查员并没有这种能力。这种行为实际上已经违反了学术伦理,因此在问卷调查中也是不被允许的。

2.告知受访者研究目的等信息

在做问卷调查时一定要告知受访者关于调查研究的基本信息,例如调查目的、调查者的身份、研究完全保密、自愿回答相关问题、可以跳过任何不愿意回答的问题等。需要注意的是,如果受访者不愿意回答某个问题,很可能是问卷设计的不足。如果某项问卷调查能够充分保护受访者的隐私,取得受访者的信任,这项问卷调查往往可以做得非常成功。问卷引导语能起到替代"知情同意书"的作用,并告知受访者研究目的。

1.3.3 保密原则

在问卷调查时,保护受访者的身份信息是非常重要的。泄露受访者的身份信息很可能会对受访者造成伤害,因此,保密原则至关重要。

问卷中没有设置被调查者的姓名选项时,通常认为问卷调查是匿名问卷,也就是分析问卷调查数据的研究人员和读者都无法识别某个回答属于某个特定受访者。如果问卷有姓名等具体信息时,通过问卷或者数据库可以很容易发现被访者,这时候需要向被访者承诺保密。例如,在关于某省保险人员职业伦理的调查研究中,尽管研究人员会根据受访者提供的信息生成调研报告,并将调研报告公开,但不会公开某位研究对象所填写的具体内容,并且会对所有受访者做出相应的承诺,如案例 1-2 所示。

案例 1-2

2023 年某省保险从业人员调查问卷

各位同仁,您好!

本研究受某省保险行业协会委托,对某省保险从业人员的工作状况进行调查,旨在促进保险行业的发展,不针对某一从业人员和保险公司。

您回答的信息仅用于科学研究,我们会严格按照相关要求进行保密。

如在问卷调查中有疑问可直接联系:Z 大学公共管理学院×××教授,电话:×××××××××××。××××@×××.××。

1.3.4 安全保障

1.保护受访者

问卷调查本身不能伤害受访者,不论他们是否自愿参与。这里的伤害包括人身伤害、心理伤害和利益伤害。

人身伤害在问卷调查中较少出现,但可能会给受访者造成间接的人身伤害,例如在关于民众对极端组织态度的调查研究中,可能由于调查信息泄露而为受访者招致报复,进而间接造成对受访者的人身伤害。

利益伤害即研究信息的泄露可能会令受访者感到尴尬,或危及其家庭生活、朋友关系、工作等。例如在关于某省保险人员职业伦理的调查研究中,研究人员询问了受访者一系列关于职业伦理认知或行为的问题,若询问的方式不恰当,受访者可能会感觉受到了冒犯,如此一来,研究本身就可能成为受访者的痛苦根源。此外,回答信息的泄露也可能会影响保险人员的正常工作。

另外,在问卷调查的过程中,受访者也有可能受到心理伤害。例如,笔者在面试研究生时,曾经询问过一位候选人的研究经历,该同学回答自己曾经做过留守儿童性侵问题的研究,当询问该同学如何进行调查时,该同学的回答竟然是:"直接询问留守儿童:您有没有受到过性侵?"需要注意的是,这样的调查方式严重违反了问卷调查的学术伦理准则。首先,该调查研究完全有可能将受害儿童的信息扩散,对其造成二次伤害。其次,也侵犯了受访者的隐私,是一种不负责任的行为和态度,这种调查研究务必要经过相关学术单位的学术伦理委员会的批准才能进行。学术伦理委员会是审查调查工作是否会对受访者造成伤害,以及是否会造成社会负面影响的组织,如果某项调查工作可能会对受访者造成伤害,那么该项调查工作是不能开展的。

因此,研究人员要保护受访者,不论受访者回答的内容是什么,都要保护受访者的人身安全和信息安全。研究者应该尽量避免可能会伤害他人的问题。如果这些问题无法完全避免,则应当通过受访者自愿参与原则、知情原则、保密原则、问卷引导语以及问卷设置与调查安排等措施尽量预防和控制。

2.保护访谈员

另外,组织问卷调查的研究人员也对调查员负有伦理责任。在进行问卷调查时,要关注调查员的人身安全。相对受访者,调查员的人身安全往往更容易受到威胁,例如对调查地不熟悉导致迷路、与受访者起争执发生肢体冲突、宠物伤人、外出受袭、意外摔伤等。

为了保障调查员的安全,研究人员需要在调查前通过一些渠道了解受访者的相关情况。另外,可以通过更加严密的调研安排保障调查员的人身安全,例如制定详细的调研规则(深夜不要独自外出、避免单独行动等)、购买保险、准备医疗物资、对调查员进行培训等,具体内容会在后面的章节中展开介绍。

▶ 小练习

一、简答题:

1.有哪些常见的社会研究方法?

2.问卷调查的作用有哪些?

3.问卷调查的四项基本原则是什么?

4.匿名原则和保密原则有什么区别?

二、判断题:

1.如果没有发现被调查者很明显地在撒谎,通常会默认他是在讲实话。　　　　　　　　　　　　　　　(　　)

2.当问卷调查结果和访谈结果相悖时优先采信访谈结果。

(　　)

3.在问卷开头应强调保密原则,对受访者的个人信息进行严格保密。　　　　　　　　　　　　　　　(　　)

4.调查研究法可用于描述性、解释性和探索性的研究,通常以个体为研究单位。　　　　　　　　　　　　(　　)

5.做问卷调查时应当确保受访者会回答每一个问题,不能让受访者跳过任何不愿意回答的问题。　　　　　(　　)

三、单选题:

1.以下哪种社会研究方法与问卷调查的关系最为紧密?(　　)

A.实验研究法　　　　　　　　B.内容分析法

C.调查研究法　　　　　　　　D.实地研究法

2.以下哪个选项不属于问卷调查的作用?(　　)

A.纠正访谈获取信息的偏误

B.对社会现象直接进行观察

C. 获取难以直接观察的信息

D. 得到隐藏的信息

四、案例分析：

1. 下面是一段问卷引导语，请说明这段引导语为受访者提供了哪些信息？体现了问卷调查的哪些学术伦理原则？

××市远洋渔业调查问卷

为切实解决远洋鱿鱼产业发展中的问题，××国际农产品贸易中心与Z大学合作优化鱿鱼产业支持政策，对远洋鱿鱼捕捞企业的生产情况进行调查，了解企业的需求，以提高相关支持政策的科学性和有效性，促进××市远洋渔业的高质量发展。您回答的信息仅用于科学研究，我们会严格按照相关要求进行保密。

▶ 参考文献

[1] 费明胜,杨伊侬,徐宁,等. 消费者行为学[M]. 2版. 北京：人民邮电出版社,2017.

[2] 贾俊平,何晓群,金勇进. 统计学[M]. 9版. 北京：中国人民大学出版社,2021.

[3] 贾俊平,何晓群,金勇进. 统计学学习指导书[Z]. 北京：中国人民大学出版社,2018.

[4] 罗胜强,姜嬿. 管理学问卷调查研究方法[M]. 1版. 重庆：重庆大学出版社,2014.

[5] 万金,周雯珺,周海明,等. 心理脱离对工作投入的影响：促进还是抑制？[J]. 心理科学进展,2023,31(2):209-222.

[6] 谢宇. 回归分析[M]. 北京：社会科学文献出版社,2013.

[7] Babbie E R. The practice of social research [M]. Stanford：Cengage Learning, 2020.

[8] Gerrig R J, Zimbardo P G, Campbell A J, Cumming S R, Wilkes F J. Psychology and life[M]. London：Pearson Higher Education AU, 2015.

2

问卷设计

关键术语

测量(Measuring):按照某种规律,用数据来描述观察到的现象,即对事物做出量化描述。测量是对非量化事物的量化过程(Babbie,2020)。

指标(Index):用于量化描述事物的单位或者方法,往往通过单个属性的分值累积来建立(Babbie,2020)。例如认知能力的子指标、绩效指标。

量表(Scale):通过对问题的不同反应模式赋予相应的分值(Babbie,2020)。例如李克特量表。

李克特量表:(Likert scale)一种调查问卷的提问方式,即请受访者对某种观念赞成或反对的态度选择不同等级的同意程度(谢宇,2012)。

因变量(Dependent variable):也称结果变量,指随着自变量的变化而变化的变量,即 Y(谢宇,2013;Babbie,2020)。

自变量(Independent variable):引起因变量变化的变量,即X(Babbie,2020)。

控制变量(Controlled variable):除了自变量以外所有影响研究结论的变量,通常为可能同时影响 X 和 Y 的变量(Babbie,2020)。

中介变量(Intervening variable)：指在自变量 X 发生之后，因变量 Y 产生之前发生的变量，自变量可能通过影响这个变量进而影响因变量(谢宇，2013)。

调节变量(Moderator variable)：指影响自变量和因变量之间关系的方向或强弱的定性或定量的变量(谢宇，2013)。

虚拟变量(Dummy variable)：也称作指示变量(Indicator)，取值为 0 或 1 的变量，也被称为 0－1 变量(谢宇，2013)。

相关关系(Correlation relationship)：一个变量的变化会伴随另一个变量变化的关系，是构成因果关系的必要不充分条件之一(谢宇，2013)。

估计(Estimation)：以样本结果通过抽样分布规律对总体特征进行的推测(谢宇，2013)。

回归(Regression)：发生倒退或表现倒退，常指趋近于中间状态。在线性回归中，回归指各个观察值围绕、靠近估计直线的现象(谢宇，2013)。

预调查(Pre-survey)：在实际调查前小范围地对整个访问的过程进行预演(Babbie，2020)。

代理变量(Proxy variable)：当我们想要观察的某个变量的数据不容易量化或得到时，可以选取的另一个变量，这个变量能够代替我们想观察的某个变量(Wooldridge，2015)。。

工具变量(Instrumental variable)：一个与内生自变量 X 相关但与误差项不相关的变量，用该变量代替内生自变量，从而得到更准确的估计结果(谢宇，2013)。

内生性(Endogenous)：模型中的一个或多个解释变量与误差项存在相关关系，从而导致估计量存在偏差，不是总体参数的一致估计量，即在研究中可能存在某些因素使得结果产生误导性的关联(赵西亮，2017)。内生性的主要来源有遗漏解释变量、反向因果关系、测量误差和样本选择问题等(Wooldridge，2015)。

遗漏变量(Missing variable):本来应该是解释变量,但没有被放入回归的模型中的变量(陈强,2014;Wooldridge,2015)。

自我选择(Self selection):解释变量不是随机的,而是选择的结果,而这个选择的过程会对所研究的主效应的估计产生偏差(Wooldridge,2015)。

均值(Mean):一组数据相加后除以数据的个数得到的结果(贾俊平等,2021)。

边际效应(Marginal utility):指控制了其他因素后,自变量每变化一单位所带来的因变量变化(谢宇,2013;郭庆旺等,2016)。

2.1 制定调查提纲

在进行问卷调查之前,我们要问自己三个问题:要调查什么?怎么调查?选择哪种调查形式?

要调查什么?很多学生在设计问卷调查时,并不真正明白要调查的问题。比如调查消防队员的抗压力问题。这个调查首先要考虑的是,需要什么样的干预手段可以提高消防队员的抗压力能力。因此,就要事先去进行访谈和思考,哪些因素会影响消防队员的这些品质,例如组织的关心、家庭的支持、收入情况等。如果要调查组织的关心,必须要找到合适的变量来代表组织的关心和程度。同时,要设计或者采取成熟的抗压力量表对消防队员进行测度。

怎么调查?调查者的组织能力、能够利用的资源决定了调查如何进行。例如,可以采取面对面的调查,也可以采取委托调查,还可以采取经济学实验的方式进行调查。对于消防员的调查而言,如果是消防系统进行的调查,可以直接通过向他们发放问卷的方式进行调查;而系统外的科研组织,则很难获取随机抽样和面对面调查的机会。

选择哪种调查形式？调查形式的选取和被调查人的情况有很大关系。最好的调查方式是调查者能够轻松应对的方式,比如疫情期间采取电话调查比实地调查要可行。如果有乡镇机关的帮助,入户调查比电话调查要可靠;如果能够借助某些力量,例如保险公司人力资源部的协助,就可以通过网络向被访者直接发送链接进行一对一的调查。

2.2 明确问题

问卷是否能达到目的,很大程度上取决于问卷的研究设计。而问卷的研究设计主要基于研究人员对所研究问题的理解程度:研究人员**对研究问题理解得越深入,设计出来的问卷就会越精彩**。明确研究问题即明确研究需要用到哪些方法,需要哪些重要变量以及如何获取信息。

如案例1,在关于某省保险人员的职业伦理调查研究中,首先要明确研究问题是什么,即保险职业伦理是什么,保险职业伦理主要包括哪些,影响保险职业伦理选择的因素有哪些,等等。明确这些问题,需要查找和阅读大量相关文献并对一些保险从业人员进行访谈。通过阅读文献和访谈,大致可以把保险从业人员的职业伦理问题分为职业伦理认知和职业伦理行为两个模块。职业伦理认知包括价值观、责任感以及对不同保险职业伦理行为的态度等,能够在一定程度上反映保险人员的工作氛围以及职业伦理选择倾向。职业伦理行为则包括有什么违反职业伦理的行为、违反职业伦理的行为发生的频率,能直接反映保险人员的职业伦理问题。由此,可以基本确定本研究中的核心因变量。接下来,可以进一步确定本研究的自变量,即影响保险职业伦理的因素有哪些,根据相关文献和访谈资料,可以把影响保险职业伦理问题的因素分为个人层面、家庭层面、组织文化层面、行业层面等,再进一步把这些影响因素细化成具体的变量和问题,这样,才能进一步设计问卷。

案例2:有研究人员在A省和B省的两个县进行了一项研究。研究人员随机抽取了0—3岁的农村留守儿童作为研究样本。将这些儿童分为三组,第一批儿童作为对照组,第二批儿童作为实验组1,第三批儿童作为实验组2。实验组1儿童所在的家庭获赠一些玩具,实验组2所在的家庭获赠一些图书,这些儿童可以玩玩具或翻看图书,并且每个星期都为他们更新一次图书或者玩具。研究人员考虑的问题是,0—3岁的留守儿童,能否通过玩玩具或读书,提高认知能力。该研究发现,如果留守儿童能有比较好的玩具,或者能有人给他们图书,留守儿童的认知能力能够得到明显的提高。这是一项有趣且有重大政策意义的研究,该研究表明,玩具和图书能够增进成年人与低龄儿童之间的交流,因此就可以用非常低的成本提高留守儿童的认知能力。认知能力的提高意味着这些儿童长大后,他们作为劳动力的质量会相对更高,收入也会更高,可从根本上缓解贫富差距问题,也对提升社会产出具有重大意义。

那么应当如何对这项研究进行问卷设计呢?首先要设计出对照组和实验组,明确对照组和实验组的分类标准;其次找出该研究中的关键因变量,明确儿童认知能力的测量指标;再次加入一些基本的人口学变量,例如家庭里是谁在照顾孩子、儿童的父母亲在家的时间、家庭的收入情况、儿童的初始健康情况等(出生时的体重、头围和身长等);最后进行随机抽样和分组。经过随机抽样抽取的样本可以很好地反映总体的情况,例如某个地区虽然只通过随机抽样的方法抽取了300名受访者,但这300个样本可以反映该地区的整体情况。

另外,该项调查其实是跟踪调查,在基线调查(在实施干预措施之前做的初始调查)时,对照组和实验组应该是同质的(统计上没有差异)。研究人员对实验组实施了干预,即发放玩具和图书,一年后再进行跟踪调查。一年后对照组的变化是时间效应引起的,实验组的变化则是时间效应与干预措施的共同作用。这个时候就可以通过 DID 模型进行分析:通过给留守儿童发放玩具或图书的干预措施,能在多大程度上提高儿童的认知能力。

因此,这个研究的质量很大程度上取决于问卷调查的逻辑和设计。所以,问卷设计和初始的想法非常重要。研究人员在进行问卷设计时,通常需要花很长时间思考,进行深入的调查和访谈,然后再做预调查和总结,总结中要体现可能要做的研究,确定自变量和因变量,再把这些变量设计成问卷题项,这样问卷调查才会比较精彩。

2.3　确定变量

对于探究因果关系的研究,在确定研究问题之后,接下来往往要确定相应的基本变量,这里的基本变量主要指的是因变量、自变量和控制变量。确定基本变量的过程实际上是将研究问题进一步细化的过程,即将研究问题细分为若干个小问题(哪个 X 影响了哪个 Y),再确定如何量化每一个小问题。

继续以某省保险人员职业伦理研究为例,在明确研究问题——影响保险人员职业伦理的因素有哪些——之后,可以进一步将研究问题细分为几个维度,再根据具体的研究问题确定因变量和自变量。表 2-1 为该研究在问卷设计阶段罗列的研究问题提纲。

表 2-1　某省保险人员职业伦理调查中的具体问题与基本变量

研究问题	因变量(Y)	自变量(X)
保险人员专业水平对讲解免赔条款的规范性的影响	保险问题的专业解释正确度	保险人员的受教育程度
绩效压力对保险人员遵守最大诚信程度的影响	遵守最大诚信的程度	保险人员的绩效压力
经济压力对保险人员是否告知退保注意事项的影响	是否告知退保注意事项	保险人员的经济压力
保险从业人员类型对返佣行为发生频率的影响	返佣行为发生的频率	保险从业人员类型(经纪公司或普通员工)

　　影响保险人员职业伦理的因素有哪些？针对这一问题，研究人员将其划分为若干个小问题，每个小问题对应一个自变量和一个因变量。此外，研究人员还将控制变量分为人口学变量（性别、年龄、户籍等），政治文化背景（政治面貌、受教育程度等），家庭基本情况（婚姻状况、家庭人口数量、子女数量等），工作基本情况（销售的险种、工作年限等）等四个维度，将其纳入问卷设计的基本变量之中。

　　需要注意的是，**在控制变量的选择中，通常要选择既与自变量有关又与因变量有关的变量。**在问卷设计阶段可以多构思一些研究问题并多考虑一些基本变量，以免在数据分析时因为缺少基本变量而导致研究无法进行，但同时也要控制好问卷回答的时长。

2.4　构建测量指标和量表

　　确定基本变量后，接下来就可以构建测量指标和量表了。有些变量较为简单，可以直接通过问卷获得信息，如性别（男、女），户籍（农村户籍、城市户籍），年龄（具体数值），等等。但有些变量需要用多个问题才可以充分测量。**将多个指标整合成对一个变量的测量叫作复合测量**（Babbie，2020）。这一节要讨论的就是如何构建测量指标和量表,以便针对某些变量进行复合测量。指标和量表可用于各种社会研究,在问卷调查中更为常用。以某省保险人员职业伦理研究为例,见表2-2。

表2-2 某省保险人员职业伦理研究中的测量指标与量表

变量	指标	量表
团队氛围	是否有同事向您借过钱	是=1,否=0
	上一层领导是否只关心自己的个人利益,而不考虑职业伦理标准	是=1,否=0
	上一层级领导是否只根据最终结果衡量员工绩效,而不考虑员工职业道德	是=1,否=0
责任认知	是否认为直接对客户利益负有责任	是=2,有时候=1,否=0
	是否认为直接对公司利益负有责任	是=2,有时候=1,否=0
对告知说明义务的履行程度	在哪个环节讲解免赔条款	出保单前的推销环节=3,出保单后的签单环节=2,保单回执签署成功后=1,都没有=0
	在签订保险合同前告知退保注意事项	每次都告知=3,经常告知=2,偶尔告知=1,客户问起后告知=0

指标是用于量化描述事物的单位或者方法,往往通过单个属性的分值累积来建立。量表是通过对问题的不同反应模式赋予相应的分值(Babbie,2020)。

需要注意的是,在实际应用时,很多研究人员所说的"量表"往往包含"指标",以王孟成等(2010)编制的《中国大五人格问卷》中的"大五"人格量表为例,见表2-3。

表 2-3 "大五"人格量表

大五人格	子指标	解释
外向性	合群性	乐于与他人待在一起
	高支配性	倾向于领导他人
	有活力	精力充沛且主动性强
神经质	抑郁性	易焦虑,易郁郁寡欢
	脆弱性	遇到困难时容易产生无力感
	敏感性	敏感多疑,过分在意他人的看法
尽责性	责任心	对待任务和他人认真负责,信守承诺
	自律性	自我控制能力强,有毅力
	勤奋性	对于工作和学习表现出较强的进取精神
	审慎性	采取行动时小心谨慎
开放性	创造性	想象力丰富,富有创造性思维
	好奇心	对未知的事物兴趣强烈
	价值性	对新事物、新观念持有开放的态度
宜人性	信任	易于信任他人
	利他性	对别人的需要的关注度高
	同情心	对处于不利地位的人或事物富有同情
(非常不同意=1,不同意=2,中立态度=3,同意=4,非常同意=5)		

在学习问卷调查时要注意,调查问卷的设计者不仅要自己设计问卷,还要学习其他研究人员的做法,尤其是一些比较标准的度量方法,例如对健康的度量、对抑郁程度的度量、对认知能力和非认知能力的度量等。很多变量都有基本的测量量表,研究人员可以参考这些量表设计问卷。

2.5 设计题项

在确定基本的测量指标和量表之后,就可以接着设计问卷题项了。设计题项这一环节主要是对研究对象和具体变量进行充分分析,掌控好措辞或者提问方法,具体的细节会在后面章节详细地展开介绍,本节主要说明如何通过测量指标和量表进一步设计题项。

因为问卷调查主要是依靠后期的数据分析得出结论的,所以,在设计问卷题项的时候,首先要提炼研究思想,即思考怎样才能识别关键影响因素。例如使用什么测量指标和量表,怎么使用,需要哪些变量,如何处理数据,等等。

微观计量方法决定了变量的设计思路。以"对办事大厅工作人员的满意程度"这个变量为例,既可以设计成满意或不满意,记为 0 和 1 的虚拟变量;也可以设计成非常满意、满意、一般、不满意、非常不满意 5 级李克特量表,分别对应 5、4、3、2、1。但需要注意的是,这 5 个档次之间的距离不一定相等,即非常满意、满意之间的距离和满意、一般之间的距离很可能是不一样的,所以在分析数据时要非常小心,如果进行回归分析的话,回归结果系数的边际效应可能是没有经济含义的,研究人员只能看到哪些因素影响了对服务人员的满意程度,而且只能看到影响的方向而看不到影响的大小。

虽然忽略测量指标和量表构建也可以进行问卷题项设计,但在测量指标和量表构建完毕的前提下进行问卷题项设计会更加便捷,逻辑也会更加清晰,最后的数据分析工作也会更加轻松,有助于将问卷调查的效用最大化。在设计问卷题项时,可以直接将测量指标和量表改编成问卷题项,以某省保险人员职业伦理研究为例,见表 2-4。

表 2-4   某省保险人员职业伦理研究中的部分题项及其对应的测量指标

指标	题项
是否有同事向您借过钱	从事保险销售工作以来,您的同事 A. 是 B. 否 曾经向您借钱(无论您是否借出)
上一层领导是否只关心自己的个人利益,而不考虑职业伦理标准	您的上一层领导 A. 是 B. 否 C. 有时候只关心自己的个人利益,而不考虑职业伦理标准

续表

指标	题项
上一层级领导是否只根据最终结果衡量员工绩效，而不考虑员工职业道德	公司/上一层级领导 A.是　B.否　C.有时候 只根据最终结果衡量员工绩效，而不考虑员工职业道德
是否认为直接对客户利益负有责任	您认为自己 A.是　B.否　C.有时候对客户利益负有责任
是否认为直接对公司利益负有责任	您认为自己 A.是　B.否　C.有时候对公司利益负有责任
哪个环节讲解免赔条款	您一般会选择在下面哪个环节向客户详细讲解保险产品的免赔条款等事项（单选）A.出保单前的推销环节　B.出保单后的签单环节　C.保单回执签署成功后　D.都没有
在签订保险合同前是否告知客户退保注意事项	您是否会在签订保险合同之前告知客户退保注意事项（比如现金价值折损等）（单选）A.每次都告知　B.经常告知　C.偶尔告知　D.客户问起后告知

相对于小规模的专项调查，大规模调查由于调查面更广，题项更多，因此往往要求测量指标与量表要更加规范与丰富，可能同一个变量会用多种测量指标和量表，每种测量指标和量表都需要有相应的理论依据。以中国家庭追踪调查（China Family Panel Studies，以下简称 CFPS）中对非认知能力的测量为例（见表 2-5）。

表 2-5　CFPS 中关于非认知能力测量的指标、量表及题项

量表	部分指标	对应题项
自尊量表（RSES）	不比别人差	我觉得我不比别人差
	有好的品质	我觉得自己有许多好的品质
	赢得尊重	我希望我能为自己赢得更多尊重

续表

量表	部分指标	对应题项
大五人格量表 （Big Five）	尽责性	我做事严谨认真
	宜人性	我经常为他人着想，对几乎每一个人都和蔼
	情绪稳定性	面对压力是放松的，我能很好地应对压力
控制点量表 （NLCS-C）	外控	我生活的主要目标之一是让父母觉得自豪
	内控	我追求自己的价值而不是跟从他人
	外控	我会付出很大的努力让朋友们喜欢我
（非常不同意＝1，不同意＝2，中立态度＝3，同意＝4，非常同意＝5）		

所以，在设计问卷时也可以参考大型调查问卷的测量指标、量表甚至是问卷题项，这样一来可以方便设计问卷，二来可以方便与其他研究在结果上进行比较。另外，在问卷设计时要思考研究某个问题涉及哪些变量，尤其当某些数据不能满足需要时，就要思考如何寻找代理变量或工具变量。以发表在英文期刊《经济学季刊》（The Quarterly Journal of Economics，QJE）上的论文"Does compulsory school attendance affect schooling and earnings?"为例，这篇文章研究了教育对收入的影响。[10]

一般认为，受教育程度比较高的人，收入也比较高，那么收入高是由教育引起的还是其他因素引起的呢？如果 A 大学毕业，B 高中毕业，A 每月收入 1 万元，B 每月收入 5000 元，可以说是因为受教育程度不同导致了两人的收入差距吗？这其实很难定论，因为考上大学的这批人，很可能比较聪明努力或能吃苦，即使这些人没有考上大学，也很可能会在劳动力市场上得到较高的工资。正因如此，现实生活中很多人虽然没有接受过大学教育，但是他们的自身能力依然能让他们赚很多钱。所以，高学历个体比低学历个体收入高,很可能是有两方面的因素在起作用,一方面是接受教育所带来的能力提升,另一方面是高学历个体可能本来智商就比较高、能力也比较强。如果直接用教育和收入这两个变量进行回归,即使回归结果表明受教育程度越高收入越高,也不能说明是教育引起的收入提高。

那么如何解决这个问题呢?这篇文章就根据美国教育的实际情况,设计了一个非常巧妙的变量。美国的义务教育是按照实际年龄来计算受教育时间的,即必须要接受一定时间的义务教育,并且要达到一定的年龄才能离开学校出去找工作。同时,美国的小学的开学时间是固定的,例如都是 9 月 1 日开学,那么 8 月 31 日出生的小孩 7 岁入学,应该是班里年龄最小的孩子;9 月 1 日或 9 月 2 日出生的小孩入学时接近 8 岁,是班里年龄最大的孩子。那么,出生日期在 9 月 1 日以后的小孩实际上更容易达到美国义务教育的规定的年龄。美国法律规定未成年人 16 岁以后才能出去找工作,就意味着 8 月 31 日出生的学生达到 16 岁时的受教育年限和 9 月 1 日、2 日出生的小孩达到 16 岁时的受教育时间是不一样的。显然,出生日期越是接近于 8 月 30 日、8 月 31 日的孩子,受教育时间越长;越是接近于 9 月 1 日、9 月 2 日、9 月 3 日的孩子,受教育时间就越短。所以这篇文章的研究人员询问了每个小孩的出生月份,然后判断每个小孩可能的受教育时间,再观察小孩长大以后的收入情况,通过这个方法研究教育对收入的影响。可以认为 8 月 31 日出生的小孩与 9 月 1 日、9 月 2 日出生的小孩在智力上没有差异,这样他们之间的收入差异就可以通过受教育时间的长短来解释。所以,对这个问题而言,研究人员非常巧妙地利用了每个小孩的出生日期,作为受教育时间长短的代理变量,这是一个非常精巧的问卷设计案例。

2.6 避免问卷的诱导性

2.6.1 问卷本身不需要有逻辑

问卷调查的目的主要是获取有效信息,然后利用这些信息,尤其是各个变量之间的关系得到研究人员想要的信息,这并不一定要求调查问卷中的每个问题之间都具有逻辑性,**问题的科学性和可靠性往往在于设计问卷时的思考**——怎么去设计调查方案,如何处理数据会比较方便……所以,研究人员设计的问卷其实是给自己看的,并不是为了说服受访者。相反,如果受访者清楚地了解到问卷的逻辑性以及研究人员希望得到的结论,他们很可能会被误导。

举一个例子,研究农户生活中遇到的风险比例。有研究人员在某省 11 个村庄进行了一项调查,希望了解农户在生活中遇到过哪些风险,例如:农户是否遇到过自然灾害的风险? 该风险会在多大程度上影响农户的生产? 是否遇到过无力承担子女学费的风险? 此外,农村家庭中最大的两笔开销往往就是盖房子和子女婚嫁,会不会产生房屋建筑和子女婚嫁、子女生育的风险? 还有赡养老人、疾病医疗、农产品价格波动导致的市场风险,以及未列出的其他风险等。

研究人员在做这个调查时,首先把可能的风险全部罗列出来,询问农户"在您的生产生活中,您比较关注的是哪几种风险",然后对涉及的风险打钩,做成一个百分比的统计。例如在 A 村有 7.84% 的农户认为自然灾害是主要风险之一,有 47.06% 的农户认为子女就学的风险比较大,有 11.76% 的农户认为子女生育的风险比较大,有 31.37% 的农户认为房屋建筑风险比较大,有 47.06% 的农户认为赡养老人的风险比较大,还有 21.57% 的农户认为疾病医疗是一个主要风险点,另外这个村子的农户不认为农产品市场价格波动构成风险。

以此类推,研究人员对 B 村、C 村、D 村、E 村、F 庄、G 村、H 寨、I 庄、J 庄、K 庄等 10 个村庄进行了调查,发现有 38.07%的农户认为自然灾害是他们的生产生活中非常重要的风险,这是研究人员主要关注的变量,因为这个研究主要关注的就是农业保险相关问题,涉及农作物或者牲畜遭受自然灾害所导致的损失。有 46.79%的农户认为子女就学是很大的风险点,还有 42.66%的农户认为疾病医疗是很大的风险点,因为这一研究的开展恰逢新农合①推行之前,所以这实际上是一个很现实的情况。另外,有 40.06%的农户认为赡养老人是较大的风险,见表 2-6。

表 2-6　农户生活中遇到的风险比例

单位:%

村庄	自然灾害	子女就学	子女婚嫁	子女生育	房屋建筑	赡养老人	疾病医疗	市场价格	其他	有效估计率
A 村	7.84	47.06	41.18	11.76	31.37	47.06	21.57	0.00	0.00	100.00
B 村	58.46	46.15	10.77	3.08	27.69	44.62	49.23	15.38	7.69	98.48
C 村	30.77	53.85	13.46	5.77	15.38	23.08	17.31	17.31	9.62	96.30
D 村	94.34	26.42	35.85	11.32	13.21	24.53	18.87	71.70	26.42	98.15
E 村	10.14	52.17	23.19	2.90	0.00	33.33	68.12	0.00	0.00	97.18
F 庄	0.00	49.21	15.87	15.87	28.57	41.27	49.21	3.17	0.00	100.00
G 村	72.13	60.66	16.39	3.28	29.51	40.98	44.26	21.31	0.00	100.00
H 寨	68.66	56.72	11.94	5.97	14.93	38.81	26.87	32.84	5.97	100.00
I 庄	15.25	83.05	27.12	5.08	67.80	49.15	55.93	16.95	5.08	98.33
J 庄	22.00	70.00	18.00	4.00	34.00	56.00	74.00	36.00	0.00	98.04
K 庄	73.44	56.25	18.75	3.13	37.50	45.31	60.94	35.94	1.56	100.00
总体	38.07	46.79	16.06	5.96	26.61	40.06	42.66	22.48	3.82	98.88

---

① 新农合:新型农村合作医疗的简称。是由政府组织、引导、支持,农民自愿参加,个人、集体和政府多方筹资,以大病统筹为主的农民医疗互助共济制度。

接下来,针对研究关注的问题,研究人员又继续询问了农户一些非常具体的自然灾害类型,通过以不同的自然灾害类型设计不同的险种,最大限度满足农户的需要。问卷中研究人员设计了旱灾、冰雹、病害、虫害、洪水、家畜疾病、龙卷风、干热风和其他风险类型。仍以 A 村为例,有 49.02% 的农户认为旱灾是生产生活中影响最大的自然灾害,只有 5.88% 的农户认为冰雹是主要灾害,96.08% 的农户认为病害是主要灾害,92.16% 的农户认为虫害是很重要的灾害(研究人员通常把病害和虫害统称为病虫害)。但是,只有 3.92% 的农户认为家畜疾病是主要灾害。总体上,认为旱灾是主要灾害的农户占到了 60.17%,认为病害是主要灾害的农户占到了 72.92%,认为虫害是主要灾害的农户占到了 72.49%,所以研究人员认为在农户的生产中影响最大的很可能就是病害和虫害。另外,还有 42.84% 的农户认为家畜疾病是很重要的风险。

这里需要注意总体均值的计算方法,以旱灾为例,认为旱灾是较大风险的农户的总体比例并不是简单地将 11 个村回答旱灾是主要风险的比例加总后除以 11。表 2-7 中求出的 60.17% 是加权平均的结果,即把回答旱灾是重要风险的受访者加总,再除以调查的总人数,得出的结果是 60.17%。所以可以根据表 2-7 中总体的那一行了解到:病虫害是当地的主要灾害,其次是旱灾,再次是家畜疾病。

表 2-7　农户认为自然灾害风险的种类

单位:%

村庄	旱灾	冰雹	病害	虫害	洪水	家畜疾病	龙卷风	干热风	其他
A村	49.02	5.88	96.08	92.16	0.00	3.92	0.00	0.00	0.00
B村	74.60	1.59	39.68	41.27	77.78	22.22	3.17	4.76	0.00
C村	48.94	2.13	51.06	57.45	17.02	44.68	2.13	2.13	6.38
D村	96.08	27.45	90.20	68.63	23.53	29.41	5.88	3.92	41.18

续表

村庄	旱灾	冰雹	病害	虫害	洪水	家畜疾病	龙卷风	干热风	其他
E村	94.37	9.86	45.07	30.99	92.96	81.69	1.41	56.34	0.00
F庄	1.61	1.61	74.19	96.77	0.00	37.10	1.61	1.61	0.00
G村	50.00	21.67	68.33	80.00	86.67	43.33	0.00	11.67	1.67
H寨	95.52	0.00	64.18	77.61	0.00	8.96	1.49	0.00	1.49
I庄	18.97	15.52	91.38	91.38	5.17	37.93	0.00	25.86	6.90
J庄	15.69	3.92	84.31	54.90	19.61	78.43	1.96	50.98	0.00
K庄	95.31	14.06	84.38	90.63	31.25	71.88	3.13	48.44	0.00
总体	60.17	8.60	72.92	72.49	31.52	42.84	1.72	18.05	4.58

接下来,是最重要的问题,研究人员想了解农户已经购买的险种和期望的险种是哪些。首先,有13.33%的农户已经购买了养老保险,有71.48%的农户已经购买了医疗保险,但只有4.07%的农户购买了农业保险,3.70%的农户购买了交通工具险,7.41%的农户购买了家庭财产险,还有17.04%的农户购买了其他的保险,见表2-8。

表2-8 农户已经购买的险种与期望险种对比分析(多选)

单位:%

需求	养老保险	医疗保险	农业保险	交通工具	家庭财产	其他
已经购买的险种	13.33	71.48	4.07	3.70	7.41	17.04
最需要的保险	57.14	73.56	36.12	5.25	12.48	1.48

然后研究人员再问农户一个问题:"您期望也就是您最需要的保险是哪些?(先不要考虑您有没有买这个保险)"结果有57.14%的农户认为养老保险很重要。这个时候研究者需要思考一个问题,既然养老保险对50%以上的农户而言都很重要,为什么只有13.33%的农户购买了养老保险,这是一个很重要的研究题目。然后,有73.56%的农户认为医疗保险很重要,而

已经购买了医疗保险的农户有 71.48%,这两个数字非常接近。对于农业保险,有 36.12% 的农户认为农业保险很重要,所以农业保险对农户而言是非常需要的,但为什么购买农业保险的农户只有 4.07% 呢?

因为这个调查是在 2004 年左右做的,当时很少有人听说过农业保险。所以,在这个调查中,如果农户非常清楚这个研究的主要目的,他们就很可能会顺着研究人员的思路回答问题,表示自己很需要农业保险,使得研究人员高估了农业保险的需求。也就是说,如果受访者知道了问卷调查的研究目的,实际上是研究人员下意识地引导了受访者回答的结果。

另外,2004 年的农业保险所承保的风险不包括旱灾和病虫害,所以对这个研究而言,如果研究人员发现农户非常在乎旱灾和病虫害,并发现农业保险需求增加的时候,会误以为农户回答的农业保险需求就是真正的需求。但实际上,研究人员研究的农业保险概念和农户想象中的农业保险概念是不一样的,因此农户所表达的需求也是无效的。所以农业保险的概念不清晰,也会导致这项问卷调查的结论不科学。另外,研究人员进一步发现,即使政府给农户的农业保险保费补贴达到了 80% 以上,很多农户仍然不买农业保险。当时的农业保险参与率大约是 60%~70%,也就是说仍然有 30%~40% 的人没有购买农业保险。如果仅根据这个问卷调查的结果来推测农业保险需求,很可能会得到一个不正确的结果。所以这个例子其实是一个反例。

2.6.2 问题尽量中性

问卷调查的问题应该尽量中性,不要带有感情色彩。以关于精准扶贫问题的问卷调查为例,有些研究人员可能会直接提问:"您觉得目前乡镇的金融扶贫政策有用吗?"受访者听到这样的问题可能会下意识地回答"有用",因为问题不是很中性,所以这样的提问方式具有一定的诱导性。有些研究人员可能会提问:"您觉得养老保险有用吗? 有用还是没用?"这种提问方法也具有一定的诱导性。还有些研究人员会提问:"您是否同意养老保险其实没有什么用?"这个问题的诱导性就更强了,受访者看到这个问题就知道问卷的设计者想得到的回答是"养老保险没有用",受访者就很有可能会顺着问卷设计者的期望回答问题,如案例 2-1 所示。

案例 2-1

农户对目前乡镇的金融扶贫政策的看法

- **版本 1**:您觉得目前乡镇的金融扶贫政策有用吗?

    A. 有用　 B. 没有用

- **版本 2**:您觉得养老保险有用吗?

    A. 有用　 B. 没有用

- **版本 3**:您是否同意养老保险其实没有什么用?

    A. 是　 B. 否

另外一个例子,大学的有些课程内容简单,老师给分又比较宽松,同学们就把这种课程称为"水课",这种课程除了拿到学分以外,对学生的实际能力的提升没有太大的作用。学生可能认为上不上"水课"对他们的影响不大,上课也是浪费时间。那么在"水课"考试中作弊是不是道德瑕疵呢? 在这种情况下,如果调查员按照版本 1 的说法对学生进行提问:"'水课'考试作弊是不是道德瑕疵?"受访者很可能就会意识到研究人员想得到的结论是"水课"考试作弊是一种道德瑕疵,这个问题就有一定的诱导性。但如果研究人员按照版本 2 的方法来提问,诱导性就会大大降低,同时可以得到研究人员想要的结论,如案例 2-2 所示。

案例 2-2

学生对"水课"作弊的看法

· 版本 1：您是否觉得"水课"考试作弊是一种"道德瑕疵"？
　　A.是　B.否
· 版本 2：您对"水课"考试作弊的看法是：
　　A.可以理解　B.无所谓　C.不能够接受　D.道德问题

2.6.3　增加其他的信息

在问卷调查的过程中，如果受访者不了解一些概念信息，可以加入一些辅助性说明，使受访者的回答更加客观。

以民众对瘦肉精的态度调查为例，在 20 世纪 90 年代，农村有大量的养猪户都使用瘦肉精来提高猪肉中瘦肉的比例，但是人吃了含有大量瘦肉精的猪肉以后，会引起一些健康问题。所以如果调查员直接问消费者："您是否认为瘦肉精是有害的？"这个问题其实还不是很清楚，因为受访者对瘦肉精的概念可能还不太了解。如果研究人员增加了其他信息，很可能会出现不同的结果。如果研究人员在问题中增加辅助性信息（如案例 2-3 所示），再去问消费者这个问题，实际上这个问题就发生了变化。辅助性信息说明瘦肉精是否有害，完全取决于使用的瘦肉精种类以及如何使用。所以，做这种问卷调查，一定要注意将每个概念都界定清晰。如果受访者不了解某一个概念，研究人员可以增加一些附加信息，使得受访者了解更多关于该概念的信息，这样受访者的回答就会更加客观。

案例 2-3

民众对瘦肉精的态度调查

- 版本 1：您是否认为瘦肉精是有害的？

  A. 是的　B. 不知道　C. 没有害

- 版本 2：您是否认为瘦肉精是有害的？（瘦肉精是一类药品，美国可以添加莱克多巴胺，严格控制了休药期；中国之前主要用盐酸克伦特罗）

  A. 是的　B. 不知道　C. 没有害

第二个例子，是消费者对转基因大豆油支付意愿的调查研究。消费者对转基因大豆油和非转基因大豆油的支付意愿是否有差异，即消费者是否愿意在非转基因大豆油上支付更多的钱，或者在转基因大豆油上支付更多的钱。

此时，调查员可以采用案例 2-4A 的方式。

案例 2-4A

转基因大豆油的支付意愿研究（选择性实验）

- A. 对照组：非转基因大豆油　50 元/5 升
- B. 实验组：转基因大豆油　您愿意支付＿＿＿＿元/5 升

在案例 2-4A 的问题中，如果消费者愿意支付的价格低于 50元，那就意味着消费者在相同价格上倾向于使用非转基因大豆油；如果消费者愿意支付的价格高于 50 元，那就意味着消费者比较偏好转基因大豆油。需要注意的是，消费者给出的价格完全取决于他们对转基因大豆油或者非转基因大豆油的认识。有些消费者可能会认为非转基因大豆油比转基因大豆油更健康；也

可能会有消费者持相反的观点;或者有消费者认为两种大豆油其实没有什么区别,这时消费者愿意对转基因大豆油和非转基因大豆油支付的价格其实是一样的。

如果在这个题目中补充一些信息,消费者的回答可能会不一样,题目案例 2-4B 所示。

案例 2-4B

转基因大豆油的支付意愿研究(选择性实验)

(大豆油主要是植物脂肪,并不是蛋白质,只有蛋白质才含有转基因成分)

- A. 对照组:非转基因大豆油　　50 元/5 升
- B. 实验组:转基因大豆油　　您愿意支付_____元/5 升

在案例 2-4B 中,括号内的内容说明转基因大豆油和非转基因大豆油本质上都是脂肪,除非大豆油榨得不干净,否则大豆油里面是没有转基因成分的。如果研究人员把这个信息告知消费者,再去问消费者愿意为非转基因大豆油支付的价格,这时消费者的回答很可能与案例 2-4A 中的回答不一样。

造成回答结果差异的原因主要是研究人员增加了一些辅助性信息,这些信息并没有指出转基因大豆油好或不好,但告诉了消费者一个事实,那就是大豆油是脂肪不是蛋白质,只有蛋白质才含有转基因成分,这个信息很可能会影响到消费者的选择。这是一个很重要的研究方法,受访者在回答某个问题时,他们脑子里面的某个概念很可能和研究人员理解的概念不一样,所以有必要增加一些信息,以得到更加科学的调查结论。

2.7 问题尽量客观

2.7.1 直接提问的信息

调查问卷一定要设计得非常"干净",这要求研究人员在问卷调查时尽量使用客观的问题。通常客观问题比主观问题更容易回答。但如果是为了得到受访者的态度,研究人员会采取一些主观的问题,举几个例子。

案例 2-5A

研究新冠疫情对 H 省的农户生产和收入的影响(主观)

[1]您觉得新冠疫情对您的生产有影响吗?

    A.影响很大   B.影响较小

    C.影响较轻微   D.没有影响

[2]新冠疫情对本村非农产业生产经营活动是否造成了影响?

    A.是,目前仍有影响   B.是,但目前已恢复正常

    C.否   D.本村无非农产业

[3]您觉得新型冠状病毒对您的收入有影响吗?

    A.影响很大   B.影响较小

    C.影响较轻微   D.没有影响

如案例 2-5A 所示,第一个问题"新冠疫情对生产有影响吗?"是一个主观问题,如果这个受访者认为影响很大,其实研究人员并不知道有多"大";如果受访者说影响比较小,研究人员也不知道什么叫"小"。而第二个问题是属于定性和定量之间,可以定义为:是=1,否=0。第三个问题与第一个问题相同,更大程度上是一种定性的回答。

如果换一种问法,如案例 2-5B 所示。

案例 2-5B

案例 2-5B:研究新冠疫情对 H 省的农户生产和收入的影响(客观)

[1] 1 月以来,您的种植面积是多少? 是否有变化?

[2] 2 月,您的小麦浇水几次? 与去年同期相比有何变化?

[3] 2 月,您的雇工相比去年同期增加 _____ 人,或者减少 _____ 人。

[4] 您的小麦产量 _____ 斤/亩。

[5] 1—6 月,您外出打工的收入是 _____ 元。

如果案例 2-5B 中的问卷是在 6 月以后问的,那么这时 H 省的小麦已经收获了,可以得到小麦的产量信息。产量是最好的变量之一,可以直接和去年、前年的产量进行比较。但这种比较也存在如何识别时间效应的问题,即去年的小麦产量和今年的小麦产量存在差异,这种差异很可能包括了疫情的影响,还有自然条件变化的影响。最后,第五个问题询问受访者"1—6 月,您外出打工的收入是多少元",提这个问题主要是因为受疫情的影响,很多地方的道路都被封锁了,很多农民工不能出去打工,这种情况下他们外出务工的收入就会受到影响。通过以上五个问题可以比较客观地反映出农户在疫情前后生产和收入的变化情况,所以尽量用客观的问题去替代主观的问题是笔者比较推荐的一种问卷调查方法。

案例 2-5C 是第三个例子,实际上是对第一个例子和第二个例子的结合。

案例 2-5C

研究新冠疫情对 H 省的农户生产和收入的影响(综合)

• 本村当前主要作物播种面积与上一年相比有何变化?

变化情况	早稻	玉米
保持稳定		
面积增加		
面积减少		
现在还没播种		
不涉及		

需要注意的是,如果疫情在 6 月之前已经基本结束了,但很多地方的玉米是 6 月之后才种植的,那么疫情基本不会对玉米种植产生影响。

2.7.2 间接提问的信息

在有文献支撑的前提下,用间接提问的方式获取某些信息,更容易得到客观的答案。

有些时候很多问题是没办法直接进行提问的,这时只能通过一些间接的问题得到受访者的信息,例如风险态度。在经济学研究中,风险态度是一个非常重要的变量,但风险态度又很难通过直接询问受访者的方式获取,也很难通过观察直接获取。在这种情况下,通常会用两种方法测量风险态度,第一种是间接提问,第二种是做实验。对于间接提问的方法,可以询问受访者一些相关问题,如案例 2-6 所示。

案例 2-6

关于受访者风险态度的调查

[1]您平时抽烟吗？　　A.是　　B.否

[2]您平时喝白酒吗？　　A.是　　B.否

[3]您今年喝醉过吗？　　A.是　　B.否

　　每次笔者在农村做这个调查的时候,很多农户看到问题就开始笑,甚至有时我们把这个问题放到论文里,在投稿时,有些编辑也疑惑为什么要询问受访者这些问题,这与我们的研究有什么关系?实际上在健康经济学研究中,通常会把个体是否抽烟、喝酒作为衡量风险态度的指标,研究人员其实是通过这些问题,间接地得到受访者的风险态度,农户一般很难知道研究人员问这种问题的目的,也就降低了问题的诱导性。所以,在有一定文献支撑时,通过间接提问的方式获取某些信息,也是比较好的做法。

2.7.3　客观问题与主观问题配合

　　在问卷调查时,如果能将客观问题和主观问题配合使用,得到的信息会相对更加丰富。

　　第一个例子,关于保险信任度的调查研究,如果直接问受访者:"您相信保险还是不相信保险?"这样得到的变量是很不"干净"的。因为,第一,研究人员不知道受访者是否已经购买了保险,这意味着受访者对保险有没有认识是不明确的;第二,研究人员不知道受访者是否有过理赔经历。如果农户有过理赔的经历,就会对保险的性质有更深刻的认识;如果他们购买的保险在理赔的过程中发生了很多问题,理赔难度很大,那么这些农户对保险的信任度就会降低。因此,在明确前面两个问题的前提下,才可以继续问受访者:"您是否相信保险?"再分情况进行讨论,购买过保险的受访者和没有购买过保险的受访者,有过理赔经历的受访者和没有过理赔经历的受访者,他们对保险的认识是否有差异。

另外,有些人不信任保险,主要是因为他们听到了一些关于保险的负面信息,所以研究人员会询问受访者负面信息的来源以及事件的严重程度,如案例 2-7 所示。

案例 2-7

保险信任度问题

[1]是否购买了保险?　A.是　B.否

[2]是否有过理赔?　A.是　B.否

[3]是否信任保险?　A.是　B.否

[4]负面信息的来源?

　A.亲身经历　B.熟人经历　C.认识人的经历　D.听说

所以通过受访者对"负面信息来源"这一问题的回答,通常就能知道他们接收到的负面信息的可靠性有多大。研究人员后续可以对这个数据进行交叉分析,例如控制住是否有过理赔,或者控制住是否购买过保险,也可以将那些购买了保险又接收到了负面信息的人与没有购买过保险但接收到了负面信息的人进行对比,比较这两类受访者对保险信任度的不同,从而得到研究人员想要的结论。所以,将客观问题和主观问题相结合可以帮助研究人员得到更有趣的结论。

第二个例子,关于养猪户对国产疫苗信任度的调查研究。当调查员询问受访者:"您是否相信国产疫苗?"这个问题实际上是在获取"国产疫苗能否满足受访者的生产需要"的信息。有些农户既买国产疫苗,也买进口疫苗,进口疫苗的价格通常比较贵,国产疫苗的价格相对便宜,这个时候农户肯定会想:"我低价买到的国产疫苗的有效性如何? 我高价买到的进口疫苗的有效性如何?"实际上农户很可能已经在心里进行了性价比的比较。但研究人员并不知道各种疫苗的有效性有多大,所以可以用一些比较客观的指标,例如"您用了哪些疫苗,这些疫苗分别是国产的还是进口的? 不同的疫苗的价格通常是多少钱?"询问完这些问题以后,再询问农户对不同疫苗的评价。这样,问卷的问题相对而言就比较客观,把农户买到的疫苗的种类、价格等客观指标和农户对疫苗的主观评价结合了起来(见案例 2-8)。

案例 2-8

是否相信国产疫苗

[1]用了哪些疫苗? 国产的还是进口的?

[2]不同品种疫苗的价格?

[3]农户对疫苗的评价?(主观问题)

所以,这个问题看起来很简单,实际上非常难。**第一,如何判断因果关系,即如何确定价格是否影响了农户对疫苗的评价?** 保守的猪场经营者可能更倾向于采用价格比较高的疫苗,同时这种保守谨慎的动机又会通过别的途径影响生猪的死亡率。这种情况下,生猪的死亡很可能不是疫苗引起的,而是猪场经营者的谨慎动机引起的。

第二,该研究是否存在自我选择问题? 生猪死亡率越高的猪场越有动机去购买高价的疫苗。所以,研究人员会发现购买进口疫苗的猪场,其生猪死亡率反而非常高。所以,实际上是猪场经营者因为生猪的死亡率高,才去购买了价格比较高的疫苗,不是价格高的疫苗导致猪场生猪的死亡率比较高,这就是一个自我选择问题。

第三,该研究是否存在遗漏变量问题?当研究人员使用调查数据进行分析时,也要考虑地域因素是否会影响生猪的死亡率。例如在山区养猪,养猪户之间的距离非常远,疾病传播相对比较困难。但是,大部分的村庄集中饲养生猪,也就是同一个村子里面的很多养猪户都会搬到一个小区里面,然后分成不同的小院养猪。这种情况下,因为他们之间的距离很近,往往两个猪场间只隔着一堵墙,所以疾病的传播速度会比较快。这时,生猪的死亡率高,其实在很大程度上是地域因素造成的,不是疫苗因素造成的。如果没有控制猪场的地域因素,即猪场是散落在山里还是在专门的小区里集中饲养,这样得到的结论很可能就会有偏差。所以,在做问卷调查时要把客观问题和主观问题进行匹配,这样才能得到更合理的结论。

第三个例子,关于普通民众对艾滋病认知的问卷调查。如果以主观问题的形式直接询问受访者:"您是否了解艾滋病的传播途径?"很多受访者可能下意识地就会回答"了解",但这并不一定代表他们真的完全了解,这可能是由受访者知识的有限性导致的。这个时候,为了把"受访者是否了解艾滋病的传播途径"这个变量测量得更"干净",可以再补充一些客观问题。

案例 2-9

艾滋病认知研究

[1]您是否了解艾滋病的传播途径?

　A.了解　B.一般　C.不了解

[2]您觉得接吻是否会传染艾滋病?

　Λ.是　B.否　C.不知道

[3]您觉得和艾滋病人一起吃饭是否有感染的危险?

　A.是　B.否　C.不知道

案例 2-9 中下面两个问题就是客观问题,可以更清晰地测量"受访者是否了解艾滋病的传播途径"这一变量。所以,尽管有时需要询问一些主观问题,但是如果可以辅以适当的客观问题,效果会更好。

2.8 真实性检查

问卷的真实性检查是指在问卷回收结束后调查人员评估和确认受访者在填写问卷时所提供的信息是否真实和可信的过程(Krosnick,2016)。一般情况下,研究人员会采用一些简单且有固定答案的问题作为判断题,或者要求受访者选择某指定选项,从而清理掉那些回答不认真的受访者的数据,一般多用于网络调查。如案例 2-10 所示。

案例 2-10

真实性检查示例

[1]您的子女数量为_____。(此题请选 F)

  A. 0 B. 1 C. 2 D. 3 E. 4 及以上 F. 100

[2]您的年龄为_____岁。(此题请填写 200)

需要注意的是,子女数量为 100 人以及受访者年龄为 200 岁是不可能发生的事件,只有当受访者认真地看完了题干信息,注意到括号中的指示性信息时才可能给出研究人员要求的答案。所以,它可以作为评判受访者是否认真作答的标准。但是,设置这种反常识的问题可能会让受访者觉得费解,也可能会影响受访者作答的积极性,因此应该审慎使用。

在实际操作中,也可以将掌握到的信息与受访者的回答进行对比,以此判断受访者是否认真作答。以某省保险人员职业伦理研究为例,由于该调查使用网络问卷的形式进行,无法通过观察受访者神情和语气的方法推断受访者是否认真作答,所以在本调查中,研究人员采用了一些真实性检查的方法。例如,将受访者回答的年龄、受教育程度、性别等人口学变量信息与保险公司提供的信息进行对比,若发现性别冲突,年龄、受教育程度相差过大的情况则可以认为受访者没有认真作答,可以将没有认真作答的问卷作为无效问卷。

▶ 小练习

一、简答题:

1.简述问卷设计阶段需要考虑哪些基本变量。

2.举例说明狭义的测量指标与测量量表的概念。

二、判断题:

1.一般情况下,需要根据问卷调查的内容确定研究主题和研究方法。 （　　）

2.问卷设计要求与主题一致,每个问题之间都要相互关联且具有逻辑性。 （　　）

3.如果受访者清楚地了解到问卷的逻辑以及研究人员希望得到的结论,他们很可能会被误导。 （　　）

4.在问卷调查时,如果能将客观问题和主观问题配合使用,得到的信息会相对更加丰富。 （　　）

5.在问卷中使用主观问题,可以获得更多的信息。 （　　）

6.一般情况下,相关关系就是因果关系。 （　　）

7.研究方法与问题设计的高度统一有助于问卷设计质量的提高。 （　　）

8.对于敏感性问题的询问,也要遵循伦理规范,尽量保护受访者的隐私。 （　　）

三、单选题：

1. 以下说法中,错误的是（　　　）。

A. 通常来说,主观问题比客观问题更容易回答和解释

B. 为了避免问卷的诱导性,应该尽量使用中性的措辞,并适当补充额外的附加信息

C. 在问卷设计中将主观问题与客观问题相结合,得到的信息会相对更加丰富

D. 对于敏感性信息,可以使用间接提问或者经济学实验的方式获得

2. 控制变量的选择中,应该控制与自变量＿＿＿＿＿＿,与因变量＿＿＿＿＿＿的变量。（　　　）

A. 有关；有关　　　　　　　　B. 有关；无关

C. 无关；无关　　　　　　　　D. 无关；有关

三、多选题：

1. 以下关于"农户对目前乡镇的金融扶贫政策的看法"问卷调查中哪种提问方法存在一定的诱导性?（　　　）

A. 您觉得目前乡镇的金融扶贫政策有用吗?

B. 您觉得养老保险有用吗?　a. 有用　b. 没有用

C. 您是否同意养老保险其实没有什么用?　a. 是　b. 否

D. 您对目前乡镇的金融扶贫政策有何看法?　a. 有用 b. 说不清楚　c. 没有用

2. 对于敏感性信息,一般可以通过（　　　）方式获得。

A. 直接提问

B. 间接提问

C. 有偿提问

D. 经济学实验

3.以下说法中,正确的是(　　)。

A.问卷设计应该尽量中性,不要带有感情色彩

B.问卷设计应该尽量避免诱导性

C.问卷设计要尽量客观,可以将客观问题和主观问题相结合

D.问卷设计中可以适当备注附加信息

4.以下问题描述中,客观问题包括(　　)。

A.您是否了解艾滋病的传播途径?(非常了解、一般、不了解)

B.您认为与艾滋病人拥抱是否会被感染?(是、否、不知道)

C.您认为新型冠状病毒对您的收入有影响吗?(影响很大、影响较小、无影响)

D.您家今年 2 月的收入为_____。

四、论述题:

1.如何测度无法观察的变量?

2.对于精准扶贫政策效应的评估,你将设计哪些变量? 如何组织实验?

3.如何在保护受访者隐私的同时获得敏感性问题的信息?

4.下面是一个可以测量个体非认知能力的大五人格量表,请根据该量表设计面向某省保险人员的问卷题项。

大五人格	子指标	解释
外向性	合群性	乐于与他人待在一起
	高支配性	倾向于领导他人
	有活力	精力充沛且主动性强
神经质	抑郁性	易焦虑,易郁郁寡欢
	脆弱性	遇到困难时容易产生无力感
	敏感性	敏感多疑,过分在意他人的看法
尽责性	责任心	对待任务和他人认真负责,信守承诺
	自律性	自我控制能力强,有毅力
	勤奋性	对于工作和学习表现出较强的进取精神
	审慎性	采取行动时小心谨慎

续表

大五人格	子指标	解释
开放性	创造性	想象力丰富，富有创造性思维
	好奇心	对未知的事物兴趣强烈
	价值性	对新事物、新观念持有开放的态度
宜人性	信任	易于信任他人
	利他性	对别人的需要的关注度高
	同情心	对处于不利地位的人或事物富有同情
（非常不同意＝1，不同意＝2，中立态度＝3，同意＝4，非常同意＝5）		

参考文献

[1] 陈强.高级计量经济学及 Stata 应用[Z].北京:高等教育出版社,2014.

[2] 郭庆旺,陈志刚,温新新,等.中国政府转移性支出的收入再分配效应[J].世界经济,2016,39(8):50-68.

[3] 贾俊平,何晓群,金勇进.统计学[M].9 版.北京:中国人民大学出版社,2021.

[4] 王孟成,戴晓阳,姚树桥.中国大五人格问卷的初步编制Ⅰ:理论框架与信度分析[Z]//MENGCHENG W, XIAOYANG D, SHUQIAO Y. 中国临床心理学杂志. Chinese Journal of Clinical Psychology; Development of Chinese Big Five Personality Inventory (CBF-PI): Theoretical Framework and Relability Analysis. 2010：545-548. 10. 16128/j. cnki. 1005-3611. 2010. 05. 012

[5] 谢宇.回归分析[M].北京:社会科学文献出版社,2013.

[6] 谢宇.社会学方法与定量研究[M].北京:社会科学文献出版社,2012.

[7] 赵西亮.基本有用的计量经济学[M].北京:北京大学出版社,2017.

[8] Angrist J D, Krueger A B. Does compulsory school attendance affect schooling and earnings? [J]. The Quarterly Journal of Economics, 1991, 106(4): 979-1014.

[9] Babbie E R. The practice of social research[M]. Stanford: Cengage Learning，2020.

[10] Krosnick J A. Questionnaire design[M]. The Palgrave Handbook of Survey Research，https://doi. org/10. 1007/978-3-319-54395-6_53. 2018.

[11] Wooldridge J M. Introductory econometrics: A modern approach[M]. Stanford: Cengage Learning，2015.

3

问卷调查的形式

▶ 关键术语

结构式/封闭式问卷(Structured questionnaire):这种问卷不仅提出问题,而且还要提供可选择的答案,限制回答的方向和数量,受访者只能在提供的答案中做出选择。由于问卷中提供了备选答案,使得作答方便,结果易于统计处理(Babbie,2020)。

非结构式/开放式问卷(Unstructured questionnaire):这种问卷只提出问题,不列答案,由受访者根据自己的情况自由回答,比较适合于探索性研究(Babbie,2020)。

误差(Error):观察值与真实值之间的差(谢宇,2013)。

总体(Population):包含所研究的全部个体(或数据)的集合,通常由所研究的一些个体组成,例如由多个企业构成的集合,多个居民构成的集合,等等(谢宇,2013;贾俊平等,2021)。

样本(Sample):通过某种方式从总体中抽取一部分研究对象组成的子集,研究者通常希望通过对样本的研究来获得对总体的认识,构成样本的元素的数目成为样本量(sample size)(谢宇,2013;贾俊平等,2021;Gerrig et al.,2015)。

方便抽样(Convenient sampling):调查过程中研究者依据方便的原则,自行选择一些单位作为样本(贾俊平等,2021)。

入户调查(Household survey):是指调查人员进入调查对象的住处、办公场所等,直接与被调查者进行面对面的交流,获取被调查者的现状、意愿或行为等多方面有价值的市场资料与信息的一种调查方法(严宗光和卢润德,2001)。

数据库(Database):按照数据结构来组织、存储和管理数据的仓库(贾俊平等,2021)。

抽样框(Sampling frame):指可以选择作为样本的总体单位列出名册或者排序编号,以确定总体的抽样范围和结构。它是总体要素的列表或准列表(Babbie,2020)。

选择性实验(Choice experiment):通过在研究对象面前展示不同的选项或情境,要求他们选择或做出决策,从而揭示出不同因素对其决策或行为的相对重要性的一种研究方法,旨在了解不同因素对某个决策或行为的影响程度(Montgomery,2017)。

频数(Frequency):变量的每一个取值在样本中出现的次数(谢宇,2013)。

3.1 面对面访谈

3.1.1 面对面访谈的概念与特点

面对面访谈是指调查员与被调查对象进行面对面的交流,采用结构化的问卷设计来获取受访者的相关信息的调查方法。面对面访谈被认为是问卷调查中最重要的一种方法。

面对面访谈一般是一位调查员面对一位受访者,这样调查员会提问得相对比较清楚,如果受访者有不清楚的地方,调查员也可以及时解释。

问卷调查的面对面访谈通常有以下几个特点。

1.面对面访谈是结构性访谈

结构性访谈是指调查员完全按照问卷设计的内容和调查标准进行提问的过程,是一个标准化的过程。在结构性访谈中,信息的指向非常明确,谈话的误差相对较小。因此,我们可以通过所调查的样本来推断总体的情况。举一个例子。

案例 3-1

养猪贷款情况

• 您家 2016 年 8 月至 2017 年 7 月养猪贷款(万元)的情况怎么样?

年份	银行或信用社(金额)	平均月利息(厘)	私人(金额)	平均月利息(厘)	银行和信用社贷款难度
2016—2017					A.困难 B.中等 C.容易

在案例 3-1 中,调查员询问农户:"您家 2016 年 8 月至 2017 年 7 月为了养猪的贷款情况怎么样?"首先,这个问题的时间范围非常明确,即从 2016 年 8 月到 2017 年 7 月。然后,进一步询问:"您从银行或信用社贷了多少钱?平均的月利息是多少厘?"接下来,再提问:"您从私人那里借到了多少钱?平均的月利息是多少厘?"问完表中四个问题后,将继续询问:"您认为从银行或信用社贷款难度是困难、中等,还是比较容易?"可以注意到,这个问卷实际上是结构性的访谈。调查员会向受访者传达非常具体、具有明确指向的问题,以便他们进行回答。

案例 3-2

生猪自费疫苗使用情况

育肥猪疫苗	国产每头份价格/元	一头猪一个生长周期用几头份	进口每头份价格/元	一头猪一个生长周期用几头份
1. 伪狂犬				
2. 气喘病(喘气病)				
3. 普通蓝耳病				
4. 猪圆环病毒二型				
5. 猪瘟				
6. 口蹄疫				
7. 高致病性蓝耳病				
8. 其他				

案例 3-2 中,研究人员希望询问农户在养猪过程中自费购买和使用疫苗的情况。然而,这种情况并不适合采用开放式问题进行询问,因为开放式问题所获得的结果往往难以处理。通过之前的预调查,研究人员已经了解到该地区的农户通常使用的疫苗种类、用法用量以及主要是进口还是国产疫苗。在前期预调查阶段,研究人员对这些情况进行了梳理。基于这些信息,研究人员设计出了案例 3-2 中的结构性问卷。然后,研究人员按照问卷的顺序依次询问农户:"您在育肥猪的过程中自费购买的疫苗包括哪些? 比如伪狂犬疫苗、气喘病疫苗、普通蓝耳病疫苗、猪圆环病毒二型疫苗、猪瘟疫苗、口蹄疫疫苗,还是高致病性蓝耳病疫苗?"如果农户回答了预调查中没有发现的疫苗类型,调查员会将其填写在预留的"其他"选项中。每次提

问一个问题,调查员都会进一步询问农户所使用的疫苗是进口的还是国产的。如果是国产疫苗,调查员会在第一栏中记录;如果是进口疫苗,调查员会在第三栏中记录。此外,调查员还会分别询问受访者每种疫苗在一个生长周期内针对一头猪使用几个剂量。在这里,"头份"实际上是一个单位,而这个问题也是调查员在预调查中发现的。因此,当调查员按照顺序依次提问农户时,他们会回答得非常迅速。这样的提问方式能方便农户回答,研究人员也能获得非常准确的信息。因此,我们称其为结构性访谈。

2.面对面访谈是个别访谈

个别访谈其实就是一对一的访谈,即访谈员对每一位受访者逐一进行单独的访谈。它的优点是访谈员和受访者能够直接接触,从而可以得到真实可靠的材料,有利于受访者详细真实地表达其看法。个别访谈可以促进访谈员与受访者之间的交流,并使受访者感到被重视,提高受访者的安全感,因为他们能够看到访谈员的表情并与之进行目光交流。因此,个别访谈是访谈调查中最常见的形式之一。

举例来说明个别访谈的优势,当研究人员提问一些相对隐私的问题时,采用个别访谈和一对多访谈,所得到的结果肯定是不同的。个别访谈可以提供更加私密和安全的环境,使受访者更愿意坦诚回答一些敏感问题。而在一对多访谈中,受访者可能会受到其他人的影响或压力,不太愿意透露个人隐私或真实看法。因此,个别访谈在涉及敏感话题或深入了解受访者个体经验时具有独特的优势。

案例 **3-3** ·

相对隐私问题

[1] 2017 年的贷款您主要用于哪几项?

　　A. 建设猪舍　B. 种猪购买　C. 饲料　D. 其他

[2] 上述贷款是否有抵押或担保情况?

　　A. 没有抵押　B. 有抵押　C. 有担保　D. 有质押

[3] 如有担保,担保人是谁?

　　A. 村干部　B. 亲戚朋友　C. 其他企业或个人　D. 村集体　E. 小组联保

[4] 为获得该笔贷款花了_____元;去银行(信用社)办该笔贷款总共花了_____天。

　　在案例 3-3 中,研究人员询问受访者"2017 年的贷款您主要用于哪几项",例如建设猪舍、购买种猪或者购买饲料等,同时,研究人员保留了一个相对开放的选项,即"其他"。研究人员主要希望通过这个问题探究农户是否将生产性的贷款用于其他方面。实际上,很多人可能并未把贷款用于生产性投资,而是用于其他用途。这个问题可以反映出这种情况。

　　下面一个问题是:"上述贷款是不是有抵押或者担保的情况?"选项包括"没有抵押""有抵押""有担保"或者"有质押"。这里需要注意一个问题,很多人可能并不了解这些专业术语的含义。因此,如果农户对这些专业术语有疑问,调查员需要对其进行解释。具体的解释需要在问卷底部注明,以确保解释方式的一致性。可以发现,贷款问题本身具有一定的隐私性,如果采用一对一的访谈方式,受访者回答时通常会感觉心理压力小一些。

　　3. 调研成本较高

　　面对面访谈的调研成本较高,主要是相对于电话访谈和网络调查而言的。面对面访谈能获取的样本量相对比较少,因此当使用如 1000 个样本作为数据时,研究人员会立即意识到调查所需的工作量和成本都显著增加。样本量越大,调查越困难,成本也越高。这个成本主要包括差旅费、住宿费、伙食费以及保险费等一系列费用。

以 2018 年灵宝市的金融扶贫调研为例,表 3-1 展示了该调研的差旅费预算表。在每次进行调查之前,通常需要列出以下表格。通过第一行的数据,可以观察到调查员 A 从鹤岗到灵宝的每个阶段的行程及大致花费,以及他从灵宝返回杭州每个阶段的行程和花费。这样就能预估调研的总费用,例如调查员 A 在出行方面的费用总计为 1420 元。同时,还可以预测该调查员在住宿方面的花费等。通过这些数据,我们可以发现组织问卷调查的成本实际上是非常高的。

表 3-1　2018 年灵宝调研出行费用估计表

单位/元

调查员	前往灵宝行程	总额	离开灵宝行程	总额	总计
A	鹤岗→哈尔滨(硬座 78) 哈尔滨→北京(动车 306.5) 北京→灵宝西(动车 438.5)	823	灵宝→三门峡(客车 50) 三门峡→杭州(动车 547)	597	1420
B	千岛湖→杭州(客车 70) 杭州东→灵宝(动车 567)	637	灵宝→三门峡(客车 50) 三门峡→杭州(动车 547)	597	1234
C	杭州→灵宝(动车 567)	567	灵宝→三门峡(客车 50) 三门峡→杭州(动车 547)	597	1164
D	杭州→灵宝(动车 567)	567	灵宝→三门峡(客车 50) 三门峡→杭州(动车 547)	597	1164
E	信阳→灵宝(动车 288)	288	灵宝→三门峡(客车 50) 三门峡→杭州(动车 547)	597	885
F	杭州→灵宝(动车 567)	567	灵宝→三门峡(客车 50) 三门峡→杭州(动车 547)	597	1164

面对面访谈的高成本是因为需要支付访谈员的差旅费以及与受访者进行面对面交流所需的费用。然而,面对面访谈也具有其独特的优势,如能够获得真实可靠的数据和更深入的理解。因此,在进行问卷调查时,需要综合考虑成本和调查质量,选择适合研究目的的调研方法。

4.需要重视安全问题

在面对面访谈中,保障调查员和受访者的安全至关重要。通过制定安全规则、保持警惕、统一行动和及时解决纠纷等措施,可以最大程度地降低面对面访谈中的安全风险,并顺利进行调查工作。

为确保调查员的人身安全,在面对面访谈中需要考虑广泛的调研范围,尤其是在农村调研中。因此,需要制定一些安全规则。例如,调查员晚上不能单独外出。由于调查团队经常会前往陌生的地方,且通常居住在县城、乡镇或村庄中,调查员们对当地治安情况通常也并不了解。因此,调查员们必须时刻保持警惕,注意自身安全。在用餐时,通常要求调查团队成员一起到正规的饭馆就餐。如果前往偏远地区,连小饭馆都没有,就需要提前准备好午餐或晚餐,以保障安全。此外,调查通常要求团队成员统一行动。因为在调查过程中,大部分时间都用于寻找受访者,在陌生的地方,如果团队成员没有统一行动,就很可能会出现安全问题。

最后,调查过程中难免会发生一些纠纷。例如,在关于农户风险态度的调查中,如果有受访者在完成调查后对自己获得的报酬感到不满,他很可能就会表示"这次不算,我要重新做一次"。这个时候,调查员一般会说明实验只允许进行一次,这种情况下很可能会引发纠纷。当出现纠纷时,调查员应立即通知负责人解决,避免与受访者发生直接冲突。

3.1.2　面对面访谈的步骤

对于随机抽样而言,面对面访谈的步骤可以概括为以下几个方面。

第一步,确定调研名单。**调研名单实际上将研究的总体构建成所需的抽样框,然后从中抽取需要访谈的样本。**调研名单通常要包括受访者的姓名、地址和电话号码等基本信息。

第二步,与当地有关部门,如村委会或农业农村部门合作,请当地的干部预约调查时间并通知受访者。这样做可以增加受访者对研究的信任程度。

第三步,在约定的时间内对受访者进行集中调查或入户调查。

第四步,与受访者见面后,可以通过介绍调研目的、调研资助单位、所属学校等信息来获取受访者的信任。

第五步,调研结束后,确认调研信息,并告知受访者跟踪调查的时间。例如,调查员会告知受访者下次调查的时间(例如3个月后或次年7月等),以便受访者有所准备。笔者曾在同一个地区连续进行了7~8年的调查,连续多年进行的跟踪调查可以逐渐增强受访者对研究人员的信任。

最后一步是致谢。调查结束后,我们通常要向配合调查的受访者表示感谢,这是对他们付出时间和配合的肯定。如果进行的是跟踪调查,调查员不礼貌可能会影响受访者再次接受调查。

此外,通常还需要根据调查占用受访者的时间,向受访者支付调查劳务费。可以根据调查时间和当地的工资水平设定一个适当的费用,例如给予受访者30~40元作为调查费用。

3.1.3　面对面访谈的注意事项

在进行面对面访谈调查时,需要注意以下几个方面。

第一，**事先了解受访者信息**。在抽样阶段，研究人员已经收集了每位受访者的姓名、所属地区以及生产规模等基本信息。此外，还需要通过预调查来获取更多信息，例如该地区的民风和民俗等，这些都是重要的准备工作。

第二，**尊重受访者**。在访谈过程中，调查员要尊重受访者，不能随意打断他们的发言。在进行调研时，有些受访者会自发地提供一些与调研无关的细节信息。例如，当调查员询问受访者使用了哪种疫苗来给生猪接种时，他们可能会告诉调查员有些人在售卖疫苗时欺骗了他们，并讲述许多这样的故事。在这种情况下，打断他们会显得不礼貌，因此需要引导话题。如果他们提供的细节信息对研究有意义，应将这些问题记录在问卷的边缘，这样在后期查看问卷时，研究人员就可以回想起当时的附加信息。

第三，**适当控制访谈节奏，避免偏离主题**。如果受访者经常表达与调研无关的观点或讲述与调研无关的内容，应及时将话题引回正轨，确保访谈的准确性和一致性。

第四，**选择合适的方式向受访者提问**。根据受访者的特点选择合适的语言和方式进行提问，以确保受访者能够理解问题。例如，对于年长的受访者，可以采取更易于理解的语言去解释问题。但需要注意的是，解释语言仅用于让对方理解问题，而不应引导他们的回答。如果不同调查员使用不同的引导方式，可能会导致最终的调查数据不"干净"。

第五，**避免评论，直接记录和确认信息即可**。无论受访者的回答多么奇怪，都不应进行评论。可以通过反问的方式确认回答，例如："是这样吗？"如果他们回答"是"，就只需将其直接记录下来即可。过多的评论可能会引起一些误导或矛盾。例如，当调查员询问农户贷款用于何处时，农户回答"我用今年的贷款买了很多小猪",如果调查员评论"那您为什么不把猪圈建得更大一些呢",这可能会让农户感到恼火,引发矛盾。因此,如果农户回答"购买了小猪",调查员只需记录下来即可。

第六,注意仪表。调查员应保持整齐、严肃和认真的仪表,这样有助于得到受访者的正向反馈。研究人员通常会统一购置调研服装,以确保团队整齐统一的形象。此外,在集体行动时(例如乘坐火车或客车),统一服装能避免有人在行动中走散。

3.2 集中调查(农户)

鉴于我们的受访者通常是农民,因此本节主要以农户为例,对集中调查进行进一步的介绍。

3.2.1 集中调查的概念和特点

集中调查是指通知受访者在一个相对集中的地点接受调查,调查员逐一对受访者进行访谈。这个概念是相对于入户调查而言的。集中调查主要适用于小规模的问卷调查,本书也主要关注这种小规模的问卷调查。大规模的问卷调查需要更复杂的组织方式。在小规模的问卷调查中,例如对某些学生群体或在某个县级机构进行调查时,样本量通常在 1000～2000 个。在这种情况下,集中调查是非常重要的一种调研方式。

在集中调查中,研究人员通常会选择一个大会议室作为调查地点,并确保每位调查员都有自己的位置,与受访者进行一对一的访谈。这是因为,如果使用一个小会议室进行调查,可能会出现几位农户同时回答同一份问卷的情况,这会为问卷调查带来一些干扰。为了避免这种情况的发生,需要采取一些措施来确保调查的顺利进行。

为了解决这个问题,可以采取以下步骤。

3.2.2 集中调查的步骤

第一，制定分批调研计划。首先，需要制定一个方案，根据问卷的长度和调查员的数量确定每批调查的农户数量。这样可以避免同时回答同一份问卷的情况发生。如果在同一时间内安排的农户数量过多，调查员可能无法妥善应对，未及时接受调查的农户可能会因此感到不快。相反，如果同一时间内安排的农户数量过少，则会造成调查时间的浪费。在进行集中调查前，需要提前通知比调查员数量稍多一些的农户，以确保每位调查员都有一个农户接受调查。例如，如果有 10 名调查员，通常会通知 12～13 位农户（因为有些农户可能会迟到）。

第二，将会议室或调研场所的桌子进行编号。例如，如果有 10 张桌子，那么第 1 张桌子的编号就是"1"，第 2 张桌子的编号就是"2"，第 3 张桌子标为"3"，每张桌子都会有对应的编码。通过给每张桌子分配编号，可以帮助调查员和农户快速找到彼此，避免混淆和重复回答问卷的情况。

第三，会议室必须设有等候的座位。如果同一时间内接受调查的农户数量超过了调查员的数量，可以安排一位调查员专门引导未能接受调查的农户坐在后排等候。否则，如果他们随意走动，可能会干扰到调查员与其他农户之间的调查。

第四，通常情况下，需要有引导员来引导调研工作。即每位农户到来时，都有引导员告诉他应该坐在哪里，或者前往哪位调查员那里接受调查。引导员需要核对农户的姓名、电话号码和地址等信息，与调查名单进行核对，并可能需要核对农户的身份证以确认身份。引导员会带领农户到达调查员所在的位置，开始进行调查。

第五，必须注意现金支付问题。每次调查时，为了方便记账,通常都会指定一位现金支付人。调查员与现金支付人之间必须保持良好沟通,这是一个特别需要注意的环节。调查员完成问卷调查后,会告知支付人,然后由支付人向受访者支付问卷调查费用。在这个过程中经常会遇到受访者虚报费用的问题,例如,在完成风险态度试验后,每个受访者获得的报酬可能不同,最多为860元,最少为2元。如果受访者本应该得到2元,但他私自改动了数字,在后面加上了两个零,使其变成200元。如果支付人不知情,就会直接支付这笔金额。为防止金额的篡改,必须确保现金支付要一对一进行。还有一种情况是,有些农户可能不在样本名单中,但听说参与调查会得到报酬,因此他们就冒充受访者参与调查。我们曾发现有人同时回答了3～5份问卷,这大大降低了问卷的效率和真实性。因此,在受访者到达的第一时间,就必须准确地记录他们的姓名,并将其与样本对应起来,尽量避免冒充受访者的情况出现。

3.3 电话访谈

电话访谈是借助电话进行的一种访谈方式,可分为传统电话访谈和集中电话访谈两种形式。传统电话访谈通常是一位调查员通过电话与受访者进行一对一的访谈,同时手动记录信息。集中电话访谈,一般是利用计算机辅助电话访问系统,由本地的数据收集公司在特定地区安装多条电话线,并由访问者根据数据库中随机生成的电话号码自动拨打电话进行访谈。调查员通常处于相对独立且封闭的工作空间,可以用双手记录一些访谈信息。本部分主要探讨的是传统电话访谈,并将电话访谈和问卷调查结合起来讨论。

电话访谈的优缺点见表3-2。

表 3-2　电话访谈的优缺点比较

优点	缺点
☆　调研成本低 ·减少住宿费或交通费支出	☆　拒访率高 ·口音或方言不通引起拒访 ·受访者失去耐心 ·受访者对电话欺诈等因素的顾虑
☆　更加便捷 ·可与受访者约好电话访谈的时间	☆　仅能联系到有电话号码的受访者 ·受访者可能更换电话号码 ·缺少当地干部的协助
☆　调查员更安全 ·通过呼叫中心完成对受访者的访谈,减少实地调查带来的安全隐患	☆　无法保证调查的质量 ·无法见到受访者本人,无法通过观察受访者的表情、动作等来判断他们是否认真回答问题
	☆　无法实现深入的调查 ·如巴塞罗那实验、掷骰子、观察卡片等实验,无法通过电话访谈实现

对于电话访谈的优缺点,可以通过如下措施扬长避短。

第一,将实地的问卷调查和电话访谈结合起来,通过电话访谈完成问卷调查的回访环节,从而规避两者的缺点。例如,在进行基线调查时,告知受访者后续的回访计划,特别是电话号码的来源。例如:“三个月后可能会有 A 市的电话来对您进行回访。”这样,当三个月后进行电话回访时,受访者已经了解到有人会给他们打电话回访,并且知道来电号码来自 A 市,从而降低了拒访率。

第二,电话访谈的调查问卷必须非常清晰简洁。因为电话访谈与面对面访谈不同,电话访谈的问题必须精简,而且要表达得非常清楚,以便受访者在电话中能够准确理解和回答。

第三,通过比对基线调查问卷获得的信息,判断电话回访的可靠性。具体地,在去年的调查中询问过某位受访者一些相关信息,今年再去询问他相同的信息时,如果回答与去年有很大差异,那么研究人员就会怀疑这个信息的准确性。例如,去年某位受访者表示自己是汉族,今年却改口称自己不是汉族,这个信息肯定存在问题。或者,去年调查员询问某位受访者"您的宗教信仰是什么",他回答是佛教,但今年突然回答为无宗教信仰,这时就需要进一步了解受访者的情况。类似地,当受访者在关于生产规模的问题上与前一年的回答相差很大时,就需要详细询问背后的原因。换言之,如果在同一份问卷中连续几个问题的回答存在较大差异,就要怀疑受访者所提供的答案的可靠性。

第四,利用高校的呼叫平台进行调查。呼叫平台具有一个优点,例如 Z 大学的呼叫平台会有一个专门的号码,可以事先告知受访者这个号码,甚至可以先给受访者打个电话告知他们"我们是来自 Z 大学的调查团队,过几天会通过该号码对您进行问卷调查,请您留意通话信息"。这样可以提高电话访谈的可靠性和受访者的信任度。

综上所述,通过结合实地问卷调查和电话访谈、简化调查问卷、比对基线调查信息以判断可靠性,以及利用高校呼叫平台进行调查,可以充分发挥电话访谈的优势,同时规避其缺点。这些措施将有助于提高电话访谈的有效性和可靠性。

举个例子,在案例 3-4 中,针对第 1 题的第一个判断问题,如果受访者回答"是",就继续询问他们参加过多少次相关活动,随后,调查员会继续询问受访者培训的内容主要包括哪些部分。换言之,调查员可以根据对方的回答填写信息,或逐项提醒受访者回答。针对第 2 题和第 3 题,调查员会询问受访者:"不包括后备母猪,您家目前存栏的能繁母猪有多少头? 20 斤以上的育肥猪存栏数量是多少?"这样的提问就会比较清晰。最后,针对第 4 题,可以直接提问受访者"2016 年 8 月至 2017 年 7 月期间能繁母猪死亡了多少头",这种问题都很清晰。所以,通过电话提问这种问题时,得到的回答还是比较可靠的。

案例 3-4

关于养猪户的调查

[1] 2016 年 7 月以来您是否接到过政府组织的养猪技术培训的通知？ A. 是　B. 否　如果是,参加过_____次。培训主要内容是(可多选):

　　A. 政策法律　B. 饲养技术　C. 兽药使用　D. 疾病防控

　　E. 环保　F. 其他

[2] 您家目前能繁母猪(不包括后备母猪)存栏_____头。

[3] 您家目前育肥猪存栏(20 斤以上)_____头。

[4] 2016 年 8 月至 2017 年 7 月期间,能繁母猪死亡_____头。

3.4　网络调查

3.4.1　网络调查的概念和特点

　　网络调查,也被称为在线调查,是指通过互联网把传统的问卷调查和分析方法转化为在线形式,实现智能化。网络调查的兴起主要源于传统问卷调查方法成本高昂的缺点。传统方法需要承担诸如差旅费、调研时间以及寻找受访者等各方面成本,而网络调查可以在一定程度上克服传统问卷调查的高成本问题。此外,利用网络调查所获得的数据可以直接生成数据库,对后续的分析非常有帮助。因此,目前网络调查已经成为问卷调查的重要工具之一。实际上,网络调查与纸质问卷调查在逻辑上是相同的。在问卷设计、样本的随机抽样以及数据分析方面,网络调查与实地面对面问卷调查具有一致性,两者之间的差别仅在于所使用的调查工具不同。

　　关于网络调查的优点,主要有以下三点。

第一，调研成本低。通过使用电子邮件或其他社交媒体发放问卷进行调查，能够大大降低调研过程中产生的各项成本。与传统的实地调查相比，网络调查不必支付差旅费用、住宿费用、问卷打印费用、调查员培训费用以及寻找受访者等费用，因此成本更低。

第二，调查过程便捷。完成问卷调查后，可以直接生成数据库，不需要逐一手动输入数据到计算机中。以某省保险人员职业伦理研究为例，研究人员采用了网络调查方法。在问卷发放初期，研究人员就可以编写数据清理和分析的命令（主要是 Stata 命令，具体细节将在后面的章节展开讨论）。当问卷数据收集截止时，数据处理的命令也已经基本上写完，相应的数据库也已经生成，这样可以立即进行一些基本的描述统计工作，节省了时间和劳动成本。

第三，实时产生分析结果。网络调查能够在问卷调查完成的当天立即生成调查结果。相比之下，传统的问卷调查通常需要等待 2~3 个月才能看到分析结果。因此，网络调查在这一点上具有明显的优势，使得研究人员能够更快地获取并分析数据，及时掌握调查结果。

关于网络调查的缺点主要如下。

第一，问卷的回收率非常低。由于大多数人每天都会收到大量的网络邮件，对于这些人而言，大部分的网络邮件往往被标记为垃圾邮件或直接删除。因此，网络问卷的回复率往往很低，这可能导致描述性统计结果无法全面反映总体特征。尽管如此，研究人员仍可以通过这些数据分析某些问题，例如科研经费高的人员对包干制的态度，不同年龄层的科研人员对包干制的态度等。还可以进一步分析这个问题，例如要求科研人员提供出差票据后，受访者对包干制的态度的变化。前面提到的三个问题实际上是多元回归的问题，可以通过控制其他因素（例如职称、年龄等)来考察研究经费与包干制态度之间的关系,从而得出所需结论。

第二,问卷的质量难以保证。由于无法观察受访者在回答问题时的动作、表情和态度,研究人员无法确定受访者是耐心地回答问题,还是随意勾选选项。此外,受访者可能不愿意花太多时间回答问卷,因此问卷质量难以保证。对此,可以采取一些方法,例如设计更具体化的问题,减少主观问题的数量,采用更多更易回答的客观问题等予以改善。同时,尽量减少需要判断程度的问题,例如"您觉得压力有多大,1 表示没有压力,10 表示压力非常大"。虽然这个问题本身设计得很好,但如果问卷中包含过多此类问题,实际上会给受访者增加压力。因此,需要通过简化问卷设计,以提高受访者参与调查的概率。另外,还可以利用互联网的优势,通过网络或电子邮件随机生成图片或数字等方式进行网络调查。

第三,难以进行随机抽样。对于普通人而言,无法掌握完整的 IP 地址或者受访者的邮箱等信息,因此,随机抽样存在一定难度。对此,可以与专业机构或社交媒体平台合作,获取更全面的数据,减少抽样偏差的影响。

第四,隐私性的问题难以解决。在网络调查中,当受访者通过电子邮箱或其他网络平台对问卷调查进行回复时,其身份信息可能会被暴露。尽管研究人员可能会声称"只要回复邮件,我们会保护您的隐私",但只有通过制度保护受访者隐私才能保证可信度。因此,在网络问卷的设计中,应明确说明数据的保密性和匿名性,并采取技术手段确保数据的安全。同时,调查应遵守相关法律法规,保护受访者的隐私权。

第五,样本选择偏差比较大。在互联网上进行问卷调查时,回答问题和不回答问题的人可能是完全不同的人群,这可能导致样本的代表性受到影响。忙碌的受访者通常不愿意回答问卷,而空闲的受访者更有可能回复问卷。由于收入较高的人通常更忙碌,因此通过网络问卷获得的受访者往往是低收入群体。这时,如果想研究收入的影响因素或收入对其他变量的影响等问题,就会出现选择偏差的问题。

在这种情况下,可以采取一些补救措施来尽量减小选择偏差的影响:首先,通过增加样本量来提高代表性。通过扩大调查范围,尽可能覆盖更广泛的人群,可以减少样本选择偏差的影响,以获得更全面的调查结果。其次,在设计问题时,可以使用简洁明了的语言,避免过于复杂或冗长的问题,以提高受访者的参与度和回答率。最后,通过设置合理的问卷截止日期和提供适当的激励措施,也可以鼓励受访者积极参与调查。

3.4.2 网络调查的注意事项

网络调查与其他调查方式不同,需要注意以下几点。

第一,需要使用身份识别编号以区分受访者,并限制单一 IP 地址可填写的问卷数量。 在网络调查中,由于调查员无法面对面协助调查,可能出现同一受访者填写多份问卷或由他人代填的情况。这种情况会严重影响调查结果的有效性,因此需要格外注意。以某省保险人员职业伦理研究为例,研究人员为每位受访者设计了唯一的问卷编号,并要求受访者填写工号。在问卷收集的过程中研究人员发现了同一工号或问卷编号出现多份问卷的情况,这表明有受访者填写了多份问卷或他人代填问卷的情况出现,这些情况对后续的数据清理造成了严重干扰。通过要求受访者填写工号与问卷编号的方式,研究人员可以对"多填"和"代填"的问卷进行识别并清理,在一定程度上降低了因"多填"和"代填"引起的调查结果偏误。

第二,对于填空题中需要限定填写内容的类型(文本还是数字),要突出单位,并最好限制数字的位数。 在网络调查中,由于没有调查员的解释和协助,受访者在回答问题时可能比较粗心,或者未能正确理解题目的含义。因此,如果对网络调查中的填空题限制不严格,就可能出现各种奇怪的答案。如案例3-5所示,在某省保险人员职业伦理研究中,研究人员使用填空题形式询问受访者的家庭年收入,并规定以"万元"为单位,然而在问卷收集环节中,对这道题进行清理时,研究人员却发现了很多异常的回答(见案例3-5)。

案例 3-5 ···

* 1. 您的家庭年收入(万元)

表 3-3　部分回答分布

答案	频数	频率
45000	1	0.38
4 万	1	0.38
5	5	1.92
50 万	16	6.15
60000	1	0.38
6 万	3	1.15
70000	2	0.77
7 万	1	0.38
90000	2	0.77
不知道	1	0.38
*	1	0.38

　　有些受访者在回答中加入了单位"万",而有些没有,还有一些回答称他们的家庭年收入达到了"上亿元",而另一些则直接

回答"不知道"。针对这种情况,研究人员认为主要原因有以下几点。

1.网络调查中没有限制回答内容的类型(必须是数字)。

2.单位"万元"没有突出显示。这可能导致受访者在回答家庭年收入时,忽略了单位或将单位添加到回答中,导致回答结果不一致。

3.没有限定回答数字的长度。因为"保险人员家庭年收入为上亿元"是不符合实际情况的,所以应该限制回答的数字长度为四位数,以避免出现反常的回答。

4.家庭年收入是一项敏感信息,但我们的题干中没有提供"不知道"情况的替代数字(例如9999)。这可能导致受访者在不确定或不愿意透露家庭年收入时,选择直接回答"不知道"。而在问卷数据分析软件中,例如Stata等,此类文本类型的答案会为数据清理增加很多工作量。

针对这些问题,在进行网络调查时应采取相应措施来改进。在本案例中,首先,需要限定受访者的答案类型必须是数字。其次,单位"万元"应该在问题中突出显示,以便受访者明确理解并正确填写。再次,对于收入等涉及数字的问题,应设定合理的范围和长度限制,以确保回答结果切实可信。最后,对于家庭年收入等敏感信息,可以提供一些替代选项或范围,例如使用"9999"来代表不确定的情况。通过这些改进,可以提高网络调查数据的准确性和质量。

第三,网络调查的填空题尽量不要再设置"不知道""不适用""记不清"的选项。在网络调查中,如果在填空题中增加"不知道""不适用""记不清"等可以避免填写的选项,则容易让受访者产生"偷懒"心理,导致该变量缺失值太多,难以进行进一步分析。在关于某省保险人员职业伦理的调查研究中,研究人员在询问"目前总的签约客户数"这一题时,设置了"记不清"和"不适用"的选项,结果发现最终填写的人数只有不到 9%(见案例 3-6),因此在做网络调查时应该尽量避免这种情况出现。可以用某些不可能出现的数字代替"记不清"和"不适用"的情况,例如"目前总的签约客户数(记不清请填写－1;不适用请填写－2)"。

案例 3-6

*1.您目前总的签约客户数:

　　A.＿＿＿＿＿(请填写)　　　　　　*

　　B.记不清

　　C.不适用

表 3-4　回答情况

目前总签约客户数	频数/次	频率/%	累计百分比/%
填写答案	116	8.64	8.64
勾选"记不清"选项	1114	82.95	91.59
勾选"不适用"选项	113	8.41	100.00
总计	1343	100.00	

3.4.3 案例分析

好的问卷设计可以充分发挥网络调查的优势并避免其缺点。以某省保险人员职业伦理研究为例,研究人员在问卷抽样时使用的是保险公司提供的名单,并按照一定的抽样权重进行随机抽样,确保每位保险人员相对于本公司的其他保险人员被抽中的概率相同,但不同公司的保险人员被抽中的概率则不相同,[①]最终的抽样结果如表 3-5 所示。

---

① 因为四家保险公司的销售人员基数不同,若四家公司每位员工被抽中的概率都相同,则会导致寿险公司被抽中的人数远高于财险公司。

表 3-5　某省保险人员职业伦理调查抽样结果

单位	总样本量/个	抽样权重	抽样结果/个
A 寿险公司	23357	50	468
B 寿险公司	7115	20	356
C 财险公司	5696	10	570
D 财险公司	1414	8	177
总计	37582		1571

　　接下来,我们再依据工号对每家公司的保险人员进行随机抽样,总计得到 1571 名目标受访者。随后,研究人员将目标受访者的工号和问卷填写链接发放给各公司的负责人,由他们负责安排问卷的填写工作,最终成功获得了 1426 份问卷,问卷回收率高达 90.8%。克服了网络问卷回收率低的问题,并且在一定程度上缓解了网络调查的样本选择偏差问题。此外,在经过问卷清理、剔除无法识别和问卷逻辑矛盾的无效问卷后,最终获得了 1343 份有效问卷数,有效问卷率为 85.5%。在企业负责人的协助下,问卷质量也得到了一定提升。此外,网络调查降低了受访者的心理防线,使得研究涉及的敏感性信息获取更加顺利,充分利用了网络调查的优势。

　　以下是一些关于网络调查的例子。

　　通过网络调查,可以非常便捷地实现不同受访者回答不同问卷的需求。例如,在农民孝顺与否对其声誉的影响研究中,如果到农村进行调查,直接问受访者"您认为孝顺对一个人的声誉有多大影响",结果可能不够"干净",因为这是一个定性的概念。但是,通过巧妙地设计两组问卷,如案例 3-6 所示,可能会得到不一样的结果。

案例 3-7

小刘评价问题

·A版:1.小刘在村里做村干部,平时对待工作比较认真,也能完成领导布置的工作,对来办事的农民态度也比较友善。如果您是小刘村里的居民,您觉得小刘这个人怎么样?

A.非常好 B.比较好 C.一般 D.不太好 E.很不好

·B版:1.小刘在村里做村干部,平时对待工作比较认真,也能完成领导布置的工作,对来办事的农民态度也比较友善。如果您是小刘村里的居民,您觉得小刘这个人怎么样?

(备注:小刘不愿意对年老的父母亲承担赡养责任)

A.非常好 B.比较好 C.一般 D.不太好 E.很不好

在案例3-7中,研究人员设计了 A、B 两个版本的问卷,并将受访者随机分成了同质的 A、B 两组。A 组受访者回答 A 版的小刘评价问题,B 组的受访者回答 B 版的小刘评价问题。A 问题和 B 问题的唯一差别在于 B 问题备注了"小刘不愿意对年老的父母亲承担赡养责任"。随后,询问受访者对小刘的评价,通过分析 A 组和 B 组受访者对该问题回答的差异,可以得出受访者心中孝顺对声誉的影响。这种方法在互联网调查中非常适用,特别在样本足够大时,例如调查了 1 万个样本,可以将样本分成多个组,了解每组人群在回答类似问题时的差异,而这些差异很可能正是研究人员所关注的信息。以案例3-7为例,如果两组人得到的问卷信息存在差异,那么这个差异主要就是由是否知晓小刘的不孝行为导致的,所以受访者在这两个问题上的差异实际上就反映了"孝顺与否对农民声誉的影响"。因此,这是一种非常常用的问卷调查方法,在网络调查中非常适用。

接下来我们通过第二个例子,说明网络调查使图像分析成为可能。在实地调查中,很难向受访者展示图像,虽然有时我们可能会使用平板电脑向受访者展示,但在网络调查中进行图像展示和分析更为便捷。以消费者对进口鸭肉的支付意愿调查为例,消费者在购买鸭肉时会考虑许多因素,如价格、食品安全、是否进口、鸭子的体重、鸭肉的脂肪含量等。因此,当一个人选择是否购买进口鸭肉时,实际上是考虑了多个因素的。因此,为了了解哪些因素对购买鸭肉的影响更大,可以在问卷调查中加入选择性实验。在选择性实验中,研究者会设计不同的情境或提供不同的选项,以便观察和比较研究对象在不同情境或选项下的选择行为或偏好(Montgomery,2017)。通过这种比较,可以分析和评估不同因素对决策或行为的影响。选择性实验通常需要控制其他干扰因素,以确保研究对象的选择是基于被研究因素的差异做出的。因此,在网络调查中,可以通过选择性实验以非常生动形象的方式展示鸭肉的图片和安全标志等信息,帮助消费者理解问卷中的问题。换言之,通过网络进行选择性实验时,获得的结果更准确。网络调查为图像分析提供了便利。

通过网络调查,可以实现复杂博弈的实验。例如在经济学研究中,我们常常讨论到关于测量风险态度的实验。不论是研究农村金融、银行信贷,还是研究保险和风险管理等问题,风险态度都是一个重要的因素。然而,风险态度是无法直接观察到的。在实地面对面访谈中,可以通过与受访者进行赌博游戏等一系列操作和选择来测算其风险态度。但是,将这种实验放到网络上进行会更加便捷。例如,可以让受访者在网上选择收益率,或者使用摸小球这样的确定收益方法。另外,还可以设置一个在网络上直接点击生成随机数的方式,受访者根据随机数来获得收益。同时,研究人员可以通过网络调查记录受访者的行为数据,包括受访者每一步博弈的选择过程。因此,通过网络调查进行这类实验也能取得较好的效果。

3.5 大型调查问卷(普查)与专项调查

3.5.1 大型调查问卷(普查)与专项调查的差别

下面说明大型调查问卷与专项调查的区别。这里举三个例子,第一个是中国家庭追踪调查(CFPS),第二个是中国健康与养老追踪调查(China Health and Retirement Longitudinal Study,以下简称 CHARLS),第三个是专项调查数据。

首先是 CFPS,它是由北京大学中国社会科学调查中心负责实施的,于 2008 年、2009 年分别进行了两次试调查,2010 年开始正式调查。调查形式是跟踪调查,根据每个受访者的信息形成调查问卷,并进一步将编码对应的数据形成数据库。它的主要目的是跟踪搜集个体、家庭和社区三个层次的数据,以反映中国社会、经济、人口、教育和健康的变迁,为学术研究和公共政策分析提供一手数据资料基础,所以 CFPS 数据的样本量非常大,目标样本规模为 16000 户,调查对象包含样本家庭中的全部家庭成员。因为它的研究领域较为广泛,所以问题涉及的领域面也比较宽。

第二个是 CHARLS 数据,它是一套代表中国 45 岁及以上中老年人家庭和个人健康方面的高质量微观数据,用于分析中国人口老龄化状况,致力于推动老龄化问题的跨学科研究。2008 年,在浙江省和甘肃省的试点调查后,CHARLS 于 2011 年开始全国的基线调查,覆盖了 150 个县级单位和 450 个村级单位,调查了大约 1 万户家庭中的 1.7 万人。CFPS 数据和 CHARLS

数据的样本量都足够大,研究主题也都非常广泛。

第三个是专项调查数据。例如关于精准扶贫的调查、关于运动和高血压的关系的调查等。此类调查的样本量往往相对较少,通常在 300～2000 个样本。需要注意的是,样本量的确定很大程度上取决于被调查样本之间的差异和研究精度需要。例如在某县调查了 2000 个样本,这时研究人员就可以获得这个县里非常细致的样本之间的差异。**专项调查的特点就是有明确和非常具体的研究主题。**

在设计问卷时通常要优先考虑具体的数据处理方法。例如,如果研究人员需要做选择性实验,计划使用 Probit 模型,就要考虑设计因变量的 0－1 变量。如果事先已经考虑到了数据处理方法,就可以根据数据处理的模型设计专门的变量结构。在专项调查里,样本的异质性相对比较小,调查往往集中于某一类人群,比如种植业的农户、养殖业的农户、留守儿童、精准扶贫的农户、某个区域的人群、某大学的学生或者某镇的居民。需要注意的是,在某一个区域里,人群的差异性可能比较小,例如在关于 A 镇居民对垃圾分类的看法的调查中,调查结论很大程度上只能代表 A 镇,因为 A 镇的居民可能和其他地区的居民有较大差异,在作为社会普遍性结论时,只能作为参考。因此,**专项调查一般都是由研究人员自行实施的,通常根据研究目的选择调查区域和调查样本。**所以,专项调查和大型问卷调查是完全不一样的,它们的优缺点也非常清楚。

CHARLS 数据库和 CFPS 数据库的问题设计会更加全面,同时,其研究主题也具有一定的倾向性。例如 CHARLS 数据库会倾向于研究老龄化问题、婚姻问题和健康问题,这种调查采取的都是严格的随机抽样方法,耗资非常大,同时也可以产生高质量的微观数据库。依托 CHARLS 数据库或 CFPS 数据库进行研究的论文已经大量出版,为中国的社会科学领域作出了巨大的贡献,也为那些没有条件进行调研的研究人员提供了获得高质量数据的途径。

进行实证研究的研究人员大致上分为两类,一类主要通过公开数据库获取数据信息做研究;另一类,尤其是做应用经济学,例如农业经济学或发展经济学的学者,他们关注的问题往往比较特殊,问题角度非常细致,研究人员可能很难从大型数据库中找到需要的变量,就要采取田野调查或自行设计问卷调查的方法去获取需要的变量。

因此,学习问卷设计的最好方法之一,就是先查阅公开数据库,并阅读相关文献,充分理解大型数据库的设计思想和具体的设计技巧。此外,在做专项问卷调查时,最好要和已有的数据库进行匹配和比较。当问卷调查做完后,将分析结果和已有的数据库的分析结果进行比较。例如某个问题的研究已经有学者利用美国的数据做出来了,研究人员就可以用自己调查的分析结果,与其他学者做出来的结果进行比较。如果有差异,则讨论差异主要表现在哪些方面,为什么会出现这种差异。例如 CHARLS 数据和 CFPS 数据对收入变量设计得非常细致,因此可以尝试将其变量的设计方法用到自己的研究里。

3.5.2 专项调查设计主题的逻辑

专项调查另一个特点就是耗资相对比较少。专项调查一定要建立在有完善的研究设计的前提下,充分考虑调研的相关问题,例如,是进行随机抽样,还是方便抽样?为什么要进行方便抽样?随机抽样的成本往往非常高,花费的时间也比较长,研究人员能否负担得起?能否利用一些政策试点来进行研究设计,用于识别政策的效果以及财政补贴绩效?

例如,在做关于农业保险的问卷调查时,为了识别农业保险对农户生产行为的影响,研究人员在调研乡镇中选取 2 个乡镇,利用当地扶贫政策实行了农业保险的试点。由此可以利用这 2 个乡镇在试点前后的变化识别政策效应。因此,调研可以在试点前后对这些乡镇有针对性地设计问卷并做调查。对于专项调查的研究人员而言,对研究问题敏感且善于发现研究机会是非常重要的。

但也有矛盾点,研究人员在发现某个研究机会时(例如某地实施政策试点),如果没有及时跟进,机会往往转瞬即逝。同时研究者可能缺乏资金支持,需要去申请项目,等拿到项目资助再做研究。但研究资助的获取是不确定的,而且期限相对较长,拿到资助后研究机会往往已经不存在了。

例如,某县要成为某个农业保险的试点,当研究人员获知信息时距离试点开始的时间只有 2～3 个月了,如果立刻申请省部级及以上纵向项目,并及时得到批准,拿到项目资助可能是半年甚至 1 年之后了,申请到的资助根本来不及做这个研究,这是一个矛盾点。

一个妥协的方法是,当发现这个研究机会后,一般会立刻参与,项目申请和研究同时进行,但研究没有资助情况下的风险全部是个人承担的,这也会提醒研究人员务必要注重每个细节,完善研究设计。如果只是拿到资助后再进行研究工作,效率是极为低下的,研究机会往往比获得资助更重要。一个好的研究机会对于申请资助的成功至关重要,要协调好两者之间的关系。

那么,采用何种途径去访问农户(或者其他调查样本)呢?是通过组织学生到农村进行入户调查,还是通过村干部的帮助发放问卷并代填呢?通过不同的方法得到的信息差别非常大。当然途径选择主要取决于专项调查的投入以及与基层组织的协调关系。

　　专项调查可以获得比公开数据库更为细致的研究信息。 例如研究医疗保险的道德风险问题。这个问题比想象的复杂很多,医疗保险的道德风险问题不仅仅发生在患者身上,也出现在医生身上,而医生道德风险的根源可能在于医院制度,甚至是医疗保险制度和医疗体制问题等方面。医生会不会因为患者有不同的医疗保险,而给患者开不同的药? 相同的病,为什么医生会开不同的药? 因为有一些医院对医生的激励机制是医生可以从药品中获得提成,医生就有动机去开更多的药。这时医生可能就会关注这个病人是不是在自己工作的医院取药,这个病人有什么类型的医疗保险,并以这些条件给病人开药。JDE(*Journal of Development Economics*)的一篇论文利用专项调查研究发现(Lu, 2014),医生往往会根据患者的医疗保险类型,以及患者是否在自己所在的医院购买药品,来给患者开不同的药,这其实就是一种道德风险问题。

　　另一种道德风险问题则是患者的道德风险,即当患者买了保险后,可能会去开更多的药,可能会更频繁地去医院。但需要注意的是,它可能是正常的医疗需求释放,也可能是道德风险问题。例如原来患者没有钱看不起病,但因为有了医疗保险,大部分医疗费用可以通过保险来报销,患者看病的积极性就提高了,这不是道德风险问题,只是医疗保险影响了个人的就医行为,是正常医疗需求的释放。另一种情况是过度医疗问题,例如原本100块钱的药就可以把病看好,当患者有了医疗保险后,可能就会想让医生开更多的药,这个时候对患者本人而言,是不是过度医疗? 大家所说的过度医疗,往往是从社会的整体层面上去理解的。例如,一项关于美国临终老年人医疗费用的研究发现,美国每年医疗费的25%用于临终前一年的老人(Einav et al., 2018),很多老年人在临终前器官已经完全衰退了,如果还进行以治愈为目标的积极治疗,只会增加老年人的痛苦,并不能明显地延长他们的生命,这时的医疗很可能就属于过度医疗。研究发现(张跃华等,2023)临终前的医疗费用越高,临终时的痛苦就越强。这意味着,给临终老人用更多药其实增加了他们的痛苦,这也是一种过度医疗。

另一个例子,是问卷设计中的农业保险道德风险问题,即保险公司与农户道德风险的问题。如果养猪的农户买了生猪保险以后就不给猪打疫苗了,这就意味着生猪保险弱化了农户的风险防范行为。但这种情况没有这么简单,农户的行为并不一定会变化,要根据其他条件确定。研究人员也会考虑到保险公司是否存在欺诈行为。在讨论农业保险的道德风险问题时,不仅讨论农户生产行为的变化,也会考虑保险公司卖出保险后的道德风险行为。欺诈是道德风险中的一种(Okura,2013),目前国内研究对这个问题的关注较少,困难在于问卷设计时很难获知欺诈是否发生,但也可以通过巧妙的方法进行度量,例如利用问卷调查以及其他相应可靠的数据库进行对比研究(Zhang et al.,2018)。

另外,大家还可以思考一下"非转农"与乡村振兴的问题。所谓"非转农",就是城里人到农村去创业的情况。通过调查数据发现有4%的养猪户是城市户籍。这意味着,养猪户把城市的技术和资金带到了农村,这些养猪户尽管只占总养猪农户的4%,但他们的养殖规模往往比较大,总的养殖量远远超过了10%。从这个角度出发,这是不是乡村振兴的一种途径呢?也就是说,乡村振兴到底是要依赖仍然留在农村的农民来实现,还是要依赖"非转农"的这批人实现呢?解决这个问题需要通过一些非常细致的数据分析来实现。有了这个研究逻辑,研究人员就可以设计出一些非常有趣的专项调查问卷,例如关注养猪户的户籍,农户的贷款额度和贷款的难易程度,以及一些金融行为和生产行为(例如,他们如何处理重大灾害;城市户籍的养猪农户和农村户籍的养猪农户之间有没有差异,有什么样的差异;哪一种生产模式能更适应市场经济环境),等等一系列问题。

3.5.3 案例分析

本部分以毛竹林改阔叶林的意愿问题研究为例,来学习问卷设计。由于 2020 年之前的数年中毛竹的市场价格不断下跌、市场持续低迷,农户砍伐毛竹出售的利润非常小。研究人员在调查时发现,A 县的部分竹林已经出现了抛荒的现象。因为竹林每隔 2 年就需要砍伐一次,如果不按时砍伐,毛竹超过 10 年的生长期,就会枯死。毛竹枯死后不会迅速降解掉,而是会变黄变枯,容易引发山火,也不利于环境保护。在这种背景下,A 县非常重视竹林退化问题。应该如何处理这种问题呢?2018 年 10 月,研究人员带了 20 多名学生,选择了位于 A 县 3 个不同山区的村庄(甲村、乙村、丙村)进行调研,并对 A、B、C 村进行农户问卷调查。研究目的主要有三个:一是探寻防止 A 县竹林大面积退化的方法;二是了解农户的生态保护的意识,与农户有没有意识到竹林退化对他们的生活产生的影响;三是探寻恢复森林生态的经济机制。

在研究之前,首先需要对一些基本信息进行梳理。例如,毛竹林和混交的阔叶林的栽种成本。通过调查发现,①如果把 A 县山上的竹林换成树林,例如阔叶林,一亩地的总成本大约为 3600 元。A 县大约有 18 万亩竹林,18 万亩竹林改造成阔叶林的成本是非常高的。通过问卷调查,研究人员估算出 A 县大约有 2~3 万亩毛竹林已经退化。如果要进行政策创新,研究者首先需要知道应该如何设计问卷,定性分析如何激励农户的生产行为等问题。这些问题需要通过前期预调查得到(见表 3-6)。

---

① 数据主要来自当地林业局的技术人员。

表 3-6　毛竹林混交阔叶林栽种成本概算表

项目名称	用工量/ （工/亩）	工价/ （元/亩）	备注
竹林疏伐	4	1000	砍伐、搬运
竹桩清理	2	400	人工成本。如果用竹兜清理机,可有效节省时间,每亩每人 2 小时就能完成 80 个竹兜,但是购买机器需 2000 多元一台,还要配发电机
整地挖穴	3	600	
施基肥	1	200	不含购买肥料
定植	3	600	苗木搬运
浇水	2	400	
抚育管理	2	400	劈抚、松土、扩穴、施追肥、有害生物防治
合计		3600	

在预调查阶段,研究人员也调查了阔叶林树苗的价格,例如杨梅、香椿、红豆杉等。研究人员想知道如果农户不种竹子了会种什么树,每一棵树的成本大约是多少。只有了解了每一种树的栽种成本后,才能进一步调查农户对于改变栽种树种的反应（见表 3-7）。

表 3-7　阔叶树苗价格表

苗木名称	规格/公分	单价/（元/株）
杨梅	地径 6	100
香椿	米径 4	20
红豆杉	地径 2	7
榉树	米径 3	15
梅花	地径 2	6
苦槠	米径 3	5
木荷	米径 2	6

注:地径、米径、胸径都用来测量树（苗）木距地面一定距离处直径,用于表示树木、苗木的规格,通常测量位置的高度上,地径小于米径。

在调查中,研究人员询问了农户的年龄,因为如果砍伐竹子的农户的年龄普遍偏大,就意味着未来几年砍伐竹子的人可能会更少;研究人员还询问了农户家庭的常住人口,因为研究人员想知道如果某个家庭里有一个人不砍伐竹子,其他人会不会、能不能砍伐竹子,有没有其他备用劳动力;研究人员还调查了这些农户的受教育程度,因为受教育程度会对农户的环保意识产生非常重要的影响。调查发现,该地区的这些农户平均受教育年限大约是 5.61 年,即受教育程度基本在小学阶段;这些农户的平均年龄是 61.97 岁,说明在这个山区,农户的年龄偏大,因为砍伐竹子是体力活,所以也需要考虑因为砍伐竹子的劳动力缺乏,导致竹林抛荒的情况(见表 3-8)。

表 3-8　农户的基本信息情况表

变量	观察值	平均值	标准差	最小值	最大值
年龄/岁	357	61.97	11.09	25	91
家庭常住人口/人	357	3.09	1.56	1	15
读书时间/年	355	5.61	3.50	0	18

图 3-1 是被调查农户年龄分布直方图。我们可以发现:60～65 岁这个年龄段的被调查农户是最多的,45 岁以下的农户已经非常少了,大部分农户的年龄都在 60 岁以上,甚至有些 80～85 岁的农户还在砍伐毛竹。

再看竹林的生长情况,无人打理的竹林占 19.7%,大部分家庭仍然是男主人在打理,占 57.5%,女主人打理占 10.9%,父亲、子女或其他人打理的情况都非常少(见图 3-2)。可以发现,A 县的竹林主要是男主人在打理,那么打理人的年龄人约几岁呢?在做问卷调查时就需要考虑到这个问题。

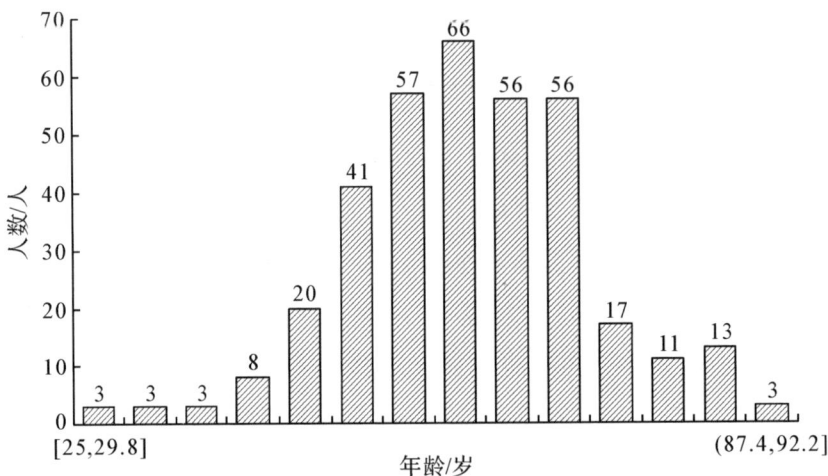

图 3-1 被调查农户的年龄分布直方图

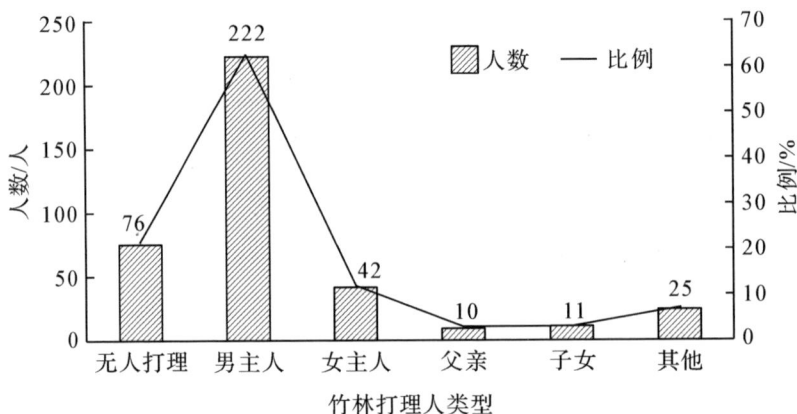

图 3-2 竹林生产情况

研究人员询问每户人家拥有的竹林数量,调查了 319 户农户,得到了如表 3-9 的描述统计结果,发现农户拥有的竹林规模大约是 20.71 亩。但是,后来研究人员发现农户口中的"亩"不是面积的概念,而是产量的概念。因为他们是按照平均亩产竹子的数量来确定亩数的,所以,农户口中的"20.71 亩"实际的地理面积很可能大于 20.71 亩。如果研究人员不知道这个概念,而假定它是一个面积概念时,就会出现错误。

另外,需要注意的是,农户家庭参加竹林打理工作的人数平均只有 0.76 人,而被调查的所有农户家里都有竹林,这意味着只有 76% 的农户会去打理竹林。

对于雇工人数这一栏,平均值达到了 0.91 人,这表明有些农户会雇帮工来打理竹林,最多的农户雇了 30 人,这种农户通常是个大农户,可能承包了某个林场。

"家里打理竹林的成员年龄"这一问题非常重要,调查发现,打理竹林的主要家庭成员的平均年龄为 61.52 岁,年龄最大的有 88 岁,如果农户在 61.52 岁时还在打理竹林,那么再过 7～8 年这些农户就 70 岁了。如果他们老了,家中还有没有人接替打理呢? 接替人的年龄大约几岁呢? 研究人员发现接替人的样本量急剧减少,大部分家庭根本没有第二个家庭成员去接替打理竹林。调查发现第二个接替打理竹林的人往往都是第一个打理人的配偶,平均年龄在 60.41 岁。这也就意味着 10 年后可能就没有人打理竹林了,即使有人接替,接替人的年龄也非常大。极少数家庭有第三个人接替打理竹林的情况。所以,如果目前不能很好地处理竹林退化问题,10 年后甚至 5 年后,该县的竹林退化就会逐渐演变成较为严重的生态问题。

研究同时发现农户种植竹林的年数平均是 35 年,因为这些山林是在 1986 年分山到户的,当时农户选择通过种植竹林来获得经济收益。

研究人员发现,竹林收入占调查样本农户家庭总收入的比例平均为 17.28%。因为 2015—2020 年间毛竹的价格非常低,依赖毛竹生活的农户很可能会陷入困境。

研究人员询问了农户在 2018 年对竹林的总投入(包括化肥投入、人工投入等)。调查目的是明确毛竹的收入和生产成本之间的关系,进而估算竹林抛荒的比例(见表 3-9)。

表 3-9　竹林的基本生产情况

变量	观察值	平均值	标准差	最小值	最大值
竹林数量/亩	319	20.71	9.72	3.1	61
家庭参加竹林打理工作人数/人	343	0.76	0.64	0	3
雇工人数/人	324	0.91	2.96	0	30
家里打理竹林的成员 A 年龄/岁	226	61.52	10.05	25	88
家里打理竹林的成员 B 年龄/岁	32	60.41	9.72	36	75
家里打理竹林的成员 C 年龄/岁	2	45	21.21	30	60
种植竹林的年数/年	346	35.11	6.17	0	82
竹林收入占比/%	338	17.28	29.61	0	100
今年砍伐数量/担	339	108.50	234.97	0	3000
今年销售数量/担	339	105.82	232.93	0	3000
2018 年竹林总投入/元	341	229.06	903.66	0	7300
化肥投入/元	341	39.59	297.32	0	4000
人工投入/元	341	167.54	765.67	0	7000
农药投入/元	341	0.22	3.00	0	50

　　为了判断竹林的抛荒率,问卷设计了一个重要问题:"您最近一次砍毛竹的时间?"因为毛竹每隔 2 年要砍伐 1 次,如果竹林没有被按时砍伐,就会慢慢退化。2018 年做调查时,最近一次砍毛竹的时间是在 2017 年和 2018 年的农户占比为 67.93%,即约 70%的农户仍然在砍毛竹,约 30%的农户已经不再砍伐毛竹,所以这 30%的农户家里的竹林就面临着退化和抛荒的风险。研究人员接着询问农户"2016 年您有没有砍伐毛竹",结果发现有 8.75%的农户在 2016 年砍伐过毛竹。然后继续问"2015 年您有没有砍伐过毛竹",发现 2015 年有 1.46%的农户砍伐过。调查发现,2014 年及之前没有砍伐过毛竹的农户占到 21.87%,所以通过这个调查就可以预测出在 A 县大约有 20%的竹林处于抛荒的状态(见表 3-10)。竹林抛荒会对生态和农户的经济收入产生较为负面的影响。

表 3-10 上次砍伐毛竹的时间

变量	频率/次	百分比/%
2017 年及 2018 年	233	67.92
2016 年	30	8.75
2015 年	5	1.46
2014 年及以前	75	21.87
总数	343	100.00

问卷在前述问题基础上,询问农户"您是否对生活来源感到担心",调查发现对生活感到很担心的农户占到了 54.26%,这意味着竹林抛荒不仅是一个生态问题,它还对当地农户的生计造成了一系列影响(见表 3-11)。由于毛竹在加工过程中会产生污染,当地政府取缔了大部分毛竹加工厂,在保护环境的同时引发了相应的民生问题。

表 3-11 是否对生活来源感到担心

变量	频率/次	百分比/%
很担心	191	54.26
有些担心	56	15.91
一般	26	7.39
不太担心	79	22.44
总数	352	100.00

所以,在设计问卷时,研究人员要明确研究问题,为什么要设计那些问题。在上述调查案例中,问卷调查为大家构建了一个实践场景。研究者能清楚地了解竹林退化的严重程度,以及产生这种问题的原因。如果研究者要设计激励性的治理政策,或践行"绿水青山"的政策时,就可以通过类似的问卷调查数据来评估政策在多大程度上可以改善农户生计、生态环境,以及如何花最少的钱做最多的事情。

▶ 小练习

一、简答题:

1. 简述面对面访谈的步骤。

2. 简述集中调查的步骤。

3. 简述电话访谈的优缺点。

4. 面对面访谈有哪些特点?

5. 简述专项调查相较于大型调查问卷(普查)的特点。

二、判断题:

1. 问卷调查的面对面访谈通常使用结构性访谈的形式。

（　　）

2. 相比于面对面访谈,电话访谈成本更低但拒访率可能会更高。
（　　）

3. 可以把实地问卷调查和电话访谈相结合,通过电话访谈完成问卷调查的回访环节,规避两方面的缺点。　（　　）

4. 电话访谈主要包括传统的电话访谈和集中电话访谈两种形式。
（　　）

5. 面对面访谈是指调查员与被调查对象进行面对面的交流,通过非结构性问卷获得受访者的相关信息。　（　　）

6. 电话调查的方式可以帮助进行复杂博弈的实验。（　　）

7. 中国家庭追踪调查(CFPS)、中国健康与养老追踪调查(CHARLS)等社会调查项目形成了较为全面的微观数据库可供使用。
（　　）

三、单选题:

1. 一般而言,下列调查形式中调研成本最高的是(　　)。

A. 电话调查　B. 网络调查　C. 在线调查　D. 面对面访谈

2.(　　)的调查形式,可以使图像分析、实时分析成为可能。

A. 电话调查　B. 网络调查　C. 集中调查　D. 面对面访谈

3.小规模问卷调查中,经常会通知受访者集中在一个地点,由调查员逐一对受访者进行访谈。这种问卷调查的途径称为( )。

A.入户调查　B.集中调查　C.分散调查　D.统一调查

4.深度访谈是一种( )的访谈,大致按照一个粗线条的访谈提纲进行。

A.结构式　　B.半结构式　C.非结构式　D.自由式

5.巴塞罗那实验可以用来测度( )。

A.风险态度　B.利他行为　C.信任程度　D.投机行为

6.若关注我国老年人养老与健康问题,一般可以从( )获得相关数据。

A.CHARLS 数据库　　　　　B.CFPS 数据库

C.国家统计局　　　　　　　D.自行组织问卷调查

四、多选题:

1.问卷调查的形式包括( )。

A.面对面访谈　B.集中调查　C.电话访谈　D.网络调查

2.电话调查的优点有( )。

A.调研成本低　B.调查质量高　C.安全性较高　D.拒访率低

3.网络调查的优点有( )。

A.问卷质量高、回收率高　　　B.方便进行随机抽样

C.调研方便、成本低　　　　　D.直接生成数据库、实时分析

4.以下关于访谈的说法中,正确的是( )。

A.相比于面对面访谈,电话访谈成本更低但拒访率可能会更高

B.深度访谈是一种半结构式访谈

C.在面对面访谈中,要保持礼貌,尊重受访者,不随意打断

D.个别访谈在相对隐私的问题中尤为重要

五、简答题:

1.问卷调查包括哪些形式?各自的优缺点有哪些?

参考文献

[1] 贾俊平,何晓群,金勇进.统计学[M].9 版.北京:中国人民大学出版社,2021.

[2] 谢宇.回归分析[M].北京:社会科学文献出版社,2013.

[3] 严宗光,卢润德.入户调查的质量控制分析[J].统计与决策,2001,(02):9-10.

[4] 张跃华,刘君毅,田燕.医疗支出、临终痛苦与和缓医疗制度必要性研究——基于微观数据的定量分析[J].保险研究,2023,420(4):62-74.

[5] Babbie E R. The practice of social research[M]. Stanford:Cengage Learning,2020.

[6] Einav L,Finkelstein A,Mullainathan S,et al. Predictive modeling of US health care spending in late life [J]. Science, 2018,360(6396):1462-1465.

[7] Gerrig R J,Zimbardo P G,Campbell A J,et al. Psychology and life [M]. London:Pearson Higher Education AU,2015.

[8] Lu F. Insurance coverage and agency problems in doctor prescriptions:Evidence from a field experiment in China[J]. Journal of Development Economics,2014(106):156-167.

[9] Montgomery D C. Design and analysis of experiments [M]. Manhattan:John Wiley & Sons, 2017.

[10] Okura M. The relationship between moral hazard and insurance fraud [J]. The Journal of Risk Finance, 2013, 14(2):120-128.

[11] Zhang Y,Cao Y,Wang H H. Cheating? The case of producers' under-reporting behavior in hog insurance in China[J]. Canadian Journal of Agricultural Economics/Revue canadienne d'agroeconomie, 2018,66(3):489-510.

问卷调查的步骤

关键术语

田野调查(Field research):研究人员亲自进入研究场所(如社区、组织、文化群体等)进行实地观察、访谈和记录,通过直接观察、参与和与研究对象互动的方式,收集和分析研究资料的一种研究方法(Burgess,2002)。

处理效应(Treatment effect):在实验研究中,实验组接受了特定处理或干预,而对照组没有接受处理或干预,导致了两组在某个变量或指标上的差异(Angrist,2008;谢宇,2013)。

不足额投保(Not full specified amount insurance):在保险合同中,投保人选择对某项风险只投保部分而非全部的情况,即投保人约定的保险标的的保险金额小于其出险时的保险价值(张虹和陈迪红,2018)。

信息不对称(Asymmetric information):指在市场交易中,买方和卖方之间存在着信息的不平衡,其中一方拥有比另一方更多或更准确的信息(Birchler & Bütler,1999)。

道德风险(Moral hazard):在存在不完全契约或信息不对称的情况下,一方在交易完成后,由于另一方无法完全监督或控制其行为而产生的风险(Birchler & Bütler,1999)。

逆向选择(Adverse selection):在信息不对称的情况下,一方在交易前拥有更多信息或更好的信息,从而导致交易中较差的选择或结果(Birchler & Bütler,1999)。例如,在保险市场中,逆向选择指的是那些对自身风险有更好了解或更高风险的人更有可能购买保险,而相对低风险的人则不太可能购买保险(Rejda,2011;薄海和张跃华,2015)。

抽样框(Sampling frame):指用于从总体中选择样本的列表、名册或编号系统。它是一个描述总体单位或个体的框架,用于确定抽样范围和结构。抽样框应该涵盖总体中的所有个体,并确保每个个体都有机会被选为样本的一部分(贾俊平等,2021)。它是总体要素的列表或准列表(Babbie,2020)。

描述统计(Descriptive statistics):对调查样本中包含的数据资料进行整理、概括和计算,并使用一定的统计指标对该数据的特征规律进行描述,从而说明、解释经济社会现象(贾俊平等,2021)。

推断统计(Inferential statistics):利用样本数据推断总体特征的方法(贾俊平等,2021)。

回归分析(Regression analysis):用等式(也称作回归方程式)的形式来表示变量之间关系的一种分析方法,用来检验并建立一个响应变量与多个预测变量之间的关系(谢宇,2013;Babbie,2020)。

概率分布(Probability distribution):随机变量的理论分布,即随机变量的所有可能取值及每一种取值的概率形成的数对的集体(谢宇,2013)。

显著(Statistical significance):统计显著性中的显著意味着可能正确,并非偶然,即正确的可能性非常高(谢宇,2012)。

4.1 深度访谈

4.1.1 深度访谈的概念

深度访谈是一种半结构式的访谈,主要是按照粗线条式的访谈提纲进行的非正式的访谈,它可以是单次访谈,也可以是多次访谈。通过多次访谈,可以逐步完善访谈提纲,直到满意为止。与结构式访谈相反,深度访谈并不依赖事先设计的问卷和固定的程序,而是只有一个访谈主题或范围,访谈员与受访者围绕这个主题或范围进行相对自由的交谈。

在进行调查研究时,通常会在第一次访谈时使用一个相对简略的访谈提纲。访谈员不仅要求受访者根据问卷中的问题发表看法或意见,也希望了解受访者发现了什么问题。因为很多现实问题是无法坐在办公室里想到的,只有通过让受访者多讲述一些内容,然后基于交谈的内容分析、思考,才能发现问题的症结。因此,本书所说的深度访谈通常不是单次访谈,而是多次访谈。

多次访谈的主要目标是完善访谈提纲。在进行访谈之前,首先需要制定一个相对完善的访谈提纲。提纲中的问题可以通过阅读相关文献获取,并将这些问题设计成可以向受访者提问的题目,或将自己的一些想法设计为问题。这个过程是一个研究经验积累的过程,研究经验越丰富,积累的问题也就越多。因此,可以设定一些开放性的问题,鼓励受访者提出更具创意的想法。在访谈过程中,访谈员可以根据实际情况进行必要的调整,例如提问方式、提问顺序等。如果在访谈中发现原先提纲中的某些问题不存在,或没有关注到一些非常重要的问题,就需要灵活调整提问方式和提问内容。这样,深度访谈可以更好地适应访谈过程中的实际情况和受访者的反馈,从而获得更有价值的研究结果。

4.1.2 深度访谈的作用

1. 为问卷调查提供重要的研究问题

问卷调查通常是在深度访谈的基础上进行的。高质量的深度访谈可以帮助研究人员获取更多研究问题,优秀的深度访谈往往能从复杂的社会现象中提炼出科学问题,从而使研究人员对社会现象的认识更加深刻。

研究人员通常通过田野调查或深度访谈等方式获取相关信息。以生猪不足额投保问题为例,生猪不足额投保是指农户在购买生猪保险时,投保数量与实际出栏数量之间存在差异(张跃华等,2015)。为什么会出现这个问题呢? 以图 4-1 中的农户投保时间示意图为例。农户很可能在每年的 1 月 1 日投保,保险期限为一年。然而,猪的生产周期大约为六七个月,这意味着农户在投保时,后半年出栏的生猪可能还没有出生。因此,保险公司无法准确判断农户的投保数量是否是适当的。此外,农户出栏生猪时,并不是每个地方都有完善的检疫制度的。因此,保险公司可能也无法确切知道农户的出栏数量。如果农户一年出栏了 100 头生猪,农户在投保时很可能只购买 80 头生猪的保险,就可能出现生猪不足额投保的情况。需要注意的是,只有当研究人员真正了解保险公司的投保细节时,才会发现这个问题。这个问题实际上是非常有趣的,它需要研究人员深入现场了解保险公司的运作情况。通过深入访谈和实地观察,才能揭示出生猪不足额投保问题的本质,这对于研究和改进保险市场具有重要意义。

前半年出栏量	后半年出栏量

投保
时间

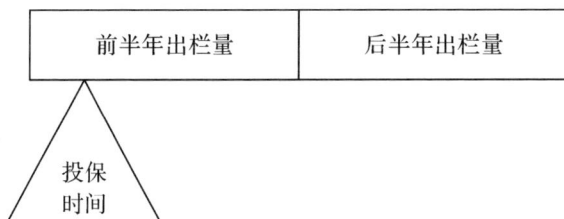

图 4-1　农户投保时间示意

为什么会出现这种现象呢？从理论上讲,这是一个信息不对称问题。研究人员对生猪不足额投保问题进行了研究,该研究在两个方面做出了贡献:一方面推进了对信息不对称理论的研究,另一方面为保险行业提供了有价值的建议,因为许多保险公司认为"不足额投保"是他们亏损的主要原因之一。导致生猪不足额投保问题主要有两种可能:首先,农户可能出于故意欺诈的目的而进行不足额投保;其次,农户在投保时基于个人的养猪经验和计算能力进行预估,而不同农户之间的经验和计算能力存在差异。因此,农户的不足额投保可能是计算不准确导致的,而非故意欺诈。这些发现都是通过深度访谈得出的结论。

再以 H 省的 A 水稻制种保险为例。因为国内很多水稻种子都是在 H 省制种的,所以在 H 省进行水稻制种的过程中,若出现问题,可能会影响粮食供给和国家粮食安全。为此,H 省的保险公司设计了 A 水稻制种保险,旨在为遭受自然灾害的农户提供补偿。在这种情况下,农户的生产行为会根据保险的设计发生一些变化,例如使生产行为更加稳定或提高生产积极性。若 A 水稻制种保险达到这一效果,那么就可以认为其对社会产生了积极影响。

基于此,有研究人员提出了一个问题:A 水稻制种保险是否会影响农户的生产行为?在这个问题中,Y 代表农户的生产行为,X 代表农户购买的保险,再加入一些其他的控制变量。然而,一个重要的问题是农户的生产行为的具体含义是什么。在水稻制种过程中,农户会有许多不同的生产行为,通常研究人员会将这些行为具体化,例如播种时间、采用的品种、使用的化肥和农药等。

此外,研究者还发现了一个非常有趣的现象。在 H 省,气候相对稳定,非常适合水稻种植,这里的农户往往会在 2—7 月的某一时间段进行水稻制种。然而,这也引发了一个问题,即水稻制种的过程中可能存在自然灾害风险,例如遭遇风灾、虫灾等。如果某个阶段的风力较大,例如超过四级或五级,水稻传播的花粉可能会被风吹散,导致种子质量降低、变得不纯或受损率增加。为了规避风灾带来的风险,农户在拥有 1000 亩水稻制种农田时,通常会在最适合水稻制种的时期先播种 300 亩,两周后再播种 300 亩,再过两周继续播种 400 亩。在这种情况下,这些水稻的扬花期不同,每两批之间至少间隔两周,这样即使出现风灾或虫灾,农户最多只会损失 1/3 的水稻种子(见图 4-2)。

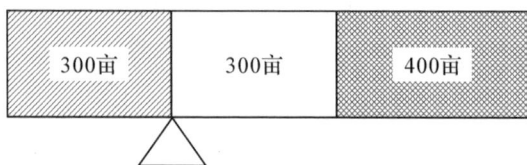

图 4-2　H省 A 水稻制种的自然风险防范问题:差别化种植

农户可以通过这种时间上的差别化播种来规避风灾的影响。这引发了一个问题:农户在购买保险后是否会改变差别化播种的行为? 要回答这个问题,研究人员首先需要思考所研究的保险赔付率是多少,因为农户的生产行为很可能与保险赔付率有关。其次,农户在购买保险后是否会将所有的农田都种植为制种水稻,因为即使发生风险损失,保险公司也会承担。如果出现这种情况,说明在 H 省实施的 A 水稻制种保险达到了政策预期,农户的生产行为得到了优化,因为制种风险成功地由农户向保险公司实现了转移。

在进行问卷调查时,研究人员需要询问农户的播种时间,分别记录第一批、第二批和第三批播种的时间点。此外,研究人员还会询问农户是否购买了保险以及金额是多少。通过这些信息,再加入一些控制变量,从而顺利进行此项研究。需要注意的是,通常情况下,只有通过深度访谈才能发现这些问题的存在。

2.问卷调查和深度访谈互为补充

有时候,通过问卷调查可以得到一些相关关系的结论,但通过深度访谈可以帮助研究人员获得一些具有社会学意义的因果关系。

举个例子,乐君杰和叶晗(2012)讨论了农户的宗教信仰与生产行为之间的关系。在中国的某些地方,农民在种菜时可能会过量使用化肥,在养猪时可能会使用一些不健康的饲料。这里隐藏了一个基本问题:有宗教信仰的人在种植或养殖时是否会更加关注食品食用者的健康问题,从而更注意自己的生产行为?这种因果关系是否存在?

需要注意的是,即使在进行问卷调查时,获得了农户的宗教信仰和生产行为的相关数据,也很难确定两者是否存在因果关系。因为个人的宗教信仰很可能是由某些因素引起的,而这些因素同时也可能会影响其生产行为。具体地,宗教信仰和生产行为之间可能存在相关关系,但不一定存在因果关系。

举个例子,信仰有时会涉及功利性,比如有些人在孩子准备上大学时可能同时信仰佛教或基督教。我们通常将这种信仰形式称为工具性的宗教信仰。通过深度访谈,我们发现许多信仰宗教的行为就是一种工具性的宗教信仰。在这种情况下,工具性的宗教信仰与农户的生产行为之间可能没有明显的关系。因此,深度访谈在很大程度上可以与问卷调查互为补充,并提供更多信息。

3.深度访谈是预调查的必要阶段

如果要研究农户的疫苗使用行为,例如农户给生猪打疫苗与他们购买生猪保险之间,是否存在替代关系?研究需要进行一些深度访谈。调查人员需要了解一系列的问题,例如,农户使用的疫苗是进口疫苗还是国产疫苗?在该地区动物的死亡率是多少?每种疫苗的使用方法如何,相对价格是多少?进口疫苗是否价格较高,具体高出多少?此外,研究人员还需要了解农户对疫苗的基本认知,例如有些农民可能认为进口疫苗一定比国产疫苗好。这些信息都需要调查清楚。在提出了上述问题后,研究人员可以制作一张如表 4-1 的表格。

表 4-1　农户使用疫苗行为研究问卷

疫苗名称	进口1国产=0	次/年	疫苗名称	进口=1国产=0	次/年
伪狂犬			猪圆环病毒 2 型		
新母猪乙型脑炎			猪瘟(自费)		
新母猪细小病毒			副猪嗜血杆菌		
普通蓝耳病			链球菌		
萎缩性鼻炎			其他		

如表 4-1 所示,研究人员可以通过深度访谈分别询问农户是否给母猪打过伪狂犬、新母猪乙型脑炎、新母猪细小病毒、普通蓝耳病、萎缩性鼻炎疫苗等。这些疫苗的名称通常都是通过深度访谈和预调查得到的。通过深度访谈,可以更好地处理这些数据。然而,与本书在 3.1.1 讨论的表格不同,这个表格的问答过程更加简单。调查员只需要询问农户使用的疫苗是进口的还是国产的,一年使用几次即可。在该项研究中,这些变量往往都是控制变量。或者可以将它们当作因变量,用于计算每个农户购买疫苗所花费的金额,然后将这些数据与农业保险进行比较。

因此,在预调查阶段,深度访谈非常重要,有助于获取更详细的信息,并为后续的研究分析提供基础。

4.1.3 深度访谈的形式

我们通常将深度访谈的形式分为三种,分别为一对一访谈、一对多访谈和小组访谈。

1.一对一访谈

一对一访谈通常是最灵活、最轻松的形式,因为每位访谈员只需面对一位受访者,有足够的思考空间。在一对一访谈中,访谈员可以请受访者提供更多详细信息。但是,一对一访谈也有缺点。访谈结果可能会有偏差,因为受访者对某个问题的理解可能和别人不一样。例如,在一次关于葡萄保险的调研中,访谈员访问了一个葡萄种植大户,询问如何控制产量并提高质量。该大户表示,只有控制产量,葡萄的质量才会提高,甜度才能容易控制。然后调查员又询问"如果是葡萄种植小户,一般会怎么做",该受访者表示小户只是希望增加产量以增加收入,根本不太关注葡萄的质量。随后,我们访问了一些葡萄种植小户,发现小户实际上也非常关注质量,并在控制产量方面做了有效的努力。这表明,在涉及与自己有差异的其他群体时,受访者提供的信息可能是不准确的。这个例子体现了一对一访谈可能出现的偏差。在一对一访谈中,只有涉及个人问题时,信息才相对准确。当然,受访者对其他群体的估计也可以为研究人员提供研究线索。因此,当研究人员对小户进行访谈时,可以有意识地确认大户提出的某些想法。另外,如果在进行一对一访谈时,发现受访者经验丰富,也可以及时修改访谈提纲,并进行下一轮讨论。

2.一对多访谈

一对多访谈即一位访谈员同时访谈多个受访者,一位访谈员可能同时面对 4～5 位甚至 7～8 位受访者。因此,在进行一对多访谈时,一定要有非常详细的提纲。引导话题非常重要,因为受访者很可能在回答时互相讨论,讨论的话题很可能偏离我们想研究的主题。所以在进行一对多访谈时,首先一定要有提纲,其次一定要及时记录,抓住主要的问题。

3.小组访谈

小组访谈与一对多访谈相似,但小组访谈往往是多对多的形式,即多个访谈员访谈多个受访者。小组访谈可以让访谈员在其他访谈员提问时有间隙思考,并提出更深入的问题。

举个例子,在关于橡胶价格波动对从事橡胶产业的农户生产积极性的影响研究中,通过小组访谈,研究人员发现不同生产规模和生产方式的农户在橡胶的成本和割胶的积极性方面存在显著差异。此外,种植橡胶与种植小麦、玉米等农作物存在很大的不同之处。因此,小组讨论可以揭示许多有趣的问题,帮助研究人员更深入地了解橡胶产业的特点和农户的经营行为。

需要注意的是,在小组访谈时需要提前准备访谈提纲,并注意引导话题,以保证访谈的有效性。此外,针对不同类型的受访者,也需要准备不同的提纲,例如,针对不同保险公司的保险人员设计不同的访谈提纲。不同类型的受访者观察问题的视角不同,面临的问题和挑战也可能不同,因此制定不同的访谈提纲可以更全面地了解受访者的信息。

4.1.4　深度访谈的步骤

以病死猪无害化处理问题的调查研究为例(张跃华和邬小撑,2012)[12],深度访谈通常包括以下七个步骤。

第一,初步选定研究主题,并收集相关资料。当确定以病死猪无害化处理问题作为研究主题后,下一步就可以收集相关资料以支持研究,这里的相关资料可以包括相关的文献、政策文件、统计数据等。

第二,列出研究提纲。 在收集充足的资料后,研究人员可以制定一份研究提纲。首先需要了解农户处理病死猪的方法有哪些,是送到病死猪处理厂、深埋、丢弃还是直接销售出去;影响农户处理病死猪的选择的因素有哪些,是否涉及监管问题。可以通过研究提纲,在访谈前明确这些问题,然后通过文献查找解决方案。

第三,根据研究问题选择深度访谈的对象。 在选择访谈对象时,需要考虑访谈对象在相关问题上的专业水平和经验丰富程度,以确保获得准确且有价值的信息。同时,访谈对象的多样性也很重要,访谈对象最好可以提供不同的观点、视角和经验,以获取更全面的研究结果。与问卷调查不同,深度访谈通常需要选择对相关问题比较了解的典型对象作为受访者,以提高访谈效率,例如选择一些负责相关事务的政府官员、企业领导、养殖业大户或者一些相对专业、熟悉相关事务且善于表达的小农户作为访谈对象。访谈对象的选择非常重要,如果访谈对象不专业,访谈效率会大打折扣。此外,访谈对象可能不止一位,研究人员通常会选择3~5位或更多的访谈对象,并使用相同的问题逐一进行访谈。如果多个受访者在某些问题上的回答相似,就意味着该答案在实际情况中较为普遍;而如果不同受访者在某些问题的回答上存在很大差异甚至相反,那可能存在一些问题,需要进一步探讨。

第四,整理访谈资料。 在深度访谈的过程中,如果受访者同意,最好能对访谈过程进行录音,但需要慎重使用录音设备,因为录音可能会引起受访者的戒备心理,导致他们不愿意透露太多信息。通常,可以邀请一位学生或者合作伙伴前去访谈,一个人负责提问,另一个人负责记录。这样,就可以一边提问一边思考,并且不用担心遗漏问题,因为有人帮忙记录。此外,整理访谈资料非常重要。每完成一次深度访谈时,都应及时整理访谈资料,并思考本次访谈的结果以及还有哪些问题需要理清楚。这样可以提高第二次、第三次访谈的效率。

第五,查阅资料,完善访谈内容。正如前文所介绍的,深度访谈通常不只进行一次,一般会进行多次。当访谈结束后,通常会获得很多新的信息,这时,可以查阅资料,完善本次访谈的内容。结合深度访谈结果、文献和其他的信息,进一步确认研究主题和细节,为第二次、第三次深度访谈做准备。

第六,设计相关问卷和变量。这部分内容将在 4.2 节进行讨论。

第七,预调查。这部分内容将在 4.3 节进行讨论。

4.1.5　深度访谈的注意事项

在深度访谈中,有一些非常重要的问题需要注意。

第一,注意学术道德。作为研究人员,进行深度访谈的主要目的是发现问题、设计问卷,然后探索社会上一些人的行为规律。所以,在进行深度访谈时,注意不要伤害别人。同时,在隐私性或敏感性问题上需要征得伦理委员会的同意。如果学校或单位有伦理委员会,建议在设计问卷后首先征得他们的同意,以增强问卷的合理性和道德性。

第二,访谈前需要明确访谈的目的。最好将访谈目的限制在两个主题以内,避免过多的主题。如果进行的是小组访谈,每个受访者可以有各自的主题,但对于单个受访者,最好限制在两个主题以内,这样有助于受访者思考得更加深入。深度访谈的独特之处在于深度,提出更深入的问题有助于发现更多问题。

第三,收集相关资料进行分析。在深度访谈之前,一定要通过资料找出困惑的或难以理解的问题,并在访谈时进行提问。因为访谈是一种交流过程,而不仅是受访者的单向陈述或答非所问。

第四,一定要制定访谈提纲。访谈提纲非常重要,虽然不需要特别详细,但必须要涉及我们感兴趣的问题。通常在第一次制定访谈提纲时,会制定 1～2 页纸,其中大部分都是开放性问题,但也包括一些确认性的问题。开放性的问题就是请受访者表达他们的观点;确认性问题就是研究人员向受访者表述自己的想法,然后再请受访者确认研究人员的理解是否正确。

第五,请受访者介绍基本情况和遇到的困难。需要注意的是,在深度访谈时,切忌喧宾夺主,因为深度访谈的目的是咨询受访者,通过受访者的叙述去发现问题。有些访谈员可能很喜欢发表自己对某些问题的看法,此时受访者的情绪可能会受到影响,他们会思考自己的回答是否合适。当他们有这种想法时,研究人员得到的信息很可能是有偏差的。

第六,要随时随地记录。访谈时最好要带一个助手进行记录,一个人负责访谈、另一个人负责记录是最佳的选择。

第七,一定要记录受访者的联系方式。每次访谈结束时研究人员可能会有很多问题没有想清楚,回来查阅资料后才能逐渐理清。如果需要进一步向受访者确认某些信息,直接给对方打电话咨询会很方便,所以留下受访者的联系方式非常重要。

第八,要及时处理访谈记录。深度访谈的内容主要是当场的头脑风暴,如果不及时整理,很容易遗忘。特别是在一个星期内连续进行多次访谈时,如果不在当天整理资料,可能会难以回忆起时间较早的访谈的细节。因此,最好在访谈结束的当天就整理访谈记录。但需要注意的是,当天整理访谈记录是一项繁重的工作。如果一个访谈员既要访谈又要记录,可能没有足够的精力来处理这些事情,所以要提前安排好分工。这样可以保证访谈记录的准确性和完整性,同时也为后续的访谈提供更好的参考和分析基础。

第九,既要避免访谈员对受访者回答问题产生影响,又要尽可能提高受访者回答问题的准确性。为此,通常需要为访谈员准备一些解释性的句子,以尽量避免访谈员与受访者之间无结构的交流。如果访谈员自行向受访者解释太多,可能会影响到受访者对问题的理解。

4.1.6 案例分析

2010 年,笔者在 A 市的某个村庄进行了一次调研。调研目的是明确农村养老保险的参与率,并探索农房保险相关研究的可能性(张跃华和何文炯,2009)。

为什么要研究农村保险的参与问题呢? 因为中国在2009—2010 年才开始实施"新型农村养老保险",所以当时农村养老保险的参与率非常低。然而,调查发现在一些村庄中,农户的养老保险的保费交得很高,参与率却很低。这是一个很有趣的现象,引起了研究人员的兴趣,想要了解导致这种现象的原因:为什么农村居民不愿意参加现有的养老保险? 为什么有些农户缴纳的保费很高? 从农户的角度出发,这种养老保险存在哪些问题?

除了农村养老保险参与问题,研究人员还选择了另一个主题,即农房保险研究。研究人员希望将 Z 省所有的农房纳入一个政策性保险计划中,所以研究人员想了解农户是否有购买农房保险的需求。此外,研究人员想了解农村住房的结构是怎样的,是砖木结构还是传统的木结构。为全面了解这些情况,研究人员设计了一个访谈提纲,包含了 7 个问题,总共有 30 个小问题。

案例 4-1 ....

A 市×××村调研提纲(2010 年)

· 研究目标:农村养老保险参与率研究、农房保险研究。

[1]A 市××村庄与相邻其他村庄相比,经济上处于什么层面?

[2]A 市××村观察点的数据在多大程度上是可信的? 50 个农户的代表性如何? 养老保险参与率30%是否有些高?(商业保险还是社会保险?)

[3]被调查农户的代表性如何?

[4]这个村庄农户参加保险或者社会保障的情况怎么样?

[5]村庄户均收入是? 人均收入是?

[6]救济情况如何?

[7]楼房的成本是? 每间房屋的基本造价是? 每户目前居住的楼房(一栋)成本(或者基本造价)是多少? 目前老房子的市场价值是多少? 如果老房子损毁一间,大概损失多少钱?

案例 4-1 中的访谈对象主要为所调查村庄的村支书。

例如,第一个问题是询问村庄的村支书,A 市的××村庄与相邻的其他村庄相比,在经济水平上处于什么层面? 属于收入比较高的,还是比较一般的,还是比较低的?

在第二个问题,研究人员会询问受访者所在观测点的数据可信程度如何? 例如,该村庄的数据是如何收集的,是信息搜集者在办公室自己填写的,还是逐户走访农户调查得来的? 访谈结果表明,这个村庄的观测数据是他们抽查了 50 个农户,并连续跟踪了 26 年得来的。所以,研究人员想进一步了解这 50 位农户的代表性如何,26 年前抽样的这 50 位农户是否仍能代表该村庄的基本情况。根据这个观测点之前的数据,研究人员发现该村庄的养老保险参与率为 30%,于是研究人员想进一步询问受访者认为这 30%的参与率是否高于平均水平,是否准确,并且进一步确定这是商业养老保险,还是社会养老保险。

第三个问题,研究人员询问了受访者对这50位农户的代表性有何看法,代表性好还是不好? 是什么原因导致了这种情况?

第四个问题,研究人员询问了该村庄的农户参加保险或社会保障的情况。这个问题涵盖了社会保障和普通商业保险,因此研究人员将这些问题分开询问他们。

第五个问题关于该村庄的户均收入和人均收入的数额。通过这些信息,研究人员将进一步了解该村庄的贫富差距有多大。

第六个问题关于该村庄的社会救济情况。通过访谈,发现该村庄有12户家庭是国家低保户或困难户。

第七个问题关于该村庄的楼房成本。研究人员想了解在该村庄中,每间房屋的基本建设成本是多少。因为在过去5年中,该村庄超过70%的农户重新建造了房屋,当时的房屋成本在11万~12万元,每栋房屋的占地面积大约为130平方米,层数为三层。因此,研究人员将根据以前的数据逐步深入地提问受访者这些问题。实际上,研究人员通过这些问题为受访者提供了线索,受访者可以依据这些线索去表达他们的看法。表4-2是研究人员根据村庄的数据做出来的一个描述性统计表。

表4-2 A市×××村调研描述性统计表

变量名称		样本量	最小值	最大值	均值	方差
用房	生产用房/m²	25	200	21000	2340.44	4723.24
	年末用房/m²	25	10	450	62.32	94.84
收入	总收入/元	50	7020	149120	34486.86	26990.38
	救济救灾/元	1	3600	3600	3600.00	—
支出	总支出/元	50	5285	193355	30557.20	32832.91
	保险支出/元	33	20	6340	837.24	1444.66
	财产保险/元	2	30	40	35.00	7.071
	人身保险/元	6	40	5300	2003.33	2467.25
	养老保险/元	15	20	1630	393.67	571.91

变量名称		样本量	最小值	最大值	均值	方差
年末收益	纯收入/元	50	5890	100255	22955.34	15319.89
	年末存款/元	31	0	80000	17470.97	18415.83
	年末现金/元	50	300	5000	1724.00	1068.96
住房问题	房屋面积/m²	50	50	370	182.48	99.17
	房屋原值/元	50	3000	190500	37306.86	38702.37
	年末楼房/m²	43	50	370	189.16	95.19
	砖瓦平房/m²	7	50	220	93.57	57.93
	其他类型/m²	4	50	160	83.75	52.18
	混凝土结构/m²	33	30	370	215.27	88.02
	砖木结构/m²	17	30	240	92.65	57.89
	其他结构/m²	5	50	210	89.00	68.41

通过这张表格,可以清晰地了解一些基础信息。例如,根据保险支出数据,我们已经了解到在这个村庄的抽样调查中,有33户家庭拥有保险,而且他们每年的平均保险费用为837.24元。此外,有6户家庭购买了人身保险,他们平均每年需要缴纳2003.33元的保险费;有15户家庭购买了养老保险,他们平均每年需要缴纳393.67元的保险费。这些数额比研究人员预想的要高,因此研究人员希望进一步了解这种情况是如何产生的,要透过这些数字,通过深度访谈挖掘出一些鲜活的案例。

另外,就楼房问题而言,研究人员发现50户农户中有43户农民回答了这个问题,这些农户的住宅平均面积约为189.16平方米。除此之外,33户居民的住宅是混凝土结构,17户是砖木结构,还有5户是其他结构。因此,通过这些基本的描述性统计数据,研究人员可以对这个村庄的一些基本情况有所了解,接下来可以逐步确认这些数据,以获得更准确的信息。

所以,在进行深度访谈之前,一定要先收集相关数据并进行分析,对调查对象的基本情况有一个大致的了解,再进行深度访谈,这是非常重要的步骤。虽然这种做法会花费一定的时间,但是却能有效降低后续访谈的时间成本。有些研究人员可能会急于开始访谈,但是如果第一次访谈的质量就较低,受访者可能会在后续的访谈中降低积极性或失去兴趣。这就是我们在访谈前进行准备的重要原因之一。通过收集和分析数据,能够更好地了解受访者的背景和问题所在,从而提出更有针对性的问题,使访谈更加富有价值。这样的前期准备可以提高访谈的质量,并为后续的访谈打下更好的基础。

4.2 设计问卷

4.2.1 问卷设计的概念

问卷设计是本书最关注的问题之一,也是最难的问题之一。问卷设计的目标是根据研究问题设计需要了解的变量,并确保调查方式具有科学性,同时问卷问题必须要清晰明了,没有歧义。换言之,问卷中的问题必须是单一的,否则得到的答案就是不准确的。问卷设计的水平反映了研究人员的研究能力,特别是逻辑思维能力、对研究问题的把握能力以及数据分析能力。

因为问卷设计没有一定要遵循的某些规则或某些方法,所以只有当研究人员知道如何处理数据时,才能够把变量设计到问卷里。问卷设计看似简单,操作起来却很难。因此,当我们看到别人的问卷时,应该思考他们为什么会这样设计,他们是如何思考的。但是,如果受访者看到问卷就很容易明白研究人员的目的,那这种问卷实际上不是很好的问卷。因为受访者了解到研究人员的目的,可能会受到影响,从而在回答问题时不够客观。相反,如果问卷没有明显的引导性,受访者会更客观地反映实际情况。下面用几个案例来讨论这个问题。

第一个案例,关于运动和高血压之间的关系。简单地询问受访者是否喜欢运动和每周运动的次数,并不能很好地衡量运动这一变量。此外,即使研究人员准确地测量了运动和高血压这两个变量,也不能轻易得出运动降低了高血压发病率这个结论。因为如果一个人没有高血压,其运动是没有负担的,但如果这个人有高血压,他可能不会去运动。因此,不能简单地说是运动影响了高血压,很可能是高血压影响了运动。

第二个案例,关于剖宫产和儿童多动症的关系。虽然有文献表明通过剖宫产出生的孩子更容易出现多动症(Chen et al.,2023),但选择剖宫产和顺产的孕妇实际上是有差异的,这种差异可能会影响多动症的发生。因此,得到的结果只是相关关系而非因果关系。而在问卷调查中,研究人员需要得到的是因果关系。

第三个案例,关于打麻将与认知能力的关系。某篇发表在国际期刊上的文章发现,在中国,打麻将的人认知能力较强,而没有打麻将的人认知能力较弱,所以就推演出打麻将可以降低老年痴呆这个结论(Cheng et al.,2014)。但是,老年痴呆是 Y,打麻将是 X,说打麻将的人认知能力比较高,其实也可以理解为认知能力越强的人,打麻将的频率越高;而认知能力越弱的人,打麻将的频率可能就越低。所以,这实际上只是相关关系而非因果关系。在设计问卷时,需要关注因果关系而非仅仅关注相关关系。

第四个案例,关于子女性别对孝顺的影响。通过对一些大型数据库的截面数据分析发现,男孩给父母的现金金额、打电话的次数以及照顾老人的时间都多于女孩,能不能就此说明男孩子比女孩子孝顺呢?如果我们只研究子女给父母的转移支付金额、照顾时间、打电话次数和子女性别这几个变量,那这个问卷的设计就是有问题的,因为我们没有把问题表述清楚。男孩或女孩是否孝顺还涉及一个重要因素,那就是遗产分配问题。如果男孩获得了遗产分配的权利,他们就有义务去孝顺父母,因此他们给父母的转移支付可能更高。如果女孩也能得到遗产,她们是否比男孩更慷慨、更孝顺呢？如果问卷没有涉及家庭的遗产归属，在数据分析时也没有控制住这个变量，那么得出的子女性别对孝顺影响的结论就是不准确的。

通过这些案例，可以知道，在问卷设计时，不仅需要关注相关关系，更需要关注因果关系。而因果关系的探究通常需要问卷设计者进行更深入的思考。

4.2.2　问卷设计的内容

问卷设计的内容主要包括三大部分，第一部分是问卷的开头部分，第二部分是问卷的主体部分，第三部分是问卷的结尾部分，复杂的问卷涉及的因素可能会更多。

1.问卷的开头

问卷的开头通常包括三小部分，第一是问候语，第二是填表说明，第三是问卷编号。

首先，是问候语。问候语的重要性在于建立与受访者之间的良好关系，并传达清晰的目的和保密原则。在问候语中，通常需要包含以下要点。

（1）调查单位：明确说明调查单位的名称和身份，以便受访者知道与其进行合作和交流的对象。

（2）研究资助单位：提及研究资助单位的信息，即为研究项目提供经费支持的组织或机构，以增加研究的透明度和可信度。

（3）研究目的：明确说明此次调查研究的目的和意义，让受访者了解研究的目标和为什么选择他们作为受访对象。

（4）保密原则：强调保密原则的重要性，承诺对受访者的个人信息严格保密，并确保他们的隐私不被泄露或滥用。

（5）负责人联系方式：提供研究负责人或调查员的联系方式，以便受访者在需要时进行咨询、反馈或提出疑问。下面通过几个例子进行说明。

2016 年农户生猪、能繁母猪养殖情况调查问卷

各位养殖户朋友,您好!

本研究受××基金会的资助,对××市生猪养殖户生产情况进行调查,了解农户需求,以利于更好地协助相关部门改进国家农业支持政策。

您回答的信息仅用于科学研究,我们会严格按照相关要求进行保密。

如在问卷调查中有疑问可直接联系:Z 大学××学院×××教授,电话:××××××××××。××××@×××.××。

所以,在问卷的开头通常是这样的一段问候语,以便农户在接受调查时立即了解研究人员的身份和联系方式。如果受访者有更多的信息需要反馈,他们可以通过问候语提供的电话号码或邮箱与研究人员联系。这样,可以保证研究人员与受访者之间的顺畅沟通,并及时处理他们的反馈和疑问。需要注意的是,问候语的具体内容可以根据研究项目的特点和需求进行个性化调整(见案例 4-2、4-3)。

农村养老保险参与率情况调查问卷

尊敬的受访者,您好!我是来自××大学社会科学研究中心的调查员,我们正在进行一项关于农村养老保险参与率的研究。此研究得到××基金会的资助,旨在了解农村居民对养老保险的参与情况和存在的问题,以提供相关政策建议。

您回答的信息仅用于科学研究,我们会严格按照相关要求进行保密。

如果您有任何问题、意见或需要进一步了解,可直接联系:Z 大学××学院×××,电话×××××××××××××。

　　其次,开头部分除了问候语之外,往往还需要有填表说明部分。为了确保受访者正确理解并按要求填写问卷,填表说明的部分非常重要。在问候语之后,可以提供一些简明扼要的指导和解释,以帮助受访者理解每个问题的意义、填写方式和范围。填表说明应简明扼要,清晰明了。案例 4-4 是一个填表说明示例。

案例 4-4

问卷的填表说明

1. 个人信息部分:

• 请填写您的姓名、性别、年龄和联系方式。

• 提供准确的个人信息是为了便于我们联系您(此处可以提醒受访者信息保密原则)。

2. 多选题部分:

• 请选择您适用的选项。您可以选择一个或多个选项。

• 如果您选择了"其他"选项,请在下方空格中提供具体细节。

3. 单选题部分:

• 请在选项中选择一个最符合您的答案。

• 如果您对问题不确定,请选择"不确定"。

4. 开放性问题部分:

• 请在下方空格中详细描述您的观点、经历或意见。

• 您可以尽量提供具体的例子或细节,以帮助我们更好地理解您的回答。

5. 评分题部分:

• 请在每个项目中选择一个适当的评分。评分范围为 1 到 5,1 表示非常不满意,5 表示非常满意。

• 如果您对某个项目没有经历或了解,请选择"无法评价"。

　　实际上,这份问卷包含了大量的填表说明,每个问题都附带了相应的说明,这样是为了统一数据口径,避免不同调查员得出

的结果不同,确保数据的一致性和可比性,从而提高研究的信度和可靠性。

此外,也可以在需要填写的表格下方提供填表说明,如案例 4-5。

案例 4-5

问卷的填表说明

• 您进行疾病预防的具体细节是(填写数字见备注)(针对 10～30 公斤小猪)?

药名	用药剂量(几倍量?)	用药时段	用药方法	用药时长
阿莫西林				
磺胺药				
氟苯尼考				

• 备注
• 用药时段:1.不分季节 2.春季 3.夏季 4.秋季 5.冬季
• 用药方法:1.拌料 2.溶于水 3.注射 4.口服 5.其他

再次,问卷编号。问卷编号十分重要,如果能在问卷上体现问卷编号,最后的问卷数据在呈现上就会非常清楚。当研究人员使用数据时,如果发现某个变量有问题,就可以通过问卷编号直接找到原始问卷,从而核查原始问卷出现的问题。这里要注意两个问题:一是问卷编号要预留位置;二是问卷编号要与调查名单一一对应。

如案例 4-6 所示。

案例 4-6

关于牛猪保险的问卷调查

一、基本情况

[1]问卷编号:_____ ;

您是猪场负责人(或者实际负责人)吗?   A.是   B.否

只有猪场负责人或者实际负责人才可以回答问卷（必须了解猪场的基本情况）。

[2]您家里谁负责经营猪场？

  A.夫妻两人 B.男主人 C.女主人 D.父子 E.母女

  F.其他

[3]您的姓名：_____   年龄：_____岁   家庭常住人口：_____人（不包括在外读书的孩子或出外务工的家人）

读书时间：_____年 联系电话：_____

[4]如果有另一位负责人，姓名：_____   年龄：_____岁

读书时间：_____年 联系电话：_____

基本情况里面的第1条就是问卷编号，需要注意的是，问卷编号是由调查员填写的，调查员填写完问卷编号后，才会再询问受访者下面的问题。因此要把问卷编号放在前面比较容易识别的地方。

除以上三个部分之外，**甄别部分也是重要的内容。**在进行问卷调查时，首先要知道所调查的受访者符不符合调查标准，因此，研究人员通常首先会确认两个问题：一是受访者是不是特定的调查对象，即这个人是否在调查的名单上；二是受访者是否符合调查的要求，例如这个人是不是户主。

以关于生猪保险的问卷调查为例，调查员在询问基本情况时，填写问卷编号后，紧接着会询问"您是猪场负责人或者实际负责人吗"，只有猪场的负责人才可以继续回答后续的问题，因为他们对猪场的基本情况更加了解。有时调查员可能会遇到一个问题，即其调查到的可能是猪场的老板，但实际上该猪场是委托给别人经营的。因此，猪场老板可能对猪场的情况一无所知。在这种情况下，调查员需要询问的是猪场的实际负责人，而不一定是猪场老板本人。

接下来,调查员会继续询问该猪场的负责人"家庭中由谁负责管理这个猪场",为什么要这样问呢?这是因为在问卷调查中,特别是在进行跟踪调查时,经常会出现第一年接受调查的是男主人,第二年是女主人的情况。如果两个人分别接受调查,研究人员会发现他们的人口学变量发生了变化,例如性别、年龄和受教育程度等,这就会导致控制变量时出现问题。因此,在这种情况下,调查员需要询问是否有另外一个负责人,以及其姓名、年龄和受教育程度等信息。通过上述问卷设计的方式,可以使得获取的数据更加准确和完整,避免因调查对象的不一致而导致人口学变量的偏差,从而更好地控制变量并获得可靠的研究结果。

2.问卷的主体

问卷的主体部分主要包括人口学变量问题、基本的生产变量问题以及最关键的因变量和自变量的问题。此外,实验设计部分也非常重要,因为它反映了研究人员的逻辑思维能力和研究能力。

首先是人口学变量。很多调查问卷的问卷设计出现了错误,主要原因在于忽略了人口学变量的调查。几乎所有个体行为都受其最基本变量的影响,例如收入、性别或年龄等。当研究人员了解一个人的基本人口学变量时,就可以预测他的经济行为。因此,问卷调查必须询问与人口学变量相关的问题,这样,研究结果才可能具有预测总体的作用,否则研究结果的代表性将受到限制,除非研究人员的抽样是完全客观且完全符合总体的。人口学变量的询问如案例4-7所示。

案例 4-7

[1]姓名：＿＿＿＿＿　年龄：＿＿＿＿＿周岁
家庭住址：＿＿＿＿＿＿＿＿＿＿＿＿＿＿＿
[2]家庭常住人口＿＿＿＿＿人(不包括在外读书的孩子或出外务工的家人)　联系电话：＿＿＿＿＿＿＿＿＿
[3]您的文化程度如何?
　A.从未上过学　B.小学　C.初中　D.高中　E.大专及以上
[4]您 A.是　B.否 党员
　您的户口:A.非农业户口　B.农业户口
[5]年收入?(根据具体情况决定如何询问)

设计问卷时要确保问卷包含适当的人口学变量问题,这些问题通常涉及年龄、性别、受教育程度、收入水平、职业等方面的信息。这些变量对于研究人员理解受访者的特征、经济行为和态度至关重要。通过获取这些基本的人口学变量信息,可以更好地分析和解释研究结果,同时增加研究的可信度和外部有效性。

举例来说,美国大选民调经常进行电话调查,有的电话调查结果与最终的大选结果相近,有的却大相径庭。因为电话调查的有效程度或准确程度完全取决于抽样方式。然而,绝大多数的问卷调查实际上无法实现完全随机的抽样方式,因此必须将人口学变量纳入其中。

在问卷调查中,特别是在跟踪调查中,研究人员通常都会询问受访者的年龄。但并不是所有问卷都需要询问受访者年龄,因为有些问卷可能是匿名的,不需要问及年龄。此外,对于社会学研究而言,家庭常住人口、文化程度、户口以及是否党员(政治面貌与个体的行为倾向有关)等信息也非常重要。另外,年收入也是重要的人口学变量之一。尽管收入属于敏感信息,获取比较困难,需要根据具体情况决定如何提问。

人口学变量在问卷中占有非常重要的地位,可以说是问卷调查中最重要的部分。有些研究人员可能会将人口学变量放到问卷的末尾,但在我们的研究中,更倾向于将人口学变量放在问卷的开头。因为当一张问卷完成后,如果没有人口学变量的信息,那么这份问卷基本上就无法使用。在完成人口学变量的调查之后,接下来可能只需要提问一两个关于研究问题的题目,就可以分析关键变量之间的因果关系了。

因此,将人口学变量作为问卷设计的重要部分,合理地安排在问卷的开始位置,是确保研究结果的可靠性和有效性的关键一步。

其次是基本生产变量。这个部分的设计取决于不同的研究目的。在我们的研究中,通常将这些变量作为控制变量。例如,我们要研究医疗保险或养老保险,那么受访者的健康状况就是一个重要的基本生产变量。案例4-8是基本生产变量的设计案例。

案例 4-8

关于养老保险相关问卷调查的基本生产变量设计

[1]您的健康情况如何?

    A.非常好　B.很好　C.一般　D.不太好　E.很不好

[2]您平时和谁一起居住?

    A.和子女住　B.独居　C.和老伴住　D.住养老院

    E.其他

[3]您目前有几个健在的孩子:儿子_____个,女儿_____个

[4]和您居住距离最近的孩子的居住地:

    A.本小区　B.本市　C.本省　D.本国　E.国外

---

[5]您是否购买了政府组织的养老保险？

A.新农保　B.城居保　C.城镇职工养老保险　D.机关事业单位养老保险　E.未购买养老保险

[6]您是否享受了政府组织的养老保险？

A.新农保　B.城居保　C.城镇职工养老保险　D.机关事业单位养老保险　E.未享受养老保险

因此，基本生产变量问题的设计因研究的不同而不同，这些问题在研究中主要用作控制变量。通常研究人员会选择十几个控制变量，控制变量的设计过程可能需要参考文献或访谈信息。

再次是关键因变量和重要自变量。前面介绍了"运动和高血压的关系"这个案例，已经对自变量和因变量的基本概念和设计方法做了基本说明。这里，再介绍另一个例子，如果想了解一个人的认知能力或抑郁程度，可以使用以下问题进行调查，见案例4-9。

案例 4-9

认知情况的测量

[1]您觉得自己现在的记忆力怎么样？

A.非常好　B.很好　C.好　D.一般；E.不好

·以下问题请从A到D中选择适合您的选项，将字母填入括号内：

A.很少或者根本没有（<1天）　B.不太多（1—2天）　C.有时或者说有一半的时间（3—4天）　D.大多数的时间（5—7天）

[2]我因一些小事而烦恼（　　　）

[3]我在做事时很难集中精力（　　　）

[4]我感到情绪低落（　　　）

[5]我觉得做任何事都很费劲（　　　）

[6]我对未来充满希望（　　　）

[7]我感到害怕（　　　）

[8]我的睡眠不好（　　　）

[9]我很愉快（　　　）

[10]我感到孤独（　　　）

[11]我觉得无法继续我的生活（　　　）

[12]我希望待在家里而不愿意去做些新鲜事（　　　）

通过以上问题，可以初步了解受访者的认知能力和抑郁程度。当然，根据具体的研究目的和研究领域，调查可能还需要加入其他相关问题，以更全面地了解这些变量。同时，这些问题的设计应该遵循一定的测量标准和规范，以确保结果的准确性和可比性。

最后是实验设计。问卷调查的最高层面就是探究研究中的因果关系，实验研究法能够让研究者探索到较为"干净"的因果关系（Babbie，2020；万金等，2023），因此，实验设计部分也是问卷调查非常重要的一部分。例如，关于农村金融对精准扶贫的影响研究。笔者曾在 H 省的 A 县进行了一项调查，发现 A 县的农村金融发展非常有特色，因此希望进一步了解 A 县的农村金融对当地精准扶贫的影响。

在实验设计部分，首先需要考虑一个问题：对照组和实验组。在本案例中，对照组指的是没有实施农村金融改革的地区，研究人员需要了解这些地区农户的基本情况；实验组则指的是已经实施农村金融改革的试点地区，研究人员需要了解这些地区农户的行为发生了怎样的变化。因此，需要将对照组和实验组进行比较才能得出农村金融对精准扶贫的影响，这是基本的逻辑。

在这种情况下，通常需要进行两次调查。第一次是在农村金融改革实施之前进行的基线调查,第二次是在农村金融改革实施后进行的跟踪调查。通过对这两次调查结果的比较,我们可以得出农村金融对精准扶贫的影响。

图 4-3 展示了一个简单的示意图,这个方法通常被称为双重差分法。关于双重差分法,本书将在后面进行详细介绍,这里只是简单说明它在问卷设计中的逻辑。

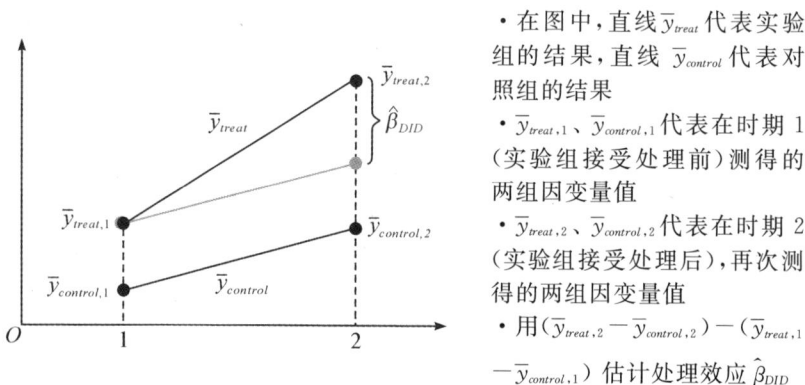

· 在图中,直线 $\bar{y}_{treat}$ 代表实验组的结果,直线 $\bar{y}_{control}$ 代表对照组的结果

· $\bar{y}_{treat,1}$、$\bar{y}_{control,1}$ 代表在时期 1(实验组接受处理前)测得的两组因变量值

· $\bar{y}_{treat,2}$、$\bar{y}_{control,2}$ 代表在时期 2(实验组接受处理后),再次测得的两组因变量值

· 用 $(\bar{y}_{treat,2} - \bar{y}_{control,2}) - (\bar{y}_{treat,1} - \bar{y}_{control,1})$ 估计处理效应 $\hat{\beta}_{DID}$

图 4-3　双重差分法(DID)示意

如图 4-3 所示,"control"代表没有实施农村金融改革的对照组,"treat"代表实施了农村金融改革的实验组。假设在第一个时期进行了一次问卷调查,可以了解到第一个时期对照组和实验组的状态。然后,经过一段时间后,再进行跟踪调查,就可以得到第二个时期对照组和实验组的状态。那么农村金融对农户的影响有多大呢?不能直接将第二阶段中实验组的变量值减去对照组的变量值,因为对照组和实验组的初始状态可能是不相同的。从阶段 1 到阶段 2,对照组和实验组都发生了变化,因此,可以假设这两组的变化是相同的。在这种情况下,就可以通过计算 $(\bar{y}_{treat,2} - \bar{y}_{control,2}) - (\bar{y}_{treat,1} - \bar{y}_{control,1})$,得到结果 $\hat{\beta}_{DID}$,其代表的就是农村金融对农户的影响。

3.问卷的结尾

问卷最后一部分就是问卷的结束语。问卷结束语主要是为了表达研究人员对受访者配合调查的感谢,并且再次强调问卷的匿名性或保密原则。此外,如果调查结束后还有后续的回访,也可以通过结束语向受访者提醒。案例 4-10 是 CFPS2018 年的问卷调查的结束语。

案例 4-10

CFPS2018 问卷结束语

【结束语】关于您家经济情况的问卷到此结束,非常感谢您的大力支持。我们郑重承诺,您提供的信息将严格保密,并且仅用于学术研究目的。在任何情况下,我们都不会泄露您的个人身份信息。为了保证我们的访问质量,我们中心可能在访问结束后两周内对您本人进行非常简短的电话复核,届时请您配合。如果您对本次调查有任何疑问或需要进一步了解的地方,欢迎随时联系我们。您可以使用以下联系方式与我们取得联系。

研究负责人:×××

联系电话:×××××××××××

电子邮件:×××@×××.××

再次感谢,祝您生活愉快!

另外,需要注意的是,在问卷调查中,结束语并不是必备的内容,特别是在面对面的问卷调查中,可以由调查员口头表达对受访者的感谢与祝福。因此,可以根据实际情况和调查方式,选择合适的方式表达对受访者的感谢与祝福。

4.2.3　问卷设计的注意事项

第一,注意问卷调查的时间长短。问卷的设计者通常需要将问卷的完成时间控制在 25 分钟以内,因为超过这个时间受访者可能会产生焦躁的心理。当然,这并非绝对,如果研究人员在前期做了充分的准备工作,例如提前与受访者进行预约并提供适当的补偿,那么受访者可以接受的回答问题的时间可能会稍长一些。笔者曾经进行过最长达 4 个小时的问卷调查,所以时间稍长也是可以接受的,关键在于前期的准备情况。

第二,确保问卷有一个明确的主题。任何问卷调查,如果没有明确的主题,都不会是好的问卷。

第三,对每一个问题都要有清晰的想法和数据处理的预先思路。即需要事先理清楚如何设计问题,如何获得数据,获得数据后应该如何处理,等等问题。

第四,要易于理解,减少歧义。举个例子,关于养猪农户的风险态度调查研究,调查员可能会像如案例 4-11 这样提问。

案例 4-11 ···

　　总体而言,当面临风险时,您对待风险的态度如下所示,请您从 1 到 10 给自己打分,1 表示完全不愿意承担风险,10 表示非常愿意冒险。

需要注意的是,不同人对"风险"的理解可能不完全相同,当受访者对于风险的理解存在差异时,得到的答案可能会有误差。因此,在这种情况下,需要在问题中备注"风险是指猪价在未来 5 个月内的波动"。

第五,确保问卷便于统计和汇总。为了方便数据处理,通常在调查中使用一些标准化的题目,更便于数据的统计和汇总。

第六,保证问卷的可靠性。使用问题作为测量手段是问卷调查的一个特点。为了保证调查的可靠性,首先需要确保所设计的问题是科学合理的。因此,需要对问卷进行一些测试,以确定问题是否易于理解和回答。有时候,还可以通过录音来判断问卷回答的可靠性。在国内的一些大型数据库中,进行问卷调查时可能会附加录音,然后通过录音审查异常问卷。

以上是问卷设计中的一些注意事项,遵循这些原则,才能保证问卷的质量和有效性。

4.2.4 案例分析

本节将以两个具体的案例介绍问卷设计。

1. 运动和高血压的关系

关于运动和高血压的关系研究,本节使用了 CHARLS 数据库中的 DA051 问题,并对其进行案例分析(见表 4-3)。

表 4-3 CHARLS 数据库中的 DA051 问题

身体活动 (下面请您回忆以下事件)	是否每周持续超过10分钟	每周做几天(至少10分钟)	每周运动几小时
您每周做的非常消耗体力的激烈活动 说明:会让您呼吸急促,比如搬运重物、挖地、耕作、有氧运动、快速骑车、骑车载货等。只需回忆您每次运动了至少10分钟的活动。			
您每周做的中等强度的体力活动 说明:会让您的呼吸比平时快一些,比如搬运轻便的东西、常规速度骑自行车、拖地、打太极拳、疾走。只要回忆您每次持续了至少10分钟的活动。			

续表

身体活动 （下面请您回忆以下事件）	是否每周持续超过10分钟	每周做几天（至少10分钟）	每周运动几小时
您每周的走路活动 说明：包括工作或者在家的时候从一个地方走到另一个地方，以及您为了其他缘故如休闲、运动、锻炼或娱乐而进行的走路活动。			

　　表 4-3 中的问题把运动按照剧烈程度分成了三类，剧烈运动、中等强度的运动以及走路。受访者将分别对三类运动做出回答，即分别回答每类运动是否每周持续超过 10 分钟，每周做了几天，在这几天里运动了几小时。通过对这三个问题的回答可以比较全面地衡量受访者每周的运动情况。这个问题设计得很好，把运动按剧烈程度分为三等，并进行量化。

　　关于血压的测量，见表 4-4。

表 4-4　血压的测量

次数	高压	低压
1		
2		
3		

　　关于"血压"这个变量，可以询问受访者"您有没有高血压"。在询问完受访者之后，通常需要进行三次血压测量，并分别计算高压和低压的平均值。如果高压超过 140 毫米汞柱、低压超过 90 毫米汞柱时，将认为此人患有高血压，并将其作为因变量。然而，仅仅关注运动和高血压这两个变量是不够的，因为即使建立了高血压和运动之间的相关关系，也不能确定其中是否存在因果关系。

$$Y(高血压)=\alpha+\beta_i x(运动)+\vec{\beta}\vec{X}+\varepsilon(误差项)$$

在这个方程中,Y 代表高血压,$\beta_i x$ 中的 x 代表运动,因为我们想研究的是运动对高血压的影响。$\vec{X}$ 代表我们控制住的其他变量,即年龄、受教育程度、收入等。β_i 表示运动对高血压的影响,即当这些人的年龄、受教育程度、收入水平等都相同,只有运动不同时,我们观察到的其高血压状况之间的差异。最后的 ε 代表一些我们无法观察到的个体之间的差异。

这时,需要思考几个问题。首先,运动和高血压之间的关系是不是因果关系? 事实上,运动和高血压之间是一种互为因果的关系,即运动可能会影响高血压的发病率,而高血压反过来也可能影响个体的运动水平。其次,如果两者互相影响,那么当前的问卷设计可能不是最理想的。我们可以考虑引入一些额外的变量,例如村庄的健身设施的完备程度。使用村庄的健身设施的完备程度作为工具变量来估计个体的运动水平,就可以切断运动和高血压之间的反向因果关系。因为一个人是否患有高血压不会直接影响所在村庄的健身设施的完备程度,但个体所在村庄健身设施的完备程度在理论上会影响个体的运动。

实际上,CHARLS 数据库获取了每一个村庄或社区的健身设施的完备程度,例如篮球场、游泳池、露天的健身器材和其他运动设施等,具体如表 4-5 所示。我们可以对这些器材进行赋值,然后得出受访者所在村庄健身设施的完备程度。

因此,在设计调查问卷时,我们需要事先思考这些问题,并将解决方案纳入问卷中。以 CHARLS 的这套问卷(表 4-5)为例,即使受访者看到了关于健身设施、运动和高血压的问题,他们可能并不清楚为什么要提这些问题,但作为研究者,需要清楚自己的逻辑问题,并思考如何解决它们。

表 4-5　CHARLS 数据库中测量社区健身设备完善程度的问题

运动设施类型	你们村/社区有下列机构或者活动场所吗？ 1. 有 2. 没有　跳至下一种活动场所	是你们村/社区发起的吗？ 1. 上级政府 2. 村/社区 3. 村民/社区居民 4. 其他	资金来源 1. 村/社区 2. 国家财政 3. 两者都有 4. 其他
篮球场			
游泳池			
露天健身器材			
其他室外运动设施			
棋牌活动室			
乒乓球室			
书画协会			
其他娱乐设施（请注明）			
舞蹈队或其他锻炼队			
协助老弱病残的组织			

2. 养猪户的生产效率问题

养猪户的盈利能力和效益取决于两个关键因素。

首先是能繁母猪的产仔数量，即能繁母猪每胎能产下多少仔猪。这个问题能够相对容易观察到，并可以直接询问农户。另一个重要因素是能繁母猪的产仔频率，即每年能繁母猪的产仔次数。通常，农户会回答大约每年产 2 次。一般情况下，每只能繁母猪的产仔频率在 1.8～2.5 次之间。例如，比利时等欧洲国家的能繁母猪的产仔频率可达每年 2.5 次；海南省由于气候较好，可以达到每年 2.3～2.4 次。能繁母猪的产仔次数越高，说明农户的养殖管理能力越强。然而，这个问题难以直接询问农户，因为他们往往只知道两年内大约会产 4～5 胎，无法给出具体的产仔次数。在这种情况下，我们需要查阅文献并进行深度访谈以获得更准确的数据。例如,我们发现母猪的妊娠时间约为 114 天,这个时间相对固定,只存在一定的概率偏差。

其次,断奶时间和空栏时间也会对养猪户的效益产生影响。断奶时间是指母猪生产小猪后的断奶时期,而空栏时间是指小猪离开猪栏后进行消毒和等待下一轮发情的时间。值得注意的是,母猪再次发情并怀孕的时间实际上符合概率分布,即在养猪户采取自然受精或人工授精后,母猪的发情和怀孕时间是难以人为改变的。所以,农户一般只能在两个时间段影响母猪的产仔频率,即断奶时间和空栏时间。因此,可以在问卷设计中采用以下方式来识别养猪户的生产效率问题:询问养猪户近两年来家中小猪的平均断奶时间是多长,以及母猪产崽断奶后,空栏时间为多少天。通过了解母猪的断奶时间和空栏时间,可以估计其产仔频率。这两个时间段对于不同的农户可能有所差异,但对于同一个农户而言通常是固定的。因此,通过这样设计的问卷,可以相对容易地识别每个养猪户的生产效率问题。

4.3 预调查

4.3.1 预调查的概念

预调查是指在深度访谈之后,为了检查问卷措辞和问题设计的合理性,以及受访者是否会遇到回答困难等问题,降低调查成本并确保调查能够达到最初设想的效果的过程。

1.预调查的方式

预调查通常有两种方式。

第一种是实地调查,即前往需要调查的地点,抽取一些受访者进行调查。在进行实地调查时,必须注意样本的同质性,即预调查样本必须与正式调查样本具有相同的特征。举个例子,如果正式调查的地点是 A 县,那么预调查就不能到 B 县进行,因为这样得到的预调查样本和正式调查样本不具备相同的特征,可能导致预调查结果的不准确性。同样,如果计划在 H 省进行正式调查,那么预调查阶段也必须在 H 省进行,而不能在 Z 省进行。

第二种是专家访谈,在设计好问卷后,我们可以将其送给相关专家进行审阅。通常,会附上一份问卷说明,告知审阅专家调查和变量设计的目的,以便征求他们的建议。这个过程非常重要,既可以作为预调查的一部分,也可以作为深度访谈的一部分。如果在深度访谈中没有包括请专家审阅的环节,那么务必在预调查阶段将问卷送给相关专家,请他们提出相关意见。这个过程能够帮助排查问卷的缺失、遗漏或不合理等问题,对问卷的改进非常有帮助。

2.预调查的样本量问题

预调查的样本量是一个非常重要的概念,但关于预调查的样本量需要多大存在着多种不同的观点。本部分的主要目标是通过预调查来检验问卷的可靠性,即问题是否具有歧义,受访者能否在一定时间内完成回答,以及受访者在回答问卷的过程中是否感到困难。此外,还需要考虑其他相关问题,特别是问卷问题是否符合实际情况。在进行预调查时,常常会出现受访者不理解问卷题目的情况,这表明问卷的设计并不合理。

因此,针对个人可操作的经验,预调查可以根据预算的多少分成两种抽样方法。第一种方法是小样本的随机抽样。以某市面向农户的入户调查为例,在正式调查阶段,研究人员通常会选择一个县进行随机抽样。预调查的步骤通常是在选定的县中选择一个村,并以村为单位随机抽取 30～50 个农户进行调查。然而,这种调查方法的难度较大,因为研究人员需要全面了解村庄中所有农户的总体情况,然后再进行随机抽样。一般情况下,只有在涉及大规模调查时才会使用小样本随机抽样的方法。大部分研究通常采用第二种方法,即方便抽样和反复调查,这是一种较为简便的操作方法。每次预调查,只需要抽取大约 10 个样本。

在方便抽样和反复调查的过程中,研究人员通常需要进行多轮预调查。例如,第一轮预调查中,研究人员会根据村委会或农业部门的推荐,抽取典型的农户进行预调查,一般抽取 8~10 户进行调查,这大约需要一天的时间。根据第一轮预调查对问卷的回答、问题和意见,研究人员会及时修改问卷,然后立即进行第二轮预调查,仍然通过方便抽样抽取 8~10 户进行访谈,并再次修改问卷。之后再继续进行第三轮调查,直到问卷基本没有问题为止,才能进入下一步的研究。

4.3.2 预调查的步骤

以面向农户的面对面调查为例,预调查通常包含以下几个步骤。

第一步,设计调查问卷,明确每个题目的用途和方法。例如,需要询问农户的宗教信仰,那首先要清楚该问题在研究中的目的和作用。此外,如果将收入作为控制变量,也需要明确是否需要详细询问具体收入情况,是否需要涉及家庭成员。如果涉及家庭成员,其目标是什么,如何界定家庭成员的概念。研究人员必须要明确每个题目的目的,以精简问卷并提高效率。

第二步,选择目标地区,即确定调查的地点,可以是某个乡、县、村或街道。由于预调查的目的是修改问卷,所以必须针对目标调查地区,采取随机抽样或方便抽样的方法进行预调查,综合考虑调研预算和调研的可行性。

第三步,确定预调查的次数。通常要进行 2~3 次预调查,通过预调查修改问卷的长短并应对出现的问题,使其更易于受访者回答,直到问题全部解决为止。

第四步,召开小组讨论会,确定正式问卷,最好邀请相关专家进行分析和讨论。一般需要组织两次讨论会,第一次在预调查之前,对问卷进行初步的修改;第二次在预调查之后,根据调查的结果进一步检查问卷设计是否存在问题。

第五步,绘制当地地图。特别是在县域范围的随机调查中,需要详细了解调研样本的分布情况,例如:样本集中在哪些乡镇?每个乡镇大约有多少受访者?如何安排乡镇之间的交通以确保便利性?是否需要在调查乡镇内住宿?这些问题可以在预调查中解决,以便在正式调查中直接安排调查员到不同的乡镇开展调研工作。

第六步,找到相关联系人,并确定当地的负责人。例如,在进行生猪养殖户调查时,务必要与当地畜牧局、各乡镇的防疫站和防疫大队队长联系,因为防疫大队队长和乡镇防疫站可以协助调查员找到需要的农户,在预调查阶段处理好这些事务可以有效提升正式调查的效率。

第七步,确定下乡路线以及带队人员的姓名。在集中调查时,可通过当地防疫大队和防疫站组织农户在某个会议室进行调查。对于未调查到的农户,需积极进行下乡调查。明确哪些防疫员可以带领调查员到农户家中进行调查,并记录这些防疫员的联系电话。

第八步,明确调研乡镇的顺序以及车辆的安排。预调查时必须确定乡镇的调查顺序,哪些乡镇先调查,哪些乡镇后调查,以及每个乡镇样本量的大小等事项。接下来要对调研交通方式进行统筹安排,确定是让调查员分别行动还是统一包车。

需要注意的是,以上步骤为预调查的一般性指导,具体实施时需要根据研究目的和实际情况进行灵活调整。

4.3.3 预调查的注意事项

预调查中,需要着重关注以下几个问题。

第一,问卷回答的完整性。正式问卷调查与预调查的调查员可能不同,预调查阶段的调查员主要由老师或博士生等研究人员对受访者进行提问,他们会更加耐心和细心地询问受访者,因此预调查阶段受访者的回答通常会比较完整;正式调查阶段的提问人可能是招聘的调查员,其提问水平受培训力度和调查员自身素质的影响。因此,在预调查阶段需要格外注意问卷回答的完整性。具体地,需要观察哪些问题受访者不愿意回答,哪些问题受访者愿意回答。对于受访者特别不愿意回答的问题,可以适当修改访问方式。

第二,受访者回答的准确性。举个例子,在进行生猪保险相关的问卷调查时,当调查员询问农户"您今年参加过几次养猪技术培训"时,农户通常需要花费较长时间思考。这是因为农户对"技术培训"的理解可能存在差异,农户心中的"技术培训"有两种,一种是商业培训,一种是政府组织的培训。商业培训是由一些销售饲料或兽药的企业组织的,其主要目的是销售产品,这种商业培训每年大约举办十几次。而政府组织的培训次数较少,可能只有3~5次,而且商业性不强,其主要目的是推广某种技术或提醒农户注意某些疾病。因此,当调查员询问农户参加了几次技术培训时,农户的回答会有很大差异。由此可见,当受访者对问卷问题中的概念理解不一致时,需要确定受访者的回答是否准确。

第三,回答是否需要长时间地计算。以生猪的疫苗注射成本问题为例,如果调查员直接询问某位农户平均每头猪打疫苗需要花费多少钱,该农户可能需要较长时间思考。因为农户在给猪打疫苗时,不是计算每头猪的疫苗费用,而是计算一盒或一瓶疫苗可以用在多少头猪上。因此,他们在回答这个问题时可能需要思考很久,这就说明这个问题设计得不太合适。

第四,问卷是否涉及敏感性问题。问卷调查中的某些问题可能涉及受访者的隐私,比如地租或受访者的信贷情况。地租是农户流转土地或租用他人土地产生的费用,在当地可能是隐私信息。因此,受访者不愿意回答这些问题。另外,受访者的年收入也是一个敏感性问题,他们可能不愿意透露自己的年收入,即使愿意透露,他们也很难准确计算出来。

第五,措辞是否得当。举个例子,如果调查员直接询问某位农户是否本地人,这个问题的措辞显然不够清晰。受访者对"本地人"的理解可能是本村人,也可能是本乡人,还可能是本县人甚至本省人。问卷调查的问题应该让受访者迅速回答,这样的问题质量才会更高,即问题的措辞和句式选择要更客观。

第六,减少受访者的主观随意性。举个例子,研究人员希望了解受访老人的日常行动是否敏捷,如果直接询问受访者"您觉得您现在的行动是否敏捷"是有问题的。因为每个人对"行动敏捷程度"的评判标准不同,这样的提问相当于把评估标准交给了受访者。为了让问卷更客观,一般要尽量减少受访者的主观随意性。以敏捷性度量为例,可以通过一个小测试来进行:将一枚硬币扔在地上,如果老太太能够捡起来,记为1;如果捡不起来,记为0。通过这样的测试得到的答案会更客观。

第七,了解受访者对问卷调查是否抱有抵触情绪。由于预调查阶段常有当地政府人员陪同,通过方便抽样选取的受访者往往是一些典型人群,而非正式调查的受访者。因此,研究人员必须明确这些受访者与正式调查的受访者之间的异质性,特别关注受访者是否对某些问题抱有抵触情绪。

4.4 招募调查员

问卷调查主要是由调查员来完成的,招募调查员通常需要以下几个步骤。

第一步,发布招募启事。招募启事至少要包括以下四个内容。

(1)调研的基本要求。如大学年级、性别、籍贯等。在一些农村调查中,出于安全考虑可能需要较多的男同学;但对于涉及儿童关爱问题的调查,女同学可能更适合。如果所调查地区的民众日常习惯用方言沟通,那么当地的调查员可能更加合适。同时,还需要告知调查员调查的性质以及后续工作的内容,例如参与的是实地调查,后续可能需要进行问卷数据整理工作。

(2)需要招募善于人际沟通、做事细致、有耐心且有责任心的调查员。在实际调查中,调查员可能每天需要重复提问十几次相同的问题,甚至每天都要说相同的话,因此需要有一定的责任心和耐心才能做好这项工作。

(3)需要强调,每位调查员必须要服从调研工作的安排。在实地调查特别是面向农户的入户调查中,不同的乡镇农户数量会有所差异,因此需要的调查员数量也会不同。这样很可能会需要不同的调查员互相调配,这时调查员是否服从调研工作的安排就十分重要。

(4)可以优先录用有调研经验的调查员。他们对调查流程和方法更加熟悉,并且可能已经掌握了一些调查技巧,能够更快地适应工作要求,更好地与受访者进行有效的沟通和交流,从而提供准确的调查结果。此外,他们还可能有一定数据收集、整理和分析的经验,能够更高效地处理调查数据并准确地报告结果。

第二步,具体的组织和工作安排。在进行调查之前,通常要进行调研的培训工作。例如,首先,在出发之前需要召开动员会,向每位调查员说明本次调查的意义以及可能遇到的困难。其次,需要进行问卷调查的培训,对问卷中的每个问题进行解释说明,确保所有调查员对数据的口径都有清晰的理解。此外,应当鼓励调查员在培训过程中提出问题,以便及时解答。只有在数据口径一致的情况下,每个调查员得出的调查结果才能保持统一性,使其成为一个标准化的访问过程。以家庭人口数量的问题为例,通常需要询问常住在家中半年以上的人口数量。例如,如果一对夫妇有两个孩子都在外地读大学,此时前文所指的"家庭人口"实际上是两口,而不是四口。因此,研究人员需要向每位调查员明确解释这些数据口径,以确保回答结果的一致性。

第三步,把调查员分组。在进行调查前,首先需要将调查员分组,每天和每组的工作量应该根据预调查的结果提前进行安排。根据访问形式的不同,通常每天为每位调查员安排5~10个受访者。需要注意的是,如果进行的是入户访谈,每位调查员平均每天调查5位受访者已经相当多了;而如果进行的是集中调查,则每位调查员平均每天可以调查10位受访者。而且因为调查初期未调查的受访者数量较多,随着调查的进行,未调查的受访者数量逐渐减少,所以整体平均值会逐渐下降。

第四步,整理访谈记录。尤其需要对问卷进行编号,并对有问题的问卷进行注解。大部分问卷调查使用的是纸质问卷,因此,如果在调查过程中发现了之前未注意到的问题,可以让调查员将这些问题记录在问卷的边缘。这样,在事后处理问卷时,就能知道哪些地方出现了问题,从而在后续跟踪调查中进行相应的调整和修改。

第五步,发放调查员的报酬。首先,我们需要事先与调查员达成一致,确定伙食补助、交通补助和报酬的具体金额。在我们的问卷调查实施过程中,通常每天会给予调查员30~40元的伙食补助。交通补助则较为复杂,因为在农村调查中通常采取包车形式,安排好调研小组的车辆,所以可能不需要额外的交通补助。另外,如果我们从外部招聘调查员,我们必须明确告知每位调查员每天的报酬金额,提前明确报酬可以最大程度上减少调研结束后出现的潜在矛盾。

第六步,附上参与方式。在报名时,我们通常会要求调查员提供基本信息,如姓名、性别、身份证号码等,要求提供身份证号码的原因之一是购买保险所需。了解不同调查员的性别,我们可以安排住宿。此外,还可以请调查员提供包括年级、班级和家庭住址等信息,以保证在紧急情况下,我们可以及时联系到调查员。同时,我们还会询问调查员是否熟悉某种方言。如果调查员懂得某种方言,我们可能会将其安排到更适合的地区进行调研。例如,在 H 省进行调查时,我们发现该省每个县的方言都各不相同,所以如果有懂多种方言的调查员,他们将在调研中发挥重要作用。

第七步,面试。进行面试主要是考虑到安全性的问题。例如,对于有各种疾病的调查员,我们会更加谨慎录用,因为我们的大部分调查是在乡村进行的,医疗卫生条件相对较差,事故发生的可能性较高。另外,我们会向每位调查员提供带队老师和调研负责人的联系方式,以便随时联系。

4.5 处理调研前的琐事

一个优秀的问卷调查往往需要考虑各个方面的问题。如果在调查之前没有事先处理好一些小问题,可能会导致调查过程中出现困难。因此,以下将重点讨论需要在调研前处理的一些注意事项。

4.5.1 详细的调查员名单

在进行调研之前,必须准备详细的调查员名单。以大学生调查员团队为例,调查员名单如表 4-6 所示,应当包括学生的学号、姓名、性别、出生日期、民族、籍贯、生源所在地、身份证号码、联系方式以及电子邮箱等信息。首先,通过这份详细的名单,我们可以进行合理的分组安排;其次,当出现某些问题时,我们可以直接联系到相应的调查员。

表 4-6 详细的调查员名单

序号	学号	姓名	性别	出生日期	民族	籍贯	生源所在地	身份证号码	联系方式	电子信箱
18		冯＊馨	女		汉族					
16		陈＊麟	男		汉族					
4		王　＊	男		汉族					
24		耿＊祥	男		布依族					
17		温＊媛	女		黎族					
20		李＊晨	女		汉族					
22		陈　＊	女		汉族					
23		高　＊	女		汉族					
2		汪＊梦	男		汉族					
1		吕＊婷	女		汉族					

4.5.2 注意安全事宜

在调查的过程中,安全问题至关重要,因此,在调研之前务必要妥善安排相关事宜。

第一,购买保险。我们开展调研时,必须为调查员购买保险。调查员从学校或家中前往调研地点,然后在调研地点停留 7～10 天,最后返回学校或家中的整个过程,都必须在保险范围之内。

第二,提醒每位调查员牢记报警电话。除了110,还要留下当地相关人员的电话,例如政府联系人、防疫大队队长,以及老师的电话等。这样,一旦出现问题,调查员可以直接拨打相关电话,迅速联系相关人员。此外,每个小组的组长必须了解组内每位调查员的电话号码,以便相互照应。

第三,男女生结伴外出,深夜不得外出。因为调查员们在进行问卷调查时通常处于不太熟悉的地方,所以一般不允许女生深夜外出。如果确实需要外出,应当由男女同学结伴外出。另外,在陌生的地方,无论男生女生都应尽量避免深夜外出,特别是在国外进行调研时,例如斯里兰卡、越南等地,因为一旦出现问题,将会非常麻烦。

第四,提前解决山区交通问题。由于我们调研的地点通常位于乡村,公共交通不发达。我们要从一个村庄前往另一个村庄进行调研,依靠公共交通在大多数情况下是不现实的。因此,我们通常会考虑包车。但很可能没有正规的汽车公司可以提供包车服务,因此,我们需要提前与相关人员联系。此时须特别关注车辆运行的安全性,例如不能超载,并确保车辆具有合法的运营执照。

第五,要准备一些基本药物。在调研时,每位调查员每天可能需要与十几位受访者交流,这意味着调查员可能需要讲几个小时的话,即使不在调研时,也需要与他人进行沟通。因此,调研员调研结束后都会感到口干舌燥。因此,需准备一些基本药物,如润喉片、抗生素和防止拉肚子的药品等。

4.5.3 绘制调研路线图

绘制调研路线图的主要目的是将调研范围内的地理位置和调查点清晰地展示出来,以便调查员了解自己的位置和前往各个调查点的路线。调研路线图通常包括调研区域的地理边界、县市乡镇的位置和标识、调查点的分布情况、调查点的受访者数量以及调查点的编号或名称等信息。一般在预调查阶段就需要把调研路线图绘制出来,随着调研工作的进行,可能需要对路线图进行更新和调整。这可能涉及添加新的调查点、更改调查点的位置或调整路线方向等。及时更新和调整路线图可以帮助调查员更好地掌握工作进展和变化(见图 4-4)。

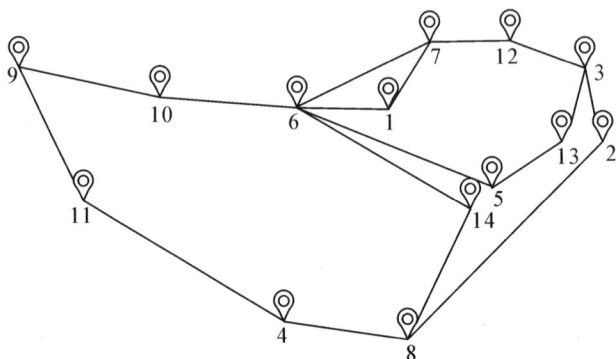

注:图中大头钉为调研地点,黑色直线代表交通道路

图 4-4 某地区调研路线示意图

4.5.4 其他需要提前确定的问题

第一,与当地政府进行沟通并寻求协助。在进行调查时,务必联系当地基层政府,特别是乡镇政府或农业农村局等机构。一些商业调查可能不需要联系当地的基层政府,但我们的研究往往是面向农户的问卷调查,需要与当地基层政府联系,以充分了解当地的社情民意,并获取当地农业经济的整体信息。在遇到问题时,当地政府也可以提供可靠的帮助。

第二,提前预订酒店。酒店的预订工作必须在预调查期间就安排好,特别是在乡镇住宿时。在县城或城市内的住宿会相对比较容易安排,但在乡镇住宿时,需要格外注意安全和卫生条件。即使某些乡镇招待所或民宿无法提供发票也无妨,我们可以开具一些收据和相关证明,同时留下房东的电话和身份证号码,作为住宿凭证。

第三,**确定每天的调研计划。**必须提前确定每天的调研计划,包括参与人数和地点等信息。根据预调查的工作安排,逐一确定每天调查的人员和地点,并详细安排每个小组每天的工作。调研计划越详细,正式调研时的不确定性就越低。

第四,**解决午餐问题。**对于偏远的山区,必须注意解决餐食问题。如果当地没有适当的饭馆,通常会与当地乡政府联系,在乡政府就餐,只需支付相应的伙食费。如果在乡政府安排不方便,可能需要自带午餐。

第五,**打印酬金支付清单。**这一点非常重要,因为在进行问卷调查时,通常会支付受访者现金。由于这些现金大部分是小额的,例如通过抓阄方式支付酬金,金额可能在 1 元～50 元,甚至可能达到上百元。因此,我们需要制定一个规范的支付清单,清单上应包括受访者的姓名、乡镇名、村名、身份证号码、电话号码以及支付金额等信息。支付酬金后需要请受访者核实并签字,这个清单可以作为最后处理调研费用的基本凭证。

4.6 问卷调查的实施

4.6.1 根据研究目标设计调查问卷

设计调查问卷可以分成两种情况,一个是描述性研究,一个是变量关系的研究。描述性研究,主要要求获得一个真实的、全面的和准确的现状分析,所以描述性研究非常关注的问题在于是不是随机抽样。如果问卷调查不是随机抽样,那么得出的描述统计结果就很可能会偏离真实值。如果我们进行的是变量关系的研究,那么就要关注控制变量。也就是说即使不是随机调查,我们还是可以发现变量与变量之间存在相关关系或者因果关系。这个时候,我们要注意控制那些容易影响到 Y,同时又会影响到 X 的变量。此外,我们可能还需要考虑,当 X 和 Y 之间存在相关关系时,如何进一步去发现它们之间的因果关系。我们可能会通过比如工具变量或者一些其他想法,帮助我们发现变量之间的因果关系。描述性研究相对比较简单,变量间的关系研究相对比较困难,因为变量间的关系研究需要经过一定的思考,并且要在预调查之前完成。

4.6.2 确定样本的总体以及样本框

样本总体即需要调查的目标。需要注意的是,我们想要调查的目标群体,也就是样本总体,和我们能够获得的样本名单可能是不相符的。例如,一个村庄的户籍人口和这个村庄的实际居住人口,这两个总体是不一样的。**所以,样本框要与样本总体一一对应,也就是说,在设定样本框时,我们所要调查的对象要和我们所研究的总体一一对应。**如果要研究一个村庄的老年人,那么就要根据这个村庄实际居住的老年人得到样本框,而不是根据这个村庄户籍人口的老年人得到样本框。

4.6.3 关注随机抽取样本以及预调查

随机抽样有一个非常重要的意义,就是每个样本被抽到的概率都是一样的。如果问卷调查采用随机抽样的方法进行抽样,那么在进行分析时,样本的代表性就会非常强。虽然在问卷调查的实际操作中,很难做到完全的随机抽样,但出于调查结果的客观性、准确性以及代表性,应当尽力做到随机抽样。

预调查能有效帮助我们排除部分正式调查时遇到的问题。我们通常要把所有不确定的问题都尽量在预调查的过程中处理掉,比如问卷是否流畅,是否有很难回答的地方,问卷长度是否合适,支付给受访者的费用是怎样的额度。这些问题都要在预调查中予以解决。

4.7 处理回收的问卷

这部分内容主要针对小规模调查,特别是使用纸质问卷进行的调查。我们通常会把当天回收的问卷进行整理,这个环节很容易被忽视,因此这里需要特别强调当天回收问卷的重要性。对于问卷数量在 300～1500 份之间的小样本调查而言,在回收问卷后进行适当处理,可以在很大程度上提高问卷的质量。

问卷调查通常有两种方法。第一种方法是调查员直接询问,大多数情况下我们采用这种方法。然而,有时可能会遇到很多农户同时到场,我们的调查员无法一一处理问卷的情况。此时,我们通常会采取一种方法,即将问卷直接发放给农户,让他们自行填写基本信息。一些文化程度较高的农户会填写较为完整的问卷,而文化程度较低的农户填写的内容可能较少。这时我们会发现,调查员直接询问的问卷基本上不会出现大的疏漏,而农户自行填写的问卷则比较容易出现问题。如果当天没有及时回收问卷,就很难发现这些问题。

我们对当天回收的问卷进行处理,主要包括以下几个方面。

第一,问卷完整性的检查。首先,需要检查调查问卷中有哪些问题未被回答或者受访者回答困难。问卷完整性检查实际上是对预调查的一个挑战,因为理论上这些问题在预调查的过程中就已经被解决掉了。但基于这么多年的经验,我们发现即使在预调查中已经做了很多工作,在实际的调查过程中仍然会出现很多问题。举个例子,当我们对农户的猪粪处理方式进行调查时,有些农户可能回答他们使用了生物发酵床,但这个选项并未包含在我们的问卷中。这可能是因为在预调查阶段进行的小样本调查中,我们调查的村庄中恰好没有人使用生物发酵床。然而,在进行大规模调查时,我们可能会发现这个问题。因此,我们需要在发现这个问题的当天对问卷进行扩充,可能会在现有的选项 A、B、C、D 之后添加一个选项 E。

第二,对问题数据口径的检查。举个例子,当我们询问大农户,尤其是那些有雇工的大农户"您每头生猪的生产成本是多少"时,大农户回答的生产成本很可能包含了他们雇用劳动力的成本。然而,大多数小农户并没有雇工,因此当我们用相同的问题询问小农户时,他们回答的成本可能不包括人力成本。根据这种逻辑,对同一个问题,不同受访者回答的数据口径可能不同。因此,在处理数据时,我们可能得出大农户的平均养殖成本较高而小农户的平均养殖成本较低的结论。然而,这其实是一个错误的结论,因为两者的数据口径并不一致。

第三,对新问题的关注。在实际调查的过程中,我们经常会碰到一些新问题,例如案例 4-12 中的这个问题。

案例 4-12

不同围栏是否使用不同的兽医用具(例如:针头)?

    A. 是　B. 不是

这个问题的意思究竟是什么呢?实际上,它问的是养猪户在猪生病时是否要在每个猪圈使用新的针头注射疫苗或治疗。然而,这句话很容易引起误解,因为有些农户可能会将其理解为"在不同的猪圈中,我是否使用相同的兽医工具"。因此,可能会导致农户实际上想回答选项 A,但却选择了选项 B。这种情况的出现,表明问卷的设计存在问题。这种问题有时可能在正式调查时才能被发现。

第四,确定哪些农户需要重新调查。在问卷调查结束后,我们可能会发现某些受访者的问卷信息不完整,尤其是自行填写问卷的受访者,可能会存在未填写人口学变量的情况。缺少人口学变量的问卷基本无法用于回归分析。因此,一旦发现人口学变量缺失,我们需要重新对受访者进行调查,可以通过电话询问或第二天亲自回访的方式重新调查。此外,还可能存在经济学实验的缺失。我们每次调查都将经济学实验融入问卷中,因为优质的研究着眼于因果关系的研究,通过在问卷调查中加入经济学实验,可以使因果关系的研究结果更加精彩。同时,我们也需要关注重要变量的缺失,若受访者未回答我们所研究的关键问题,我们也需要重新调查。由于每位调查员每天大约能完成 5~10 份问卷,因此在刚结束问卷调查时,调查员对每份问卷的回忆还相对清晰。我们应该充分利用调查员的记忆,当天对问卷进行回顾和调整。

第五,核对财务数据。我们每天都要核对财务数据,尽管调研团队中有会计和出纳员,但仍然经常出现账目不符的情况。有些受访者在完成问卷调查后可能会直接离开而没有支付费用,导致未能记录该受访者的信息,进而导致账目不平衡。此外,个别受访者可能认为填写多份问卷可以获得更多报酬,因此会填写两三份问卷,这样我们会发现他们的姓名和问卷编码是重复的,这样的问卷会被作废。我们可以通过及时核对姓名来尽量避免这种情况的发生。

第六,要根据当天的情况调整第二天的调研节奏。因为每天调查结束后,可能会出现一些人员变动,例如一些调查员出现了嗓子疼、发热或感冒等问题。如果有调查员无法继续参加调研,我们就需要及时地调整调研安排。例如,放弃在某一个乡镇的调研,把调查员集中在其他乡镇进行调研,以确保每个乡镇都有足够的调查员。

小练习

一、简答题:

1.深度访谈有哪些作用?

2.问卷主要由哪几个部分组成?

3.简述预调查的步骤。

4.为什么每天要把当天回收的问卷进行整理?

5.问卷调查的步骤有哪些?

6.生猪不足额投保问题属于保险中的道德风险吗?为什么?

7.在正式调查前,需要进行哪些准备工作?

二、判断题:

1.问卷调查是深度访谈的重要前提。　　　　　　（　　）

2.专家访谈既可以作为预调查的过程,也可以作为深度访谈的过程。　　　　　　　　　　　　　　　（　　）

3.高质量的深度访谈可以帮助我们挖掘更深刻的研究问题。
　　　　　　　　　　　　　　　　　　　　　　（　　）

4.进行深度访谈之前,应该根据研究主题列出一个简单的提纲。　　　　　　　　　　　　　　　　　　（　　）

5.预调查中选取的样本必须与正式调查样本是同质的。
　　　　　　　　　　　　　　　　　　　　　　（　　）

6.预调查可以根据预算的多少,组织小样本的随机抽样或者组织方便抽样以及反复调查。　　　　　　　　（　　）

7.对于一般的小型问卷,最好要在25分钟内完成。（　　）

8.在随机抽样中,每个样本被抽到的概率都是一样的。（　　）

9.问卷设计一般包括三部分、开头部分、主体部分和结束语。
　　　　　　　　　　　　　　　　　　　　　　（　　）

10.为了得到可靠的信息,在问卷中可以不必告知调查单位、资助单位和研究目的。　　　　　　　　　　（　　）

11.在问卷设计应尽量避免出现复杂、需要长时间思考的问题。 （　　）

三、单选题：

1.在确定研究问题之后,为了检查问卷的设计是否合理,我们一般需要在正式调查之前进行(　　)。

A.集中调查　　　　　　　B.专家访谈

C.深度访谈　　　　　　　D.预调查

2.深度访谈不包括以下哪种形式(　　)。

A.一对一访谈　　　　　　B.一对多访谈

C.小组讨论　　　　　　　D.集中调查

3.以下说法中,错误的是(　　)。

A.预调查一般包括实地调查和专家访谈两种形式

B.正式调查之前只需要进行一次预调查

C.问卷调查的组织和实施需要细致的筹备和事前的规划

D.在进行调查员培训时,应将每个问题的数据口径进行统一

4.对于下面所示的问卷调查的步骤,正确的顺序为(　　)。

①抽样　②问卷设计　③正式调查　④深度访谈　⑤预调查

A.②⑤①④③　　　　　　B.①②⑤④③

C.②①⑤③④　　　　　　D.④②⑤①③

三、多选题：

1.以下说法中,正确的是(　　)。

A.在进行数据分析前,最好将数据录入并且扫描归档

B.年龄、性别、受教育程度等人口学变量对大多数问卷设计都具有重要意义

C.在问卷中使用主观问题,可以获得更多的信息

D.进行深度访谈之前,应该根据研究主题列出一个简单的提纲

2.预调查的主要目的有(　　)。

A.检验问卷设计是不是符合现实

B. 确定问卷问题是否可靠、有无歧义

C. 测试回答时间长短是否合理

D. 确定研究主题和研究方法

3. 问卷调查和深度访谈的关系(　　)。

A. 深度访谈是预调查的必要阶段

B. 深度访谈为问卷调查提供研究问题

C. 问卷调查是深度访谈的重要前提

D. 问卷调查和深度访谈互为补充

4. 问卷的开头部分一般包括(　　)。

A. 实验设计　　　　　　　B. 问候语

C. 填表说明　　　　　　　D. 问卷编号

5. 正式调查过程中,需要进行的步骤包括(　　)。

A. 招聘和培训调查员　　　B. 确定调查路线和方案

C. 分组进村调查访问　　　D. 整理调查问卷

6. 问卷设计步骤的主体部分一般包括(　　)。

A. 人口学变量　　　　　　B. 基本生产(经营)变量

C. 关键的自变量和因变量　D. 实验设计部分

7. 问卷设计的主体部分一般包括(　　)。

A. 基本人口学和生产变量　B. 问候语

C. 关键的自变量和因变量　D. 实验设计部分

参考文献

[1] 薄海,张跃华.商业补充医疗保险逆向选择问题研究——基于 CHARLS 数据的实证检验[J].保险研究,2015,329(9):65-81.

[2] 贾俊平,何晓群,金勇进.统计学[M].9 版.北京:中国人民大学出版社,2021.

[3] 乐君杰,叶晗.农民信仰宗教是价值需求还是工具需求?——基于 CHIPs 数据的实证检验[J].管理世界,2012,230(11):67-76.

［4］ 万金,周雯珺,周海明,等.心理脱离对工作投入的影响:促进还是抑制?［J］.心理科学进展,2023,31(2):209-222.

［5］ 谢宇.回归分析［M］.北京:社会科学文献出版社,2013.

［6］ 谢宇.社会学方法与定量研究［M］.北京:社会科学文献出版社,2012.

［7］ 张虹,陈迪红.保险学原理［M］.北京:清华大学出版社,2018.

［8］ 张跃华,何文炯.政策性农房保险、社会福利与绩效评估——基于浙江省农村固定观察点 499 个农户的微观数据分析［J］.保险研究,2009, 255(7):65-75.

［9］ 张跃华,邬小撑.食品安全及其管制与养猪户微观行为——基于养猪户出售病死猪及疫情报告的问卷调查［J］.中国农村经济,2012,331 (7):72-83.

［10］ Angrist J D. Treatment effect［M］. Berlin: Microeconometrics. Springer, 2008: 329-338.

［11］ Babbie E R. The practice of social research［M］. Stanford: Cengage Learning, 2020.

［12］ Birchler U, Bütler M. Information economics［M］. London: Routledge, 1999.

［13］ Burgess R G. In the field: An introduction to field research［M］. London: Routledge, 2002.

［14］ Chen M, Lin Y, Yu C, Fu R, Shentu H, Yao J, Huang J, He Y, Yu M. Effect of cesarean section on the risk of autism spectrum disorders/attention deficit hyperactivity disorder in offspring: A meta-analysis［J］. Archives of Gynecology and Obstetrics, 2023: 1-17.

［15］ Cheng S T, Chow P K, Song Y Q, Yu E C S, Chan A C M, Lee T M C, Lam J H M. Mental and Physical Activities Delay Cognitive Decline in Older Persons with Dementia［J］. The American Journal of Geriatric Psychiatry, 2014, 22(1).

［16］ Rejda G E. Principles of risk management and insurance［M］. London: Pearson, 2011.

整理调查问卷

关键术语

缺失值(Missing value):指各种原因导致缺失的数据,是粗糙数据中由于缺少信息而造成的数据不完全(陈强,2014)。

顺序变量(Ordinal variable):指分类数大于等于3,且类别之间存在序次关系的响应变量(贾俊平等,2021)。

随机变量(Random variable):即随机事件的数量表现。这种变量在不同的条件下由于偶然因素影响,可能取各种不同的值,具有不确定性和随机性,但这些取值落在某个范围的概率是一定的(谢宇,2013)。

点估计(Point estimation):根据样本数据中计算出的样本统计量对未知的总体参数进行估计,得到的是一个确切的值。例如利用CFPS2018计算出人均年收入为5000元,以此代表全国人民的人均年收入水平,就属于点估计方法(谢宇,2013)。

区间估计(Interval estimation):与点估计相对,指通过样本计算出一个范围来对未知参数进行估计(谢宇,2013)。

5.1 及时整理调查问卷的必要性

在调查结束后,我们通常会将调查员们集中起来,将调查问卷录入计算机。及时整理调查问卷的原因主要有五点。

第一，方便及时发现问题并进行回访。最好在调研结束后的两周内录入问卷，这样可以及时发现问题，比如某些变量的缺失或受访者填写错误。在两周内，我们往往可以及时回访受访者，确认其回答的准确性。若将问卷处理推迟到调研结束两三个月后，我们就可能回忆不起来受访者回答时的具体情况了。

第二，问卷录入本身就是问卷调查的一个步骤。调研刚结束时，有足够的人力进行问卷录入，即使出现问题，调查员也能回忆起当时的情况并进行核对。因此，调研结束后立刻录入问卷，有助于我们分析问卷中出现的各种问题。

第三，可以有一个初步的数据描述性结果。因为大部分同学参与调查往往是把暑假实习和农村调研结合起来的，及时整理调查数据，并生成描述性统计结果可以及时提供给同学们，有利于同学们撰写调研报告。同时，我们的问卷调查可以兼具科研和培养学生的作用。

第四，从训练学生的角度出发，及时整理调查问卷，可以让学生们更直观地看到自己的劳动成果。在得到统计资料以后，学生往往会把客观数据与自己的主观直觉进行比较，我们最后分析出来的统计结果很可能与调查过程中观察到的结果存在差异，此时，我们可以仔细分析出现差异的原因。

第五，可以防止拖延。问卷调查的过程本来就较为烦琐，若调查结束后不及时进行问卷录入，就可能会拖延很长时间。因此，如果能将问卷的调查和录入作为一个整体完成，我们可以很快地得到描述性结果，有利于进一步思考。同时，调查结束后，我们通常还需要给被调查地方的政府官员或被调查企业的管理层反馈，例如此次调查大约收到了多少份有效问卷，有效问卷的比例大约有多少。如果我们每次调查后都能给对方及时反馈，将有助于以后的调查。

以某省保险人员职业伦理研究为例,案例 5-1 是我们在调研结束后第二天向企业反馈的调查信息。

案例 5-1

某省保险人员职业伦理研究问卷调查反馈

A 寿险公司:抽样 468 人,回收问卷数 500,去重后 445,有效问卷数 432

C 财险公司:抽样 570 人,回收问卷数 558,去重后 536,有效问卷数 472

D 财险公司:抽样 177 人,回收问卷数 196,去重后 173,有效问卷数 171

B 寿险公司:抽样 356 人,回收问卷数 279,去重后 272,有效问卷数 266

总抽样样本数 1571,样本回收数 1533,去重后 1426,问卷回收率为 90.8%

样本有效数 1341,样本有效率为 85.36%

5.2 问卷录入

5.2.1 编制问卷代码表

进行问卷录入首先要编制一个问卷的代码表,这一步非常重要。编制代码表意味着为每个问卷变量设定一个对应的编码。这些编码在将问卷数据录入数据库时发挥重要作用。通常,在系统中录入文字信息不如录入编码来得清晰和高效。

此外,需要特别注意的是,在长期的跟踪调查中,历年的编码必须保持一致。因为随着时间推移,问题在问卷中的位置可能会发生变化。例如,某个问题可能在第一年的问卷的第一页,而第二年或第三年可能在第二页甚至第三页。如果有一套一致的编码系统,将编码录入计算机后,只需查看编码就能确定对应的问题,就能确保长期跟踪调查的数据的准确性,避免出现一系列问题。因此,保持历年编码的一致性至关重要。

在编码方面还需要特别注意:每年进行调查时,同一个问题的表述可能存在细微差异。若某个问题发生了轻微变化,那么问题对应的编码也不能视为一致,因为这两个问题的数据口径可能会产生差异。因此,在处理数据时,要特别留意这种情况,以确保编码的准确性和一致性。

此外,为了在调查中不断增加新问题,编码应分成不同的部分。例如,以 A 开头的编码代表人口学变量,以 B 开头的编码代表人的基本行为变量,以 C 开头的编码代表生产变量,以 D 开头的编码代表实验相关问题,等等。这样将问卷分成几个部分后,第一部分包含人口学变量,第二部分包含人的基本行为变量,第三部分包含生产变量,第四部分包含实验内容。在每次调查时,如果需要增加新问题,可以继续使用相应部分的编码。例如,第一次调查时,人口学变量部分有 20 个问题,编码从 A001 到 A020。如果第二次调查需要增加问题,我们可以继续编码为 A021、A022 等等。后续增加的同类问题仍然以 A 开头,这样研究人员就能轻松知道这些数据是人口学变量。同理,如果以 B、C 或 D 开头,我们也能根据编码的第一个字母知道某个问题属于问卷的哪个部分,这有利于后续数据处理。

假设人口学变量部分不超过 100 个变量——在我们这种小型问卷中通常包含大约 10～20 个变量,最多不会超过 30 个变量。例如,年龄用 A001 表示,性别用 A002 表示,受教育程度用 A003 表示。如果我们养成了这样的编码习惯,每次看到 A001 这样的编码,我们就能立即联想到它代表的变量的具体含义。

下面介绍数据库的备注。在数据库中,每一个编码后面都要有相应的备注。然而有时候查看备注可能会比较烦琐。因此,如果我们的编码设计得比较科学,将会节省时间和提高效率。

例如,金融相关的变量可以用以字母 F 来表示。F001 代表贷款,F002 代表贷款额度,F003 代表利息,以此类推。但是在涉及贷款问题时,还不够清晰,因为贷款可能涉及不同的年份,有的人是在 2016 年贷的款,而有些人是在 2018 年或 2020 年贷的款。为了解决这个问题,我们可以将 F001 展开,并设为 F001-1、F001-2 等,分别代表不同的年份,或者重新编码,继续往下编码为 F011、F012 等。最重要的是,编码时必须遵循一定的规律,以便容易识别和理解。

案例 5-2 就是一个在问卷中给变量编码的例子。

案例 5-2

变量编码示例

一、基本情况

[1]问卷编号:A001　　工号:　A002

[1]年龄:　　　A003　性别: A.男　B.女　A004

[2]户口:　　　A.农村户口　B.城市户口　A005

[3]受教育程度:

　　A.小学及以下　B.初中　C.高中及中专　D.大学专科及以上 A006

[4]您 A.是　B.否 是共产党员?　　A007

　　您 A.是　B.否 有宗教信仰?　　A008

[5]婚姻状态:A.未婚　B.已婚　C.丧偶或离异　A009

[6]子女数量:A.0　B.1　C.2　D.3 及以上　　A010

[7]家庭总人口数(同灶吃饭的人):＿＿＿＿＿人　A011

[8]您的家庭年收入大概在 ＿＿＿＿＿万元　　A012

[9]您的家庭年消费支出大概在 ＿＿＿＿＿万元　A013

---

[10]您现在销售哪些保险险种(多选)?

A.车险　B002a　B.农业保险　B002b　C.信用/保证保险

B002c　D.意外/健康险　B002d　E.其他非车险　B002e

F.寿险　B002f

　　表 5-1 是一个在 Excel 中进行问卷编码的例子,由于下表编码的是一个跟踪调查的问卷,所以我们除了给每一个变量名(以 a 开头)编码之外,还备注了变量在问卷中所对应的题号(以 Q 开头的编码,若题目不存在则编码为 NA)。

表 5-1　问卷编码示例

变量名	变量名解释	济源四镇 2013	济源四镇 2014	德清 2009
a001	年份			
a002	市码			
a003	问卷编号			
a004	调查员姓名			
a005	调查员联系电话			
a006	被调查者态度			
a007	乡镇名			
a008	村名			
a009	负责人姓名	Q1	Q1	Q1
a010	联系电话	Q1	Q1	Q1
a011	年龄	Q1	Q1	Q1
a012	教育	Q1	Q1	Q1
a013	家庭人口	Q1	Q1	Q1
a014	家庭参与养猪人数	Q1	Q1	Q1
a015	雇工	Q1	Q1	Q1
a016	户口	Q2	Q3	NA
a017	党员	Q2	Q4	NA
a018	村干部	Q2	Q4	NA
a019	宗教信仰	Q3	NA	NA
a019a	父母宗教信仰	Q4	NA	NA

5.2.2　编制相应的软件

在编制问卷代码表时，需要使用相应的软件。在问卷调查结束后，我们通常会采用 Excel 来录入问卷数据，但是在 Excel 数据录入过程中容易出错且速度较慢。因此，若问卷数量较少，仅有几十份，可以使用 Excel 进行录入，因为使用编制软件录入可能会花费比使用 Excel 更多的时间。

然而，当问卷数量较大（超过 100 份）时，例如我们进行的问卷调查通常会有一两千份问卷，此时通常会采用名为 EpiData 的软件进行问卷录入。实际上，类似的录入软件有很多，在这里介绍 EpiData 主要是因为它有很多优点。首先它是一个免费软件，提供中文版，而且体量很小，大约只有 1 兆。其次，EpiData 支持输入到 SPSS 或 Stata，并可以直接生成 Excel 文件。使用 EpiData 进行问卷录入速度会非常快，输入第一个问题后，只需按回车键，即可自动跳到下一个空格，无需使用鼠标或寻找输入位置。

除此之外，在 EpiData 中，我们还可以设定每个问题的取值范围，例如受访者的年龄一般会在 18～100 岁之间，若有人将 50 岁的受访者错误地录入为 150 岁，EpiData 就会直接报错，从而避免一些录入错误的发生。

下面是 EpiData 中文版的下载地址和中文教程的链接，如果有需要，可以通过这两个链接去下载和学习，熟悉应用此软件可以大大提高工作效率。

Epidata 3.1 中文版下载地址：http://www.epidata.dk/downloads/setup_epidata_cn.exe

EpiData 3.0 中文教程：http://medooo.com/down/downloadfiles/epdhelp_cn.rar

此外，网络问卷的数据会直接以 Excel 文件的形式导出，因此，我们也可以使用 Stata 对问卷进行重新编码和录入。相较于

Excel,Stata 的主要优势在于其自带的 do 文件可以将我们的操作命令记录下来,便于与他人交流以及后续修改。

5.2.3 撰写录入说明

问卷录入的工作中还有一个非常重要的事项,就是撰写录入说明。

首先,必须清楚地介绍录入的规则,因为录入问卷通常不是由一个人完成的,可能涉及多名工作人员同时进行。如果每个工作人员的录入规则不一致,就会导致很多问题。例如,对于"您的贷款是多少"这个问题,有的工作人员可能把受访者未回答的录入为零,而其他工作人员可能将"没有贷款"的回答录入为零,这样就会产生数据录入偏差。因此,我们可以与录入数据的工作人员们约定好统一的录入规则,例如未回答的问题跳过,表示缺失值,以示受访者未填写数据;如果受访者回答"没有贷款",则录入为零,这样就保证了一致性。还有一个问题是"您是否记得您是哪一年修建的这个猪场",如果受访者回答"这个问题我不记得了",这不是未回答,而是未记住,因此也不是缺失值。我们可以约定,遇到这种情况时,统一将其录入为 999。这就是录入的规则,非常重要。

其次,要将所有需要解释的问题都记录在录入说明中,这样,在数据处理时可以作为参考。例如,在数据处理时,我们可能会调到某个变量值为很多零的情况。如果在录入说明中没有解释零和缺失值之间的差异,进行数据分析的研究人员不清楚这个零代表什么意思,将无法处理数据。遇到这种情况时,如果我们无法确定某个零到底是缺失值还是实际的变量值为零,那么只能通过查询原始问卷去了解了。因此,调查问卷的装订也十分重要。

下面举一个录入问卷规则的例子,见案例 5-3。

案例 5-3

问卷录入规则

1.无需填写的题目和未填写题目不填;有用但记不清楚则填999(如22饲料题、34疫苗题)。

2.是否题均为0—1变量;顺序变量转换为1—3或1—5;多选题选了输入1,未选需输入0。

3.细节问题

【新问卷】

[10]若受访者回答10多年这种模糊的数字,将其录入为15年(取中间值),下同;养猪收入为负,则填入-1%。

[16]谁提供饲料就卖给谁的选生猪贩销户,卖给双汇的选屠宰场。

[22]①问题"其中多少饲料是采取赊账的形式"为:若农户仅有预混料赊账,则回答是预混料中有百分之几是采取赊账方式的;若农户玉米和预混料均赊账,并且赊账比例不一致,如玉米中赊20%,预混料赊60%,则取中间值35%。

②问题"赊欠账款的平均天数":若农户不记得具体多少天,而回答育肥猪出栏再还钱,则填写999。

③预混料价格若分为大猪/小猪,则取中间值。

[34]与多选题操作方式一致。

例如,对于"您是否满意办公大厅的服务"这个问题的回答,我们可以采用五级量表,即非常满意、比较满意、满意、不满意和非常不满意,将其转化为数字编码5、4、3、2、1以便于数据录入。对于多选题,由于选择数量不确定,我们会将所有选项转化为单独的一个变量,如果受访者选择了该题项,则将其录为"1";如果未勾选,则将其录为"0"。另外,还存在一些细节问题,例如针对问题"您养猪多少年了",受访者回答"养了十多年了"这种模糊的回答,我们可以取中位数来进行录入,几年就输入为 5 年,十多年就输入为 15 年。案例 5-4 就是一个用 Stata 进行问卷录入的命令示例。

案例 5-4

问卷录入的 Stata 命令——家庭年收入(单位/万元)

```
ren 您的家庭年收入万元 fam_income  //更改变量名
replace fam_income="999"  if fam_income=="不方便透露" | fam_income=="不详"  | fam_income=="保密"  | fam_income=="未统计过"  | fam_income=="记不清"
  //将受访者未提供明确回答的缺失变量值录入为"999"
replace fam_income="35"  if fam_income=="30－40"//将"30－40"取值为"35"
replace fam_income="17.5"  if fam_income=="15－20"//将"15－20"取值为"17.5"
replace fam_income="38"  if fam_income=="大概38万"//将"大概38万"取值为"38"
tab fam_income//显示变量值列表
```

以关于养猪户的收入调查为例,我们可能会询问一些受访者"您今年的养猪收入是多少",受访者可能会回答:"我今年养猪没赚钱,还赔了几万块钱。"这种情况下,针对变量"养猪收入占总收入的比例",我们可以统一将其录入为"－1％",表示该受访者今年养猪发生亏损了。另外,例如询问赊账天数的问题,如果农户不记得具体有多少天,也可以将其填写为"999",表示实际上受访者已经对该问题做了回答,但无法准确回答。因此,在

录入问卷时，必须设置清晰的编码和录入说明。此外，使用一些软件可以显著提高录入工作的效率。

5.3 清洗数据

5.3.1 清洗数据的内容

数据清洗（Data cleaning）是指发现并纠正数据文件中可识别错误的最后一道程序，包括检查数据的一致性，处理无效值和缺失值等。 数据清洗是一项重要的工作，因为在将数据录入数据库时，可能会出现各种错误，例如问卷录入的错误或受访者填写错误等等。因此，我们需要对所有的数据进行清理，然后再进行分析。需要特别注意的是，数据清洗通常是数据处理过程中耗时最多的步骤之一，同时也要求研究人员具备较强的逻辑能力。

在一致性检查中，我们需要根据变量的合理取值范围和相互关系，找出超出正常范围的、逻辑上不合理的或相互矛盾的数据。以某省保险人员职业伦理研究为例，当我们询问受访者"您销售保险多长时间了"，受访者回答"16 年"，但是我们发现这位受访者才 28 岁，如果他的回答属实，意味着他从 12 岁就开始卖保险了，这是不符合正常逻辑的。因此，我们可以通过这一逻辑矛盾排查问卷录入是否出错，或者受访者是否认真作答。

再举一个例子，我们向养猪户询问他们的养猪经验，受访者回答自己拥有 50 年的养猪经验，但其实他的年龄还不足 50 岁。这时我们就需要怀疑养猪经验或者年龄这两个变量中至少一个存在问题，我们需要思考为什么这两个数据会出现矛盾。

另外，如果收入这个变量出现负值——这实际上是可能的，即经营出现了亏损。但我们需要深入思考，如果确实存在亏损，那么亏损的金额是多少？在计算亏损时，是否充分考虑了人工成本和固定成本？因此，在遇到收入为负值的情况时，我们必须提高警惕，因为不同的受访者在回答时很可能存在数据口径差异，这也是一个非常重要的问题。

由于录入的误差等原因，数据中可能会存在一些无效值或缺失值，对于这些数据我们也需要进行处理。其中，数据插补是一种较为复杂的方法，主要应用于出现无效值，但无法通过回访获取数据的情况。特别是在大数据情况下，基本上不可能通过再次回访来获取原始数据。因此，我们可以采用数据插补技术，例如，使用平均值或相邻值来插补缺失的数据。然而，数据插补仅是从逻辑上认为插补的值可能接近真实值，其真实性仍然无从得知。如果没有其他可行的方法，我们只能将相应的样本删除。

对于删除变量值的数据处理方法，这意味着当我们使用其他变量时，该受访者的数据仍然可用，但在使用这个缺失变量时，该受访者的数据会被忽略。尤其需要注意的是，当缺失值不是以随机形式出现时，删除缺失值会导致样本偏差问题。例如，高收入群体更不愿意回答与收入相关的问题，导致这些问题出现缺失值。这样，有缺失值和无缺失值的样本之间实际上存在系统性差异。如果我们忽略此类样本选择性偏差，数据会出现低收入群体所占比例相对实际情况偏高的情况，相对应地，高收入群体所占比例会偏低。如果我们不了解高收入群体的实际情况，就很难进行全社会的描述性统计。

对于某些不完整的数据，我们可以通过跟踪调查对这些数据进行补充。例如，我们可以通过电话回访的方式获取这些缺失的数据。在问卷调查结束后，应该及时进行调查问卷的录入工作。如果发现了不完整的数据，可以立即打电话回访受访者，并填补数据，通过这种方式填补的数据是非常有效的。另外，我们还可以在次年的跟踪调查时补充数据。在第一年的调查结束后，第二年再次对同一受访者进行调查，可以附上一个小的问卷，说明第一年有哪些问题没有回答，然后再次追问，将前一年的缺失数据补充完整。另一种方法是通过前几年的问卷来填补数据。例如，如果某一年受访者没有回答自己的宗教信仰，但在其他几年的数据中都有宗教信仰的记录，那么可以认为这一年也有相同的宗教信仰。这也是一种对缺失变量进行填补的方法。

5.3.2 清洗数据的难点

清洗数据是问卷处理过程中，尤其是在定量研究中，工作量最大的任务之一，它的困难主要体现在以下几个方面。

第一，不同年份的数据编码需要匹配。因为每年问卷可能会有变化，变量的含义（口径）可能会发生改变，不能简单依靠编码，必须逐一对照问卷和已有的数据库。若数据口径不一致，就需要为其编制不同的编码，这样，在后续使用编码时才能确保准确无误。

第二，回答问题的对象可能不同，需要保证样本的一致性。例如，夫妻共同经营猪场的家庭，丈夫和妻子都可能会回答问题。首先我们需要判断他们是否属于同一户；若是同一户，但在不同年份可能分别是由丈夫或妻子回答问题的。例如，第一年是丈夫回答问题，第二年是妻子回答问题，这时我们要如何处理他们的人口学变量呢？如果我们要研究养猪户的受教育程度如何影响其疾病防控行为，就既需要控制丈夫的人口学变量，又要控制妻子的人口学变量。因此，如果有两个人作为负责人，并且这两个人在不同的年份都被访问到，我们通常会约定选择家庭养殖负责人中受教育程度较高的那个人，来解决这个问题，见案例 5-5。

> **案例 5-5**
>
> **在 Stata 中生成夫妻最高受教育程度的命令**
>
> gen max_edu＝max(h_edu,w_edu) //"max_edu"为"夫妻最高受教育程度","h_edu"为"丈夫的受教育程度","w_edu"为"妻子的受教育程度"
>
> tab max_edu //罗列"夫妻最高受教育程度"的频数分布表

第三,人工识别要与计算机自动识别互补。计算机能够指示哪个数字超过了标准、超出了限制,例如受访者一共出栏了100头生猪,但使用了1000头生猪的饲料,计算机会指出逻辑错误。这时,我们仍需要通过人工回访来进行更正和补充。这就要求研究人员要具备一定的计算机操作能力、逻辑能力以及耐心。

5.4 数据库备注

保险起见,最好将数据存储为两种或以上的形式,比如Excel 数据或者 Stata 的 dta 格式。在 Stata 数据库中,我们需要为变量添加标签,以便数据处理或与他人进行合作研究。特别是当我们与他人合作研究时,应让其他研究人员看到数据库的编码和备注时,立刻就能知道数据所代表的含义。在 Stata 中,有几个基本命令用于给数据库添加标签。

第一个命令是"label data",它用于标记数据文件。例如,我们想要为某省保险人员职业伦理数据文件添加标签,可以在Stata 的命令窗口输入以下命令:

label data"某省保险人员职业伦理数据库"

这样就为该数据库添加了一个名为"某省保险人员职业伦理数据库"的标签。

我们也会使用"note"标记文件处理过程中的备注和说明,例如,输入"note 某省保险人员职业伦理数据"的命令,就可以给数据库加上备注。当我们使用数据时,只要再次键入"note"这个命令,就可以把这个数据库的备注信息显示出来。

数据清理中最重要的一个命令就是给变量加标签,通常使用"label var"命令。我们通常需要为数据库中的所有变量添加标签,以便于使用。例如变量名为"edu",代表受教育程度,我们可以使用命令"label var edu 受教育程度"为该变量添加标签。同样,如果想将"age"标记为"年龄",也可以使用"label var age 年龄"命令为该变量添加标签。

如果我们想查询已标记的标签信息,还可以使用另外一个命令 "label dir"。输入该命令后,所有已加标签的变量名将会被显示出来。

在 Stata 中,当我们想要删除变量的标签时,通常会使用"label drop"命令,后面加上要删除标签的变量名字。例如"label drop A003"命令将删除"A003"变量的标签。这里只是简单介绍了 Stata 中关于数据库加标签的操作,如果有需要,可以自行学习,本书不再详述。

5.5 扫描原始问卷并装订

问卷录入完成后,需要按照问卷编码对问卷进行分类并排序,以区分不同的县、不同的乡镇,然后再逐一进行扫描,从而生成原始问卷的电子档案,为后续查阅原始档案提供便利。这一步骤非常重要,因为在后期的数据处理过程中,可能会遇到某个变量或某个样本很难理解的情况。此时,我们需要查阅原始档案,了解受访者的实际回答情况,确认是否在录入或其他环节出现了错误。

纸质问卷的扫描工作量相当繁重,因此通常的工作流程是在完成调查后,将问卷录入,并在装订之前直接扫描成电子版。这个过程相对比较简便,因为现代扫描仪多数支持将纸质问卷全部扫描转换成电子版。有些时候问卷边缘可能出现毛边等问题,我们会先将边缘裁剪并修整,以保证问卷边缘整齐,然后再通过扫描仪进行扫描。

在进行问卷扫描之前,我们通常会将问卷编号写在问卷上面,例如第一张问卷,问卷编号就是1。接下来,我们会写上乡镇名和村名,然后在下面填写上问卷的主要内容,对于一些隐私性的问题,我们会进行覆盖处理。通过这种方式,当我们需要查找某一个农户的原始信息时,只需打开扫描的问卷,便可以迅速地找到所需的信息,这是一种非常便捷的方法。因此,虽然扫描的过程可能需要一些时间,但这个步骤是十分必要的。

问卷扫描完成后,我们会对其进行装订。即使已经生成了原始问卷的扫描件,我们仍会对原始问卷进行装订,并妥善保存在仓库中。在装订原始问卷时,第一步要裁剪问卷的边缘,然后为每份问卷添加封皮,并在上面注明调查年份和地区,同时标记问卷编号的范围。

▶ 小练习

一、简答题:

1.为什么要及时整理调查问卷?

2.如何进行数据清洗?

3.问卷录入有哪些步骤?

二、判断题:

1.问卷量较大时,可以使用 EpiData 软件进行录入。(　　)

2.问卷录入最好在调研结束两周内进行。(　　)

3.数据清洗包括检查数据一致性、处理无效值和缺失值等。

(　　)

4.为了方便问卷录入,每一个变量都要有不同的编码,每一年相同变量的编码必须一致。　　　　　　　　　　　　　（　　）

5.为了保险起见,数据库最好能够保存为两种以上的形式。

（　　）

三、单选题:

1.问卷数量较多时,我们可以使用（　　　　）软件录入问卷,并直接导出数据库。

A. Excel　　　　B. Word　　　　C. Stata　　　　D. EpiData

四、多选题:

1.以下说法中,正确的是（　　　　）。

A.描述统计可以为我们提供大量的基础信息

B.参数估计主要包括点估计和区间估计

C.数据清洗包括检查数据一致性、处理无效值和缺失值等

D.问卷录入最好在调研结束两周内尽快进行

2.清洗数据是发现并纠正数据文件中可识别错误的最后一道程序,包括（　　　　）。

A.问卷扫描归档　　　　　　　B.检查数据的一致性

C.处理无效值　　　　　　　　D.处理缺失值

3.描述统计一般包括（　　　　）等指标,可以为我们提供大量基础信息。

A.均值　　　　B.标准差　　　　C.极值　　　　D.置信区间

参考文献

[1] 陈强.高级计量经济学及 Stata 应用[Z].北京:高等教育出版社,2014.

[2] 贾俊平,何晓群,金勇进.统计学[M].9 版.北京:中国人民大学出版社,2021.

[3] 谢宇.回归分析[M].北京:社会科学文献出版社,2013.

6

抽　样

关键术语

总体参数(Population parameter):描述总体特征的未知的概括性数字度量,是研究者想要了解的总体的某种特征值,一般从样本数据得出总体参数的过程分为"估计"和"假设检验"两个阶段(谢宇,2012;贾俊平等,2021)。

样本统计量(Sample statistic):用来描述样本特征的概括性数字度量,它是根据样本数据计算出来的一些值,例如样本均值、中位数、众数等,是样本的函数(谢宇,2012;贾俊平等,2021)。

误差(Error):泛指实测值与真实值之差,按照产生原因和性质可分为随机误差与非随机误差两大类(贾俊平等,2021)。

抽样单位(Sampling unit):在一些抽样阶段所要考虑的要素或者某组要素(Babbie,2020)。

抽样权重(Sampling weight):即在抽样研究中,样本中各个研究对象在总体中的重要程度,或样本中每个研究对象所能代表的总体中的个体数目(Pfeffermann,1996)。

抽样误差(Sampling error):由抽样的随机性引起的样本结果与总体真值之间的差异(贾俊平等,2021)。

非抽样误差(Non－sampling error):相对抽样误差而言的,除抽样误差之外,由其他原因引起的样本观测结果与总体真值之间的差异(贾俊平等,2021)。

随机误差（Random error）：又称组内差异，是一类不恒定、随机变化的误差，由多种尚无法控制的因素引起（谢宇，2012；罗胜强和姜嬿，2014）。

系统误差（Systematic error）：在研究过程中产生的误差，它的值或恒定不变，或遵循一定的变化规律，其产生的原因往往是可知的或可掌握的（罗胜强和姜嬿，2014）。

人口普查（Census）：对一个国家的所有居民进行数据统计的过程。人口普查以自然人为对象，主要普查人口和住房以及与之相关的重要事项（谢宇，2013）。

频率（Relative frequency）：在重复多次实验后，出现某一结果的次数与总次数的比例，是落在某一特定类别或组中数据的个数（贾俊平等，2021）。

概率（Probability）：描述随机事件发生可能性大小的一个度量（贾俊平等，2021），是一个介于 0 与 1 之间的实数（谢宇，2013）。

随机事件（Random event）：在同一组条件下，每次试验可能出现也可能不出现的事件（贾俊平等，2021）。

整群抽样（Cluster sampling）：是将总体按照某种标准划分为一些子群，每个子群为一个抽样单位，用随机的方法从中抽若干子群，将抽出的子群中所有个体合起来作为总体样本（谢宇，2012）。

估计量（Etimator）：用来估计总体参数的统计量，根据具体样本计算出来的估计量的数值被称为估计值（Estimated value）（贾俊平等，2021）。

置信区间（Confidence interval）：一个概率样本的置信区间是对这个样本的某个总体参数的区间估计（谢宇，2013）。

变异性（Variability）：指事物的属性或能力的变化或差异。社会科学中，变异性往往是指研究对象间由于测量造成的或本身就存在的质或量上的差异（谢宇，2013）。

6.1 抽样的重要性

抽样调查是一种调查方法,它将调查对象编织成抽样框,并按照一定的规则从中抽取一部分单位作为样本,通过对样本调查的结果来推断调查对象总体的特征。在问卷调查中,抽样方法非常重要。**抽样是判断问卷调查科学性的重要出发点**,如果抽样存在问题,无论通过哪种调查方式,其有效性都会大大降低。即使问卷设计得非常好,但如果抽样出现问题,数据结果必定会受到影响。

举一个简单的例子。常有报告称,某年高一学生的平均身高约为 1.70 米,或者某年机械行业职工的月平均工资约为 6000 元。当提及这些数据时,他人可能会询问数据的来源。我们可以回答这些数据是通过调查得到的,然而调查数据的准确性在很大程度上取决于如何选择调查对象。因此,当调查报告结果与实际情况存在偏差时,很有可能是抽样过程出现了问题。

再举一个常见的例子:民众对转基因的态度。我们知道,一些民众对转基因持怀疑态度,而另一些民众则持肯定态度。然而,如果我们想了解民众对转基因的态度的影响因素,持怀疑态度的民众所占的比例等信息时,我们可以通过问卷调查来获取相关信息。

如果我们只调查支持转基因技术和产品的人,那么得出的结论将是民众对转基因持肯定态度。反之,如果我们只调查反对转基因的人,那么得出的结论将是民众对转基因持抵制态度。因此,抽样方法至关重要。通过不科学的抽样,可以得出任意想要的结论。因此,数据有可能会误导读者,而数据"骗人"的一个重要原因就是抽样方法的不科学。

因此,当我们获取某项调查的结果时,不能仅仅关注数据分析的结果,也要关注调查的抽样方法是否科学可靠。抽样是问卷调查中非常重要的一个环节。

6.2 基本概念介绍

问卷调查中经常涉及一些基本概念,例如总体、抽样框和抽样单位等。理解这些基本概念有助于我们遵循科学原则进行抽样,以提高抽样的准确性。下面将介绍一些与抽样调查相关的重要基本概念。

6.2.1 总体和总体单位

总体(Population)是指包含所有研究的全部个体或数据的集合,通常由所研究的一些个体组成(谢宇,2013;贾俊平等,2021)。举个例子,如果我们要调查全国大学生的身高,那么全国的大学生就是我们的总体。组成总体的每一个元素称为个体,例如,在由多个企业构成的总体中,每个企业都被视为一个个体;在由多个居民户构成的总体中,每个居民户就是一个个体;在由多人构成的总体中,每个人都是一个个体。另一个重要的概念就是总体单位。总体单位就是构成总体的个别单位,例如在由企业构成的总体中,总体单位就是企业;由居民构成的总体中,总体单位就是居民(见图 6-1)。

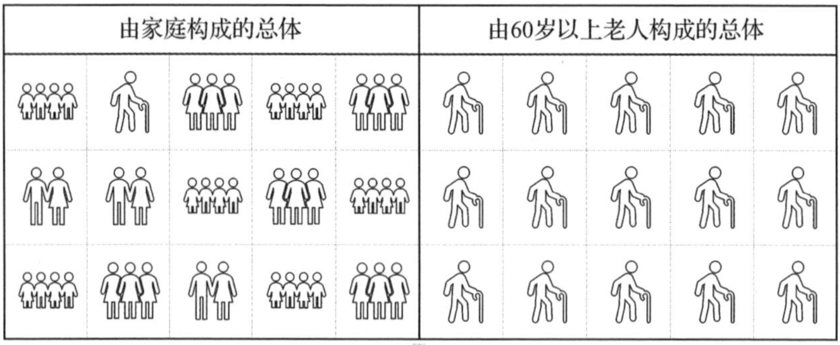

图 6-1　总体概念示意

总体至少包括三个特点:同质性、大量性和变异性。

首先,同质性是指总体中的样本必须具有共同属性。例如,在研究 Z 大学的学生时,样本应当是具有 Z 大学学籍或从 Z 大学毕业的学生,这是所有 Z 大学的学生的共同属性,体现了同质性的特点。

其次,大量性意味着构成总体的样本数量必须足够多。如果样本量很小,只有 3~5 个样本时,我们可以通过访谈直接获取所需信息。但是通过访谈难以获取总体特征,与访谈不同,问卷调查主要用于研究大量样本。问卷调查的科学性体现在其能够针对大量样本进行研究。

最后,变异性指的是总体中各单位之间必须存在差异。个体间的差异会影响我们关注的因变量。举个例子,在研究哪些学生更容易考试作弊的问题时,尽管学生之间具有较强的同质性,但个体之间也存在显著差异。例如,某些学生具有较强的风险态度,更可能选择作弊,这意味着风险态度可能是影响学生作弊的主要差异因素。但是,如果我们选择的样本都是大学一年级的学生,样本之间的年龄变异性非常小。由于样本中不包含明显的年龄差异,因此很难推测年龄是否显著影响学生作弊。

在进行抽样时,我们需要注意几个重要的问题。

首先,样本必须来自总体。即所抽取的样本必须是从总体中获取的。举个例子,如果我们想调查 A 大学的学生,但有一个样本是 B 大学的学生,那么我们的抽样就存在问题。

其次,总体必须包含大量的样本。例如,如果我们要调查一个村庄,该村庄有 1000 人口,平均每户有 3~4 口人,那么该村庄的总体就有 3000~4000 人。只有当总体中包括大量的样本时,我们才可以通过随机抽样的方式选取一部分样本代表总体。

最后,必须使用科学的抽样方法,这样获得的样本才可以反映出总体的特征。

以农村调查为例,村庄的户籍老年人口和常住老年人口是两个不同的总体。需要注意的是,农村中存在大量的外来人口,这些人口并没有在该村庄注册户籍。因此,在抽样时,我们不能将户籍人口中的老年人作为代表该村庄老年人口的总体,否则会产生偏差。这是农村调查中常见的一个问题。

另一个例子是关于农民工的问卷调查。农民工的总体很难获取,因此难以通过总体抽样方法进行农民工的问卷调查。如果我们以某个工地作为抽样框,并对该工地上的农民工进行编号,那么我们只能研究该工地上的农民工,并不能以此代表整体农民工群体的特征。因此,对农民工进行随机抽样调查也是一项非常具有挑战性的工作。

6.2.2　抽样框

抽样框(Sampling frame)又称为抽样框架、抽样结构,指的是列出的总体单位的名册或排序编号,以确定抽样的范围和结构。设计出抽样框后,就可以通过抽签或者随机数的方法来抽选必要的单位。如果没有抽样框,就无法计算样本单位的概率,因此无法进行概率抽样。

举个例子:如果我们想评估 Z 大学本科生的数学水平,需要注意的是,我们所关注的是 Z 大学本科生,而非 Z 大学所有的学生。我们的讨论对象是 Z 大学本科生的数学平均成绩。在此情况下,我们的抽样框是 Z 大学所有的本科生,不包括研究生。每年,Z 大学大约招收 5000 名本科生,假设本科生的学制为 4 年,那么 Z 大学的本科生总数约为 2 万人,这 2 万人即为我们的抽样框。

如图 6-2 所示,大家会看到有白色的和灰色的人群。可以将之理解为整个 Z 省的人群,其中,灰色的人群可以理解为 Z 省的所有大学生,而中间方框则代表 Z 大学的本科生群体。如果我们想了解 Z 大学本科生的数学水平,则这个方框就是抽样框,抽样框内的人群即我们研究的总体。

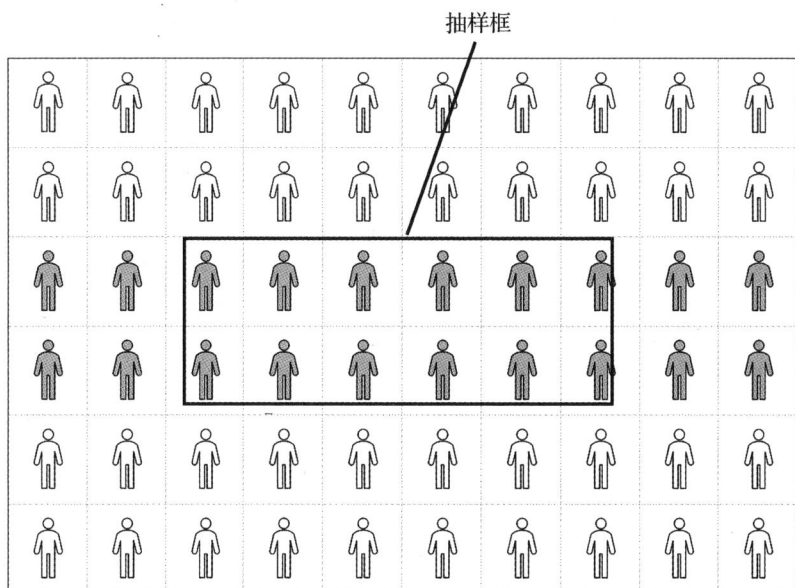

图 6-2　抽样框概念示意

　　如果我们进行随机抽样,选取了四名学生,那么这四名学生可以代表抽样框中大学生的数学平均水平。这四名学生是如何被选出来的呢? 我们需要遵循一个简单的原则,即每个人被选中的概率是相同的。只要满足这个条件,无论我们选中的是哪四名学生,都能反映出总体的特征和性质。抽样框的概念非常重要。一般而言,在进行问卷调查时,首先要确定一个完备的抽样框。其关键在于,要找到一种抽样途径,使得总体中的所有个体被抽中的概率都相等。

　　简而言之,抽样框实际上对应的是总体,我们将总体进行编号,再从抽样框中抽取所需的样本,但是,这个过程中会出现一些误差。首先,抽样框本身的不准确性可能导致误差。假如我们想研究某地居民的消费行为,但是我们无法获取当地居民完整的总体信息。因此,使用电话号码作为抽样框并不准确,因为并非所有人都有电话号码,我们只能抽取拥有电话号码的居民作为样本。其次,以农村居民调查为例,并非所有在某个村庄居住的农民都有当地的户籍。如果以户籍名单作为抽样框,同样会出现类似的错误,即抽样框无法代表该村庄内农村居民的总体。这是一个非常复杂的问题,需要加以注意。

抽样框可能以各种形式出现。例如,名单形式的抽样框可以通过列出 60 岁以上老年人的名单以调查某个乡村中 60 岁以上老年人的消费习惯;地图形式的抽样框可以将某个小区的所有住房在地图上标示出来,通过与中心的距离来抽取不同居民的住房;抽样框还可以是数据包或其他形式。无论抽样框采用何种形式,研究人员在抽样后都必须能够根据抽样框找到具体的抽样单元。

6.2.3 抽样单元

抽样框与抽样单元是抽样的一对基本概念,抽样框指的是与实际总体中的每个单元存在确定的对应关系的映射,通过这种对应关系可以找到实际总体中特定的一个或多个单元。而抽样单元则是构成映射总体的单元(见图 6-3)。

抽样单元既指构成抽样框的目录,也指该目录所对应的实际总体中特定的一个或多个单元。抽样单元并不一定是构成总体的最小单位。举个例子,某项研究需要调查某个城市的家庭购买力情况,以城市的户籍登记册或住房登记信息作为抽样框。随机抽取一定数量的家庭作为样本,我们可以通过调查这些家庭的收入、消费习惯等信息来推断整个城市的家庭购买力状况。那么,该研究的抽样单元就是家庭,即以家庭作为独立的抽样单元进行抽样和数据收集。此时,抽样单元就是这项研究的最小单位。再举个例子,在简单随机抽样中,我们抽取了一位农户作为样本,这个农户既是基本单元,也是研究的最小单位。然而,如果采用整群抽样的方法,抽样在一个县内有 500 个行政村和 1000 个自然村,我们从 1000 个自然村中随机抽取一个村庄,并对该村庄内的所有农户进行调查,此时这个村庄是我们的抽样单元,而不是研究的最小单位——农户。

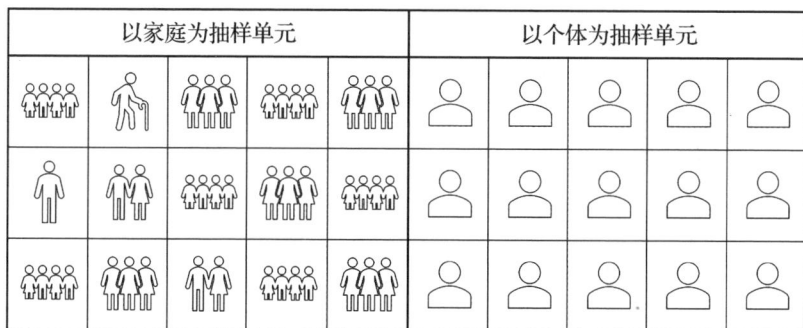

图 6-3　抽样单元概念示意

6.2.4　普遍调查

抽样调查实际上是普遍调查和典型调查在逻辑上的补充和发展。普遍调查是指对总体中的所有个体进行调查。例如,我们想研究 Z 大学本科生的数学水平,如果使用普遍调查,则是对全部 2 万名本科生进行一次数学测试,并以学生的平均成绩来反映 Z 大学本科生的数学水平。然而,普遍调查需要调查 2 万人,安排一次考试,耗费时间和资源较多。调研成本包括了直接支付给受访者和调查员的费用,以及时间成本,全样本调查的成本非常高。因此,普遍调查通常会应用于人口普查 (census)等全样本,一般的学术研究、商业调查或社会调查中很少使用。

6.2.5　典型调查

通常情况下,典型调查是应用更为广泛的调查方式,**即选择具有代表性的案例进行调查**。例如,在《江村经济》[7]一书中,著名社会学家费孝通教授选择了苏州市吴江县的开弦弓村进行典型调查,从中发现了一些现象和规律,并将其写入了自己的博士论文。这个研究成果被当时的国际社会用来推断中国农业经济或农村经济的特点。因此,在进行典型调查时,我们首先需要思考所调查的典型案例是否能反映总体中的其他个体的情况。换言之,在进行典型调查时,首先要考虑选取的调查对象是否具有代表性,但我们并不一定能关注到其普遍性,即典型个体在整体中所占的比例。

在进行典型调查时,需要通过随机抽样抽取一部分个体进行重点分析,这部分个体需要具有总体特征。例如,在 Z 大学的 2 万名本科生中,可以抽取 200 人进行调查,并用这 200 人的数学水平反映整个 Z 大学本科生的数学水平。那么为什么只调查 200 人呢? 实际上,随着调查样本量的增加,最终得出的结果将更接近总体的真实情况。在这个意义上,样本量越大,与总体的接近程度就越高。确定适当的样本量也是一个重要问题,这涉及样本的解释力度。

然而,即使样本量很大,如果抽样调查不按照科学合理的方式进行,得出的结论也不一定客观可靠。抽样调查实际上是从总体中抽取一部分个体进行调查,以代表总体的特征,也是一种典型调查。与深度访谈不同,深度访谈的"典型对象"是能够帮助研究人员发现问题的"典型";抽样调查的"典型案例"是相对于总体而言的典型,是指能够反映总体特征的典型。

6.3 抽样的过程

抽样通常分为五个过程。

第一步,界定总体范围。在进行抽样之前,必须明确我们所研究的总体范围,即明确总体是什么,以及从总体中抽取样本的范围和界限。

第二步,制定抽样框。抽样框的制定是指依据已经明确界定的总体范围,收集总体中所有抽样单位的名单,并对名单进行统一编号,以建立供抽样使用的抽样框。与理论上的总体相比,抽样框强调了总体的可获得性和可操作性。例如,我们想研究某县所有农民的行为,该县所有农民就是我们研究的总体。然后,我们需要编制一个包含该县所有农民的名单,这个名单就是我们的抽样框。确定了总体和抽样框后,下一步就是确定抽样方案。

第三步,确定抽样方案。抽样方案的选择通常取决于我们的研究目的。例如,我们可能更希望针对大农户进行研究,或可能更关注种蔬菜的农户或种小麦的农户等。此时,我们对抽样方案的选择就会有所不同。如果我们希望以相同的重要性对每个研究对象进行抽样,则可以使用简单随机抽样。但是当我们的研究比较关注某一特定类型的农户时,就要采取分层抽样(stratified sampling)或者其他的抽样方法。选取合理的抽样方案能够有效控制抽样成本并提高样本质量。科学地设计抽样方案,可以达到事半功倍的效果。

第四步,实际抽取样本。实际抽取样本的工作就是在前面三个步骤的基础上,严格按照所选定的抽样方案,从抽样框中选取抽样单位构成样本。

第五步,评估样本质量。评估样本是对样本的质量、代表性和偏差等进行初步衡量和检验,其目的主要是防止样本偏差过大而导致的误差。

6.4 抽样设计类型

6.4.1 简单随机抽样

简单随机抽样(simple random sampling)是一种典型的概率抽样方法。在这种概率抽样中,总体中的每个个体分别用一个数字来代替,从而生成一个随机数字表。在样本的选择过程中,可以直接选取这些数字所对应的个体作为样本(Babbie,2020)。

如果我们希望在 2 万名学生中随机抽取 200 名学生作为样本,我们可以为这 2 万名学生分别进行编号,从 1 编到 20000。随后,可以利用计算机生成在 1～20000 之间的随机数,选取对应的 200 个随机数的个体即为我们需要的随机抽样的样本。

简单随机抽样首先需要一个带有编号的总体清单,其中每个个体只出现一次。以调查 Z 大学学生的平均数学水平为例,我们可以按照每位学生的学号对所有学生进行编码。由于每位学生只有一个学号,因此每位学生只会在总体清单中出现一次。接下来,我们将学生按照学号从 1～20000 进行排序,然后利用计算机生成一系列随机数。例如,计算机生成了 100 个随机数,这100 个随机生成的学号对应的学生列表即为抽样名单。

简单随机抽样的逻辑非常简单,但其应用范围非常广泛且具有稳健性。例如,我们可以使用简单随机抽样从包含 8500 人的名单中抽取 100 人。与前面的例子类似,我们首先需要给名单从 1 到 8500 编号。然后,使用计算机生成 100 个 1～8500 之间的随机数,如 5943、7092、3405、1414 等。这些随机数就是名单的编号,其对应的名单就是被抽中的样本。

随机数生成的方法有很多种,抽签就是其中的一种。如果我们要调查一个班级的学生,该班级共有 50 名学生,假设只需要调查 5 个人,那么我们可以准备 50 张小纸条,并在其中的 5 张纸条上做好指定标记。然后让每位学生抽取一张纸条,抽中带有标记的纸条的学生成为被调查对象。我们还可以使用掷骰子的方式进行随机抽样,设定当骰子出现数字 5 时对应的个体将作为被调查对象。可以由调研员或潜在的被调查者掷骰子,当出现数字 5 时,产生被调查对象。在风险态度实验中(这个实验有可能让受访者获得 860 元的收益),由于资金限制,我们有时候会在受访者完成问卷后,利用掷骰子的方式决定他们是否进行风险态度实验。由于骰子有 6 个面,每个人掷骰子出现 5 的概率都是 1/6,由于这种方法可以使实验获得的风险态度数据能够代表受访者群体的特征。需要注意的是,每个受访者只能掷一次骰子,如果一个人掷 2~3 次,出现数字 5 的概率会明显增加。当然,我们还可以使用随机数表或 Excel 函数等方式生成随机数。

以下是一个实际案例。我们曾经在 Z 省的一个县级市进行过一项规模庞大的农户养猪问题调查。该县有 10003 位养猪户,我们希望从中抽取一部分农户来研究他们的生产行为,例如非洲猪瘟对农户生产的影响以及农户的抗风险能力等等。我们的第一项工作是对该县的所有养猪户进行普查,统计单位为乡镇。普查结果显示,截至 2009 年,该县共有 10003 位养猪户,包括年出栏量超过 1 万头的养猪户和仅喂养 1 头猪的养猪户。巧合的是,10003 恰好能被 7 整除。

接下来,我们可以采用两种方法进行随机抽样。第一种方法是将 10003 除以 7 得到 1429 户。我们可以使用计算机在 1~10003 的范围内生成 1429 个随机数,对应的农户编号即为我们的调查对象,即采用简单随机抽样方法。然而,由于我们对农户的生产规模与生产行为之间的关系非常关注。为了更好地满足研究需求,我们进行了微调,采用了第二种方法,即分层抽样方法。

首先,我们根据规模对 10003 位养猪户进行排序,将规模最大的养猪户放在最前面。然后,将农户分为 1429 组,每组包含 7 个农户。在每组内,我们在 1~7 之间生成一个随机数。例如,在第 1 组中,随机数为 3,就选择第 3 个农户作为样本;在第 2 组中,随机数为 4,就选择第 4 个农户作为样本;在第 3 组中,随机数为 1,就选择第 1 个农户作为样本。通过这种方法,我们选取了 1429 个农户作为调查对象,他们的生产特征可以代表全县养猪户的生产特征。

因此,抽样方法不一定需要非常复杂,应根据所研究的问题,灵活选择适当的方法。

6.4.2 分层抽样

1.分层抽样的概念

分层抽样是将抽样单位根据某种特征或规则划分为不同的层级,然后从不同层级中独立、随机地抽取样本(贾俊平等,2021)。**通过将各层样本结合起来,研究者可以对总体的目标量进行估计**(见图 6-4)。

举一个例子,假设我们要研究中国的少数民族问题,其中有一个少数民族的人口只有几万人,而全中国大约有 13 亿人。如果我们采用简单随机抽样方法从 13 亿人中抽取样本,那么抽到这个少数民族的概率将非常低。为了解决这个问题,我们可以采用分层抽样方法,对这个少数民族进行加大抽样概率的处理。然而,需要注意的是,该少数民族中的每个个体被抽到的概率仍然是相等的,只是在整体抽样中对该少数民族的抽样概率进行了调整,使得抽中这个少数民族的概率增大。

分层抽样法也被称为类型抽样法,指将总体划分为不同子总体或"层",再按规定的比例从不同子总体或"层"中随机抽取

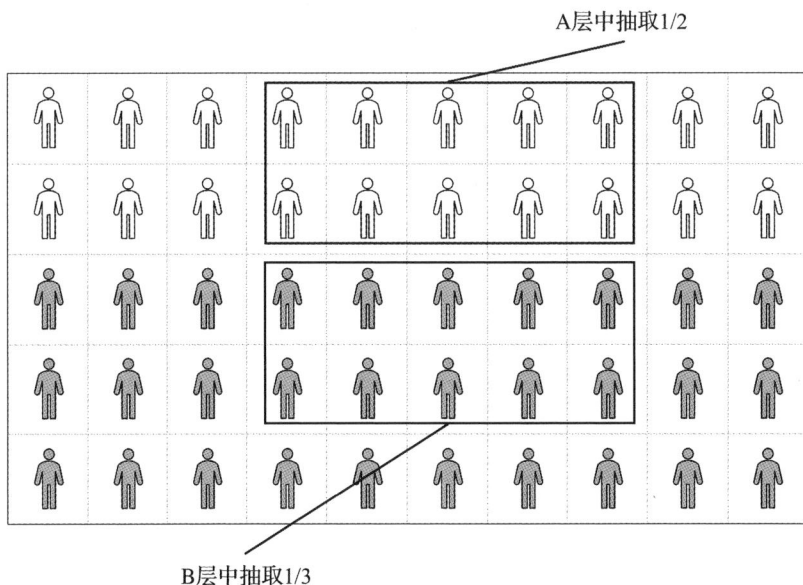

图 6-4　分层抽样概念示意图

样本的方法。分层抽样方法主要适用于总体情况复杂、各个子总体之间存在较大差异的情况。

相较于简单随机抽样,分层抽样更具代表性。以关于土地流转的调查为例,研究人员可能会更加关注大农户的土地流转情况,因为大农户往往拥有更大的土地面积。尽管我们也关注小农户,但在这个问题中,小农户并不像大农户那么重要。另外,我们希望观察到大农户和小农户之间的差异,但是大农户的数量相对较少,而小农户的数量则相对较多。此时,一个直接的想法就是在大农户中多抽取一些样本,在小农户中少抽取一些样本。

所以,分层抽样通常是根据研究需要先对抽样框内的总体进行分组,再进行抽样的。例如,可以按照性别、民族、户籍等因素进行分组。以关于土地流转问题的研究为例,我们可以根据土地规模从大到小对所有农户进行排列,然后每隔 10 个农户中抽取 1 个农户作为样本,这样,样本中大农户和小农户的比例就不会出现极端的情况（所有的样本都是小农户，或者小农户占绝大多数）。因此，在这个例子中，分层抽样比简单随机抽样更符合我们的研究目的。

再举个例子，如果我们想了解个体的研究能力是否存在性别差异，那么这个研究的目标将侧重于性别。这时，我们可以依据性别将抽样框中的个体进行分组，再分别对男性和女性进行抽样。同样的思路也适用于侧重于不同民族的异质性的研究。由于中国人口中绝大部分是汉族，少数民族的比例非常低，如果在抽样时使用相同的比例来抽取少数民族和汉族，那么人口较少的少数民族被抽到的概率将非常低。因此，在整体抽样方案中，我们很难全面了解少数民族的特点。这时，使用分层抽样方法能更好地满足我们的研究目标。

2.分层抽样的步骤

分层抽样大体上可分为两个步骤：**首先，根据主要特征将总体的各个单位进行分组；然后，在分组的基础上，确定要抽取的单位。**简而言之，第一步是科学分组，第二步是随机抽样。

关于科学分组，如果我们的研究所关注的重点是农户的生产规模，那么科学分组就应该是把农户分成大农户和小农户，而不是分成种蔬菜的农户、种水稻的农户和养猪的农户。然而，当我们更关注农户在不同生产品种上的差异时，我们应该选择第二种分组方式。因此，在进行科学分组之前需要明确分组依据，确保分组方式与我们所进行的研究相关。

以主要特征作为分组依据进行分组之后，下一步就是进行随机抽样。随机抽样首先要确定样本的大小，再确定是等概率抽样还是非等概率抽样方法。

等概率抽样是指在抽样过程中，各个分层或子群体中的抽样比例相等。举个例子，如果我们将所有农户分成大户和小户，对于大户，每三个农户抽一个样本；对于小户，同样也是每三个农户抽一个样本。当各个分层中的抽样比例相同时,我们称之为等概率抽样。否则,称为不等概率抽样。在某些情况下,不等概率抽样的方式应用十分广泛。例如,如果我们想调查汉族和少数民族的生活习惯差异,采用等概率抽样可能很难获取足够数量的少数民族样本。而采用不等概率抽样,对于汉族采取每1万人抽取一个样本的方式,对于少数民族则采取每100人抽取一个样本的方式。这样,就可以确保在少数民族群体中抽取足够的样本以反映其基本特征。因此,等概率抽样和不等概率抽样适用于不同的研究,具体取决于我们的研究目标和样本数量。

总而言之,等概率抽样是指对各个分层一律使用相同的抽样比例,不等概率抽样则意味着如果某一分层样本较少但重要性较高,那么可以增加该分层的抽样权重。其中涉及一个新的术语,即抽样权重。抽样权重是指在抽样研究中,样本中各个研究对象在总体中的重要程度,或样本中每个研究对象所能代表的总体中的个体数目(Pfeffermann,1996)。这样的解释可能较为抽象,下面将通过一个分层抽样的案例进行说明。

案例 6-1 中,我们试图评估某县的平均年出栏生猪量。

案例 6-1

某县的样本平均年出栏生猪量

- 大农户 300 户(年出栏生猪 100 头及以上),小农户 2000 户(年出栏生猪 99 头及以下)。

- 对于某研究而言,不同规模养殖户的行为比较重要。

- 因此,抽样采取大农户 3∶1 抽样(100 户),小农户采取 10∶1 抽样(200 户)。

- 问题:如果大户的平均年出栏量是 500 头生猪,小农户的平均年出栏量为 30 头生猪。样本平均年出栏生猪为多少?

这个问题看似简单,实则非常重要。首先展示第一种算法:

[500(大农户的平均年出栏量)×100(大农户的样本量)+30(小农户的平均年出栏量)×200(小农户的样本量)]/(100+200)=186.67 头

这样算出来的样本平均值的结果是 186.67 头。大家想想看,这种算法哪里出问题了?

接下来是第二种算法:

[500×3(权重)+30×10(权重)]/(10+3)=138.46 头

因为大农户是按照 3∶1 抽样,所以样本中的一个大农户代表了总体中的三个大农户。同样,小农户是按照 10∶1 抽样的,所以样本中的一个小农户代表了总体中的 10 个小农户。所以我们可以用样本中大农户的平均年出栏量 500 乘以大农户的抽样权重——3,再加上样本中小农户的平均年出栏量 30 乘以小农户的抽样权重——10,之后再除以权重之和,也就是 10 加 3,在这种情况下我们得到的平均年出栏生猪为 138.46 头。

需要注意的是,在使用计算机进行描述性统计时,如果不设置权重,计算机会默认为等概率抽样,这样得出的结果是按照第一种算法的 186.67 头,这个数字就非常值得怀疑。实际上,在很多统计软件中,我们都可以找到专门的权重设置选项,通过设置权重,可以使统计量更好地反映样本的整体情况。

因此,在非等概率抽样的情况下,进行描述统计或计算均值时必须考虑权重的影响。此外,一些研究人员在进行调查时声称采用了随机抽样,但实际上采用的是方便抽样,这样得到的统计量(例如均值、中位数、众数等)也无法准确反映总体的特征。

6.4.3 系统抽样

1. 系统抽样的概念

系统抽样(systematic sampling)又叫作等距抽样或机械抽

样,是随机抽样中的一种(谢宇,2012)。**它将总体中的所有单位(抽样单位)按一定的顺序排列,然后在规定范围内随机抽取一个单位作为初始单位,再依据预先确定的规则选取其他样本单位。系统抽样关键在于依据一定的抽样距离,从总体中抽取样本**(贾俊平等,2021)。例如,若要用系统抽样的方法从大小为 N 的总体中抽取样本容量为 n 的样本,则需要将总体划分为若干个均衡部分,然后按照预先规定的规则从每个部分中抽取一个个体,以得到所需的样本。

如果我们希望研究超市购物者对转基因食品的态度,那么应该如何确定抽样框并解决随机抽样问题呢?首先,一天中的任何时刻都可能有人到超市购物,但我们并不清楚具体是哪些人来购物,即很难明确总体人群是什么。其次,上午去超市购物的人与下午去的人有所不同。例如,在早晨的购物者大部分是老年人,而在下午五六点钟,大部分购物者是下班后的年轻人。因此,如果只对上午的购物者进行抽样或只对下午的购物者进行抽样,都会引入偏差,即使成功获取足够数量的样本,也无法实现随机抽样。

我们可以采用以下方法来考虑这个问题。

首先,我们可以通过预调查来了解超市在周一到周日每天的顾客人数。需要注意的是,每天进出超市的顾客也是异质的,我们可以从周一到周日每天都进行抽样,以获得最佳样本。然而,这样的方法会使问题变得更复杂。因此,可以暂且假设每天进出超市的顾客是相似的。例如,在预调查中我们发现某超市每天平均有 8500 个顾客,那么抽样框就是这 8500 名顾客。如果我们从这个抽样框中的每 85 名顾客中抽选一名进行调查,那么我们可以抽取 100 名顾客来反映超市购物者的总体特征,这是我们的理论设想。然而,实际情况比设想得更加复杂,因为需要考虑到拒访率的问题。不同顾客之间具有异质性,对问卷调查的态度也有所不同,例如,年轻人下班后购物时间紧张,可能不太愿意接受问卷调查。此外,时间成本也会影响拒访率,不同收入水平的顾客的时间成本是不同的。收入较高的顾客时间成本较高,可能更不愿意接受问卷调查,拒访率更高,这意味着我们的受访者很可能更多地代表低收入群体。

需要注意的是,如果采用方便抽样或者其他非随机抽样方法,自行决定哪些人进入样本,那么受访者很难代表超市购物者的总体特征,进行描述统计时可能会存在较大的偏差。但是,在进行回归分析时,我们仍然可以利用这些数据来探究某一变量对另一变量的影响,例如受教育程度对个体对转基因食品态度的影响。

2.系统抽样的步骤

第一步,编号。先将总体的 n 个个体进行编号,可以利用个体自身附带的号码,如学号、门牌号等。但是,即使在已有学号的情况下,还是可以重新设置一个编号,以便后续的处理。例如,欲了解某个班级学生的生活费水平,该班级共 30 人,要对该班级的学生做系统抽样,首先对每个学生进行编号,如图 6-5所示。

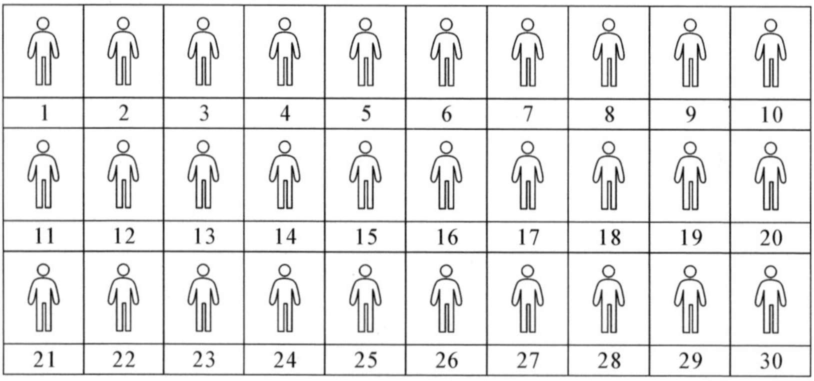

1	2	3	4	5	6	7	8	9	10
11	12	13	14	15	16	17	18	19	20
21	22	23	24	25	26	27	28	29	30

图 6-5　系统抽样第一步——编号

第二步,分段。我们需要确定一个分段的间隔,来对编号进行分段。当总体样本 N 与样本容量 n 的比值是整数时,抽样间距(sampling interval)①可以取 k＝N/n 作为间隔进行分段。举一个例子,如果我们前往某个农村进行调查,发现种植小麦的农户共有 1 万人,计划每间隔 100 名农户抽取 1 名农户作为样本。1 万可以被 100 整除,这意味着每个人被抽到的概率是相同的。如果总体仍然是 1 万个人,每间隔 9 人抽取一人作为样本,由于 1 万无法被 9 整除,意味着有些人被抽到的概率和其他人不同。再如,计划从 30 人的班级中抽取 5 人,则可以分成:30/5＝6 段,如图 6-6 所示。

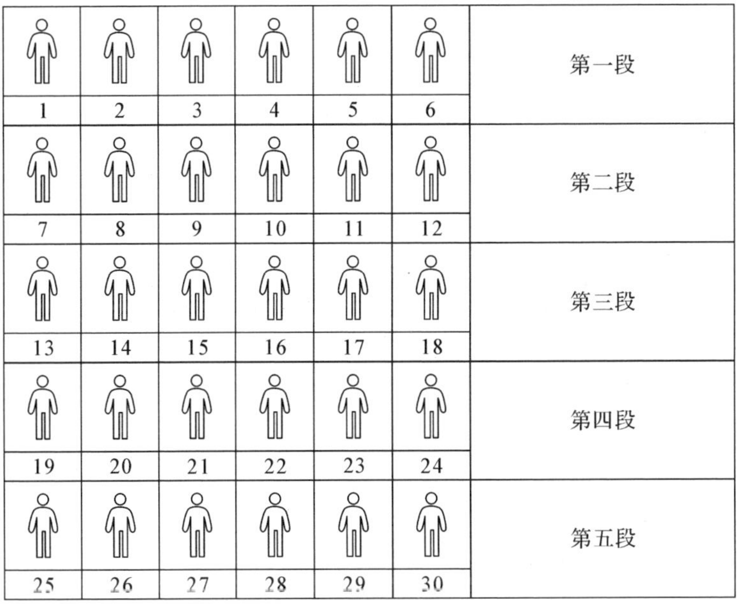

1	2	3	4	5	6	第一段
7	8	9	10	11	12	第二段
13	14	15	16	17	18	第三段
19	20	21	22	23	24	第四段
25	26	27	28	29	30	第五段

图 6-6　系统抽样第二步——分段

第三步,可以通过简单随机抽样的方法,确定在第一段中的第　个个体的编号。例如,计划在某班级的 30 名学生中抽取 5

① 抽样间距:指两个被选择要素之间的标准距离,等于总体大小除以样本大小(谢宇,2012)。

名学生作为样本,那么每 6 名学生就构成一段,第一段就是前 6 名学生,接下来可以使用简单随机抽样的方法抽取其中的第 5 名,即为第一名学生样本的编号。

第四步,按照一定的规则抽取样本。通常,我们将第一个个体的编号加上间隔,得到第二个个体的编号,依此类推。对于上述提到的例子,第一个个体的编号是 5,分段间隔为 6,那么第 2 个个体的编号就是 11,第 3 个个体的编号是 17……以此类推,直到获得整个样本(见图 6-7)。

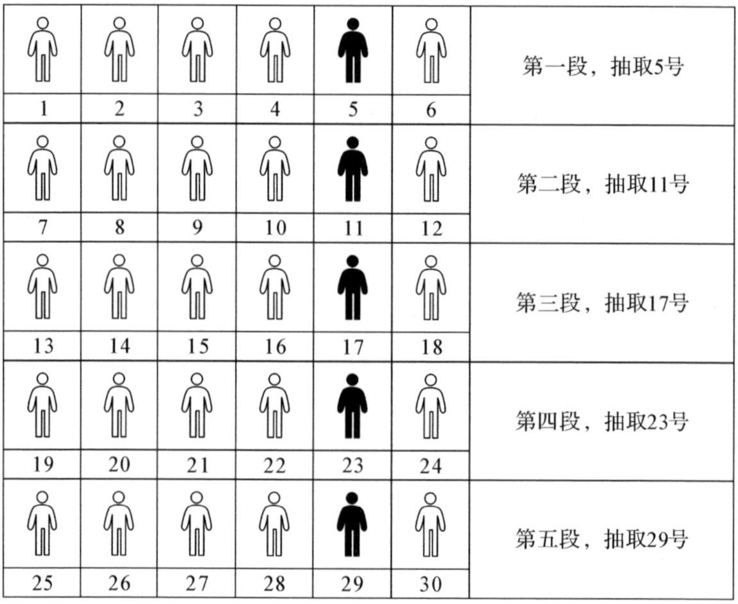

图 6-7　系统抽样第四步——抽取样本

这里需要注意的是,我们进行系统抽样时并没有说明是依据哪些特质对所有个体进行排序的,例如年龄、受教育程度等,大家可以思考一下,如果根据受教育程度进行排序,将受教育程度最高的排在前面,最低的排在后面,排序后是否还能使用系统抽样?是否会出现偏差?

6.4.4 多阶段抽样

1.多阶段抽样的概念

多阶段抽样（multi-stage sampling），也被称为多级抽样或者分段抽样，是一种在抽取样本时，按照抽样个体的隶属关系或者层次关系，分成两个或两个以上的阶段，从总体中抽取样本的抽样方式（贾俊平等，2021）。

在社会研究中，当面对规模庞大或分布广泛的总体时，研究人员通常会采用多阶段抽样的方法。例如，Z 大学拥有约 2 万名本科生和 3 万名研究生。若我们需要从这 5 万人里抽取 1000 名学生作为样本，总体规模巨大，因此可以先随机抽取学院，再从学院中抽取某个年级，最后从该年级中抽取某个班级。这样，我们实际上把抽样过程划分成了不同的阶段。

以关于中国乡村振兴的政策成效的调查研究为例，考虑到中国国土辽阔，如何使样本更好地反映乡村振兴成效呢？首先，可以从全国范围内抽取一定数量的省，然后再从这些省份中抽取县，接着再从各县中抽取村，最后从每个村中抽取农户。这样的多阶段抽样过程可以帮助研究人员更全面地考察乡村振兴的政策成效。

2.多阶段抽样的步骤

多阶段抽样可以分为两个阶段：**在第一阶段，将总体划分为若干个一级抽样单位，然后从中抽选若干个一级抽样单位作为样本；在第二阶段，将进入样本的每个一级单位分成若干个二级抽样单位，即从集体抽样到个体抽样分成若干个阶段逐步进行。**举个例子，在关于 H 省的种植业大户生产行为调查研究中，首先抽取 A 市作为一级抽样单位，然后在已经选定的 A 市内收集所有种植业大户名单，再将这个名单作为抽样框，使用随机抽样的方法抽取需要的二级抽样单位（种植业大户）。这就是多阶段抽样的具体步骤。再举一个例子,在关于某县人口的调查中,我们可以分为三个阶段进行抽样。首先以乡为抽样框,抽取一部分乡;然后在抽取的乡里,以村为单位进行抽样,抽出若干个村;最后在抽取的村里再抽取一定数量的人口。需要注意的是,在整个抽样过程中,各阶段基本上采取了简单随机抽样或分层抽样的方法。

3.多阶段抽样的案例分析

接下来,本书将以PPS抽样和区域概率抽样为例,继续介绍多阶段抽样。

PPS抽样(probability proportional to size sampling)即按概率比例抽样,属于概率抽样中的一种,是很重要的多阶段抽样方法。具体而言,PPS抽样是指在多阶段抽样中,尤其是在两阶段抽样中,初级抽样单位被抽中的概率取决于自身的规模大小。初级抽样单位规模越大,被抽中的机会就越大;初级抽样单位规模越小,被抽中的概率就越小。例如,如果我们计划在H省中抽取10个县进行调查,人口较多的县被抽到的概率较大,而人口较小的县被抽中的概率较小。PPS抽样按照一种准确的标准将总体划分成容量不等、但具有相同特质的单位,然后根据总体中不同比例分配的样本量进行抽样。这种抽样方法可以在降低抽样误差的同时保证样本的代表性。下面是一个关于PPS抽样的案例。

计划抽取某地1000名在校高中生进行调查,该地有10所高中,每所高中的人数以及被抽中的概率如表6-1所示。

表6-1　某地10所高中的人数及被选中概率

学校	人数	编号	被选中概率	累积概率
A	500	1～500	0.05	0.05
B	600	501～1100	0.06	0.11
C	900	1101～2000	0.09	0.2

学校	人数	编号	被选中概率	累积概率
D	900	2001~2900	0.09	0.29
E	1000	2901~3900	0.1	0.39
F	1100	3901~5000	0.11	0.5
G	1400	5001~6400	0.14	0.64
H	1600	6401~8000	0.16	0.8
I	1700	8001~9700	0.17	0.97
J	300	9701~10000	0.03	1
合计	10000	1~10000	1	

如表 6-1 所示,A~J 这 10 个字母分别代表了该地的 10 所学校。A 学校一共有 500 人,我们将这 500 人从 1~500 进行编号;B 学校一共有 600 人,在 A 学校的基础上,对 B 学校的学生从 501~1100 进行编号,以此类推,直到最后一所学校。经过统计,发现这 10 所学校所有的学生一共有 1 万人。其中,A 学校有 500 人,在全部 1 万人里面占 5%,所以 A 学校的学生被选中的概率就是 0.05。同理,B 学校的学生被抽到的概率是 0.06,C 学校的学生被抽中的概率是 0.09。这就意味着学校的人数越多,随机抽取一个数,这个数落在这个学校所在区间的概率就越大。

再重申一下 PPS 抽样的步骤:第一步是编号,需要对 A~J 这 10 所学校每个学校的学生进行编号。编号完成后再进行初级抽样,即生成随机数,随机数落在哪个区间就表示选中了哪个学校。例如,若生成的随机数是 2500,2500 位于 2001~2900 之间,即表示选择了 D 学校。若需要选择两所学校,则再生成一个随机数,如 6500,该随机数在 H 学校的范围内,所以选择 H 学校。这样我们就可以选出两个学校,这是初级抽样。第二步抽样即在所选学校中使用简单随机抽样的方法抽取学生。例如,选中了 D 学校,再从 D 学校里面简单随机抽取 50 名学生。

综上所述,在这个案例中,PPS抽样就是首先抽取学校,并根据学校规模确定入选概率。选定学校后抽取学生,然后再对具体的抽样方案进行比较和权衡(见表6-2)。

表6-2 抽样方案设计成本与精确的权衡

方式	第一阶段的选择概率(学校)	第二阶段的选择概率(在所选学校里的学生)	总的选择概率＝第一阶段的选择概率×第二阶段的选择概率
1.选择所有学校列出所有学生,然后在每所学校选择1/10的学生	1/1	1/10	1/10
2.选择1/2的学校,然后在被选中的学校中选择1/5的学生	1/2	1/5	1/10
3.选择1/5的学校,然后在被选中的学校中选择1/2的学生	1/5	1/2	1/10
4.选择1/10的学校,然后收集被选中的学校所有的学生的资料	1/10	1/1	1/10

如表6-2所示,如果采取第一种方法,选择所有的学校,第一阶段内每所学校被选择的概率都是100%。在第二阶段,我们选择每所学校内10%的学生,这样用学校被抽到的概率乘以学生被抽到的概率得到的总概率是1/10。采取第二种方法,第一阶段选择1/2的学校,然后在被选中的学校内抽取1/5的学生。因此,学校被选中的概率是1/2,学生被选中的概率是1/5,两者相乘得到的总概率仍然等于1/10。在第三种方法下,选择1/5的学校,然后在被选中的学校内选择1/2的学生,最后的总概率仍然是1/10。最后,第四种方法是一种比较极端的方法,就是仅选择1/10的学校,然后对选中学校的所有学生都进行调查,此时总概率仍然是1/10。

需要注意的是,最后一种抽样方法实际上可以称之为整群抽样。在第一种方法中,每所学校调查10%的学生,这样的调查成本非常高。最后一种方法则只调查某一所学校,并对这所学校内所有学生进行调查,调查成本相对较低。因此,在选择抽样方法时,一般要精确地分析成本,并根据成本选择抽样方案。

以下是关于区域概率抽样的介绍。区域概率抽样与之前的抽样方法有许多相似之处。区域概率抽样(area probability sampling)的主要应用目的是对任何可以在地理上定义的总体进行抽样,其使用的方法如下。

第一步,将总地区划分为可以穷尽且互斥的、有明确边界的子区域,这些子区域被称为群。例如,一个县内有500个村庄,首先需要将这500个村庄全部列出,每个村庄之间都要有明确的边界。

第二步,抽取一个子区域的样本。

第三步,设法编制抽取的子区域内住户单位的清单,并从中抽取单位样本。

最后一步,将选出的住户单位内所有人都纳入样本中,或者设法编制名单,对住户单位内的人进行抽样。

表6-3是一个关于区域概率抽样的例子。

表6-3　关于城市街区的区域概率抽样案例

方式	第一阶段的选择概率(街区)	第二阶段的选择概率(选中街区的住户单元)	总的选择概率＝第一阶段的选择概率＊第二阶段的选择概率
1.先选择80个街区(1/5),再选择这些街区里1/2的单元	1/5	1/2	1/10
2.先选择40个街区(1/10),再选择这些街区里所有的单元	1/10	1/1	1/10

如表 6-3 所示,在某个城市中共有 400 个街区,包含 2 万个住户单位。研究人员的目标是抽查 2000 个住户单位,即抽样比例为 10%。有以下两种抽样方案可供选择。

第一种抽样方案是先选择 80 个街区,即总街区数的 1/5,接下来在这些选择的街区中再抽取其中的 1/2 的单元。这样,第一阶段抽中该街区的抽样概率为 1/5,第二阶段抽取住户单元的抽样概率为 1/2,总概率为 1/10。

第二种抽样方法是先选择 40 个街区,即总街区数的 1/10,然后在选择的街区中抽取所有的单元,即第一阶段的抽样概率是 1/10,第二阶段的抽样概率是 1,总概率仍然是 1/10。

接下来,我们将比较区域概率抽样和 PPS 抽样的主要区别。PPS 抽样在第一阶段抽样时,抽中的概率依赖于抽样单位的规模大小,即学校里的人数越多,被抽到的概率就会越大。然而,在区域概率抽样中,第一阶段抽样不考虑街区规模,每个街区被抽中的概率都是相同的,这是两种抽样方法之间的主要差异。

6.4.5 方便抽样

1. 方便抽样的概念

方便抽样(convenience sampling)又称随意抽样、偶遇抽样,是一种为配合研究主题而由调查者于特定时间和空间内随意选择受访者的非概率抽样方法(贾俊平等,2021)。这种抽样方法通常适用于对一些特殊情况的调查,例如违章驾车、骚乱、聚众闹事等突发性事件。当这些事件发生时,我们可以通过在当场抽取样本询问当事人、目击者、旁观者以及过往的行人,了解事件发生的原因、经过以及对事件的看法和态度。方便抽样方法通常是最普遍的问卷调查方法,但它的缺点也十分明显。

2. 方便抽样的特点

第一,方便抽样不是随机抽样。在方便抽样中,并非总体中的每个个体都有机会进入样本,例如,如果用方便抽样方法调查公众对转基因的态度,结果就很难具有代表性。如果调查到的这些人恰好都是反对转基因的,那么该调查得出的结论就是公众是反对转基因的;如果调查到的这些人恰好是赞成转基因的,那么该调查得出的结论就是公众赞成转基因。方便抽样不是随机抽样,调查得到的结果完全取决于调查到的样本,而无法反映社会公众对转基因的整体态度。因此,方便抽样很难具有代表性。

第二,方便抽样是基于调查员方便的原则,自行确定抽样样本的。例如,在农村调查中,采取方便抽样可能导致调查到的人基本上都是老人,在农村很少出现 40 岁以下的年轻人,尤其在中国的中西部地区,因为年轻人大多选择外出打工了。又或者,在小区里进行调查时,白天大家都在上班,调查到的人大部分都是退休人员或家庭主妇,实际上也不能够反映该小区居民的基本情况。

第三,方便抽样的调查成本较低。因为方便抽样不需要等待特定的样本被访问。在进行随机抽样调查时,抽样样本需要提前约定调查时间,等待调查。随机抽样调查的成本主要是由"随机"这一要素决定的。例如,在关于 H 省 A 市的养猪户生产行为调查中,由于总体中的 522 个村庄中有 255 个村庄都有被抽查到的养猪户,因此调查人员需要到 255 个村庄进行调查,交通和时间成本都非常高。相对于方便抽样,我们估计"随机"这一要素带来的成本要占到总调查成本的 50% 以上。

第四,方便抽样的随意性非常高。因此,在推断总体时,如果采用方便抽样,得出的平均值或描述统计并不具备统计学意义,不能够反映所调查的村庄或小区的总体特征。

第五,方便抽样能以最小的成本建立假设或形成初步认识。例如,在关于农村养猪户的生产行为调查中,研究人员主要通过方便抽样询问养猪户的生产特点,例如养猪过程中使用抗生素的情况、饲料的购买来源、市场价格变化对生产的影响以及贷款使用等问题,据此可以初步了解农村养猪业的基本情况。同样,对于城市的垃圾分类,通过方便抽样,我们也可以了解居民对垃圾分类的看法。因此,方便抽样有助于建立假设或初步了解研究对象。

3.方便抽样的一些常见错误

第一个错误在于缺乏具体的抽样方案描述。这主要是针对学位论文的,许多学位论文实际上采取了方便抽样的抽样方法,但是注明为随机抽样。所以,如果我们注明采用的是随机抽样方法,就必须详细报告抽样方案,否则将会遭到质疑。

第二个常见的错误是对描述性分析的意义表述不准确。方便抽样所形成的描述性分析对总体判断并没有太大的意义,因此不能作为总体特征的表述。例如,"通过方便抽样调查发现有70%的民众反对转基因,30%的民众赞成转基因"这种表述是不正确的。实际上,这只能反映出被调查者的情况,而不能代表整个社会的情况。再如,关于民众是否相信中医的调查,如果调查人员只去中医院调查,那么得到的相信中医的比例会比在非中医院调查时更高。因此,方便抽样得出的结论对总体没有太大意义。但在某些情况下,方便抽样得到的样本,虽然不具有总体代表性,却可以用于相关性分析,例如"相信转基因的人是否更相信中医"或者"不相信中医的人是否更不相信转基因"等相关性问题,这些变量之间可以建立关系,有助于发现有趣的研究问题。

方便抽样也具有一定的商业意义。例如,我们可以研究消费者的受教育水平对购买进口鸡肉的影响,如果我们发现受教育水平越高的人越喜欢购买进口鸡肉,那么鸡肉供应商就可以依据这一结果,将进口鸡肉更多地投放到住房平均受教育程度比较高的小区销售。再如,在关于消费者对欧洲鸭肉的支付意愿的调查研究中,需要探索影响消费者对鸭肉支付意愿的影响因素,如是否进口、食品安全、味道等因素。在这种情况下,我们可以通过方便抽样的方法获得类似的信息。然而需要注意的是,即使获得相关信息,如果想将其推广到总体,逻辑上仍存在一定问题。

6.5 样本容量的确定

6.5.1 样本容量的概念

样本容量指一个样本中所包含的单位数,通常用字母 n 表示。它是抽样推断中一个非常重要的概念。样本容量的大小与推断估计的准确性直接相关。在总体既定的情况下,样本容量越大其统计估计量的代表性误差就越小,反之,样本容量越小,其估计误差也就越大。但是,样本容量增大也往往意味着人力、财力和时间上的成本将增加。在当前的研究中,常常使用大数据来获取更大的样本容量,从而降低估计误差。然而,大数据也可能存在一些偏倚,而小样本容量则可能缺乏足够的代表性,导致结果的精确性和可靠性受到影响。因此,在选择样本容量时需要综合考虑实际情况,以确保推断结果的科学性和有效性。

6.5.2 样本容量的确定方法

第一,样本容量的确定必须考虑研究对象的变化程度。例如,关于 H 市高一男生的身高与营养的关系的调查研究,与关于 H 市居民年龄对健康的影响的调查研究,所需要的样本量会有较大的差异。因为高一男生的身高变化程度相对较小,而 H 市居民的年龄,可能从 1 岁到 100 岁不等,如果研究年龄对健康的影响,那么每个年龄段都需要有足够的样本量,以反映各个年龄段所对应的健康状况,并且需要控制其他变量的影响。

第二,样本容量的确定必须考虑所要求和所允许的误差大小,即研究的精度要求。若要研究政府农田水利财政补贴对当地粮食产量的影响,不同样本规模所得结果的方差会有显著差异。例如,我们可以利用来自 80 个县的数据来观察农田水利补贴在不同情况下对当地粮食产量变化的影响,但前提是要控制当地其他基础情况的变量。然而,若仅使用 1~2 个县的数据来估计农田水利财政补贴对粮食产量的变化,结果的精度差异将较大。

第三,样本容量的确定还必须考虑推断的置信程度。当我们所研究的现象越复杂、差异越大时,需要越大的样本量来支持推断。同时,当要求的精度越高,可推断性要求也越高时,对样本量的需求也会越大。

确定样本容量的大小是一个比较复杂的问题,需要考虑定性和定量两方面的因素。具体而言,就是重要的决策需要更多、更准确的信息,因此需要较大的样本容量。在探索性研究中,样本量通常较小;而对于结论性研究,例如描述性调查,则需要较大的样本容量。此外,当收集涉及多个变量的数据时,也需要较大的样本容量,以减少抽样误差的累积效应。

下面举个例子。对于研究农业经济问题,尤其是乡村振兴和农村金融等方面的问题时,如果采用回归分析的方法,则需要考虑加入年龄、性别、生产规模等变量进行控制。如果控制变量低于 15 个,需要的基本样本量通常要在 300 个以上,以确保结果的可靠性。但是,为了获得更为稳健的结果,我们通常会考虑使用 1000 个以上的样本。需要注意的是,这里提到的样本量仅作为参考,更重要的判断标准在于我们的样本量是否能够足够准确地识别所研究问题的因果关系。样本量只是影响因果关系识别的一个因素，更大的影响因素主要在于研究和实验的设计。因此，我们有时会发现在一些顶级期刊上出现样本量较少的文献，可能仅有 50～60 个样本，但因为它们的研究或实验设计得比较精巧，所以，它们仍然能够反映出良好的因果关系。

小练习

一、简答题：

1. 总体应该具备哪些特点？

2. 抽样可以分为哪几步展开？

3. 有哪几种常见的抽样方法？

4. 简述样本容量的概念。

5. 简单随机抽样、分层抽样、系统抽样和方便抽样分别适用于哪类情况？

二、判断题：

1. 方便抽样的结果有助于相关关系的建立。　　　（　　）

2. 简单随机抽样的逻辑简单，应用广泛，但极易产生样本偏差。　　　（　　）

3. 简单随机抽样中每个个体进入样本的概率都相同，能够有效推断总体。　　　（　　）

4. 多阶段抽样中，各个阶段的抽样可以采取简单随机抽样或者分层抽样。　　　（　　）

5. 通过方便抽样抽取的样本可以代表总体。　　　（　　）

6. 分层抽样的各个分层中的抽样比例必须相同。　　（　　）

7. 在方便抽样中，每个样本被抽到的概率是一样的。（　　）

8. 在简单随机抽样中，每个样本被抽到的概率是不一样的。　　　（　　）

9. 大多数情况下，抽样的样本不一定来自总体。　　（　　）

10.组成总体的每一个元素称为个体,在由多个企业构成的总体中,每一个企业就是一个个体。　　　　　　（　　）

11.问卷调查主要是针对大量样本进行研究的方法。（　　）

12.与简单的随机抽样相比,分层抽样更具有代表性。（　　）

13.分层抽样的步骤可以简单概括为科学分组和随机抽样。

（　　）

14.对于按照某些特征排序的或者存在某些循环模式的名单时,最好采取系统抽样的方式。　　　　（　　）

15.使用方便抽样收集的数据,进行描述统计的偏差会比较大。　　　　　　　　　　　　　　　（　　）

16.方便抽样可以帮助我们建立假设或者形成初步认识。

（　　）

17.方便抽样是一种概率抽样方法。　　　　　（　　）

18.PPS抽样是指按概率比例抽样,属于概率抽样中的一种。

（　　）

19.通过方便抽样抽取的样本不能代表总体。　　（　　）

20.统计结果的准确性很大程度上取决于抽样方案的合理性。

（　　）

三、单选题:

1.如果大农户按照3∶1抽样,共抽取100个农户,平均年出栏量是500头生猪;小农户按照10∶1抽样抽出200个农户,年平均出栏量是30头生猪,那么样本平均年出栏生猪多少头?（　　）

　　A.187　　　　　B.138　　　　　C.91　　　　　D.57

2.（　　）的方法适用于总体情况复杂、各个子总体之间差异较大的情况。

　　A.系统抽样　　　　　　　　B.方便抽样

　　C.简单随机抽样　　　　　　D.分层抽样

3. PPS抽样的第一阶段抽样,不同规模的单位被抽到的概率_____;区域概率抽样的第一阶段抽样,不同规模的单位被抽中的概率_____。 (　　)

A. 相同;相同　　　　　　　B. 不同;不同

C. 不同;相同　　　　　　　D. 相同;不同

4. 样本容量的大小与推断估计的准确性有着直接的联系,一般来说,样本容量越大,估计误差越_____,调研成本越_____。(　　)

A. 小;高　　　　B. 小;低　　　　C. 大;高　　　　D. 大;低

5. 以下关于问卷调查的说法中,错误的是(　　)。

A. 通过问卷调查可以纠正访谈获取信息的偏误

B. 科学的问卷调查设计可以在保护隐私的同时获得具体信息

C. 抽样方案的选择、问题的设计、受访者的偏好都会影响数据分析结果

D. 简单随机抽样也叫作方便抽样,是问卷调查中最为常用的抽样方式

6. 对于下面所示的抽样过程,正确的顺序为(　　)

①评估样本质量　②制定抽样框　③界定总体　④确定抽样方案　⑤实际抽取样本

A. ④③②⑤①　　　　　　　B. ③②④⑤①

C. ②③④①⑤　　　　　　　D. ②④③①⑤

7. 如果大农户按照5∶1抽样,共抽取100个农户,平均耕地亩数是200亩;小农户按照10∶1抽样抽出200个农户,平均耕地亩数是5亩,那么样本平均耕地亩数是_____?(　　)

A. 44　　　　　　B. 52　　　　　　C. 68　　　　　　D. 70

8. (　　)也叫作类型抽样法,主要是指从一个可以分成不同子总体(或"层")的总体中,按规定的比例从不同层中随机抽取样本或者个体的方法。

A.多阶段抽样 B.方便抽样

C.分层抽样 D.系统抽样

9.以下说法中,错误的是( )

A.对于不等概率抽样的数据,可以直接使用算术平均值进行平均。

B.统计结果的准确性很大程度上取决于抽样方案的合理性。

C.缺乏人口学变量可能导致回归结果难以解释。

D.一般情况下,相关关系就是因果关系。

10.( )又叫作等距抽样法或者机械抽样法,主要是依据一定的抽样距离,从总体中抽取样本。

A.多阶段抽样 B.方便抽样

C.分层抽样 D.系统抽样

11.在抽取样本时,按照抽样个体的隶属关系或者层次关系,分成两个或两个以上的阶段,从总体中抽取样本的抽样方式被称为( )。

A.多阶段抽样 B.方便抽样

C.分层抽样 D.系统抽样

12.( )又称随意抽样、偶遇抽样,是一种为配合研究主题而由调查者于特定的时间和地点,随意选择回答者的抽样方法。

A.多阶段抽样 B.方便抽样

C.分层抽样 D.系统抽样

13.为了确定抽样范围和结构,我们可以将总体单位列出名册或者排序编号,这种名册或编号也被叫作( )

A.总体 B.个体

C.抽样框 D.抽样单位

14.( )的使用目的主要是对任何可以在地理上定义的总体进行抽样。

A. PPS 抽样　　　　　　　B. 区域概率抽样

C. 分层抽样　　　　　　　D. 系统抽样

四、多选题:

1. 以下表述中,正确的是(　　　)。

A. 组成总体的每一个元素称为个体

B. 问卷调查主要是针对大量样本进行研究的方法

C. 与简单的随机抽样相比,分层抽样更具有代表性

D. 分层抽样的步骤可以简单概括为科学分组和随机抽样

2. 方便抽样的特点包括(　　　)。

A. 随机抽样　　　　　　　B. 方便原则

C. 调查成本低　　　　　　D. 随意性高

3. 当总体的规模特别大或者分布范围特别广的时候,一般采用多阶段抽样的方法,例如(　　　)。

A. PPS 抽样　　　　　　　B. 方便抽样

C. 系统抽样　　　　　　　D. 区域概率抽样

4. 以下说法中,正确的是(　　　)。

A. 回收问卷以后及时进行有效的整理可以很大程度上提高问卷质量

B. 抽样调查是对普遍调查和典型调查的逻辑补充和发展

C. 抽样方案的选择很大程度上取决于研究主题和目的

D. 简单随机抽样的逻辑简单,应用广泛,但极易产生样本偏差

5. 以下说法中,正确的是(　　　)。

A. 多阶段抽样中,各个阶段的抽样可以采取简单随机抽样或者分层抽样

B. PPS 抽样属于非概率抽样

C. 系统抽样法也就是等距抽样法

D. 方便抽样中每个个体进入样本的概率都相同,因此能够有效推断总体

6.关于抽样的说法中,正确的有(　　)。

A.样本必须来自总体

B.样本间的差异要尽可能小

C.总体要包括大量的样本

D.科学抽样才能反映总体特征

7.样本容量的确定所需要考虑的因素包括(　　)。

A.研究对象的变异程度　　　　B.允许的误差数值

C.抽样方法　　　　　　　　　　D.置信水平

8.总体的特点有(　　)。

A.同质性　　　　B.大量性　　　　C.独立性　　　　D.变异性

五、论述题:

1.多阶段抽样中,PPS抽样和区域概率抽样的主要区别是什么?

2.如果研究消费者对于转基因食品的态度,你将如何进行抽样?

▶ 参考文献

[1] 费孝通.江村经济[M].北京:北京大学出版社,2012.

[2] 贾俊平,何晓群,金勇进.统计学[M].9版.北京:中国人民大学出版社,2021.

[3] 罗胜强,姜嬿.管理学问卷调查研究方法[M].1版.重庆:重庆大学出版社,2014.

[4] 谢宇.回归分析[M].北京:社会科学文献出版社,2013.

[5] 谢宇.社会学方法与定量研究[M].北京:社会科学文献出版社,2012.

[6] Babbie E R. The practice of social research [M]. Stanford:Cengage Learning,2020.

[7] Pfeffermann D. The use of sampling weights for survey data analysis [J]. Statistical Methods in Medical Research,1996,5(3):239-261.

问卷调查的难点与挑战

7.1　敏感性问题作答

在进行问卷调查时,经常会碰到一些敏感性问题,对于这类问题,出于自我保护的目的,绝大多数受访者都不愿意轻易把答案告诉研究人员,这是人之常情。所以当需要询问敏感性问题时,通常要遵守学术伦理规范,保护受访者的隐私,另外也并不是所有问题都可以提问的。因此,对于敏感性问题,**第一,可以通过间接的方法获得,不用直接询问**;第二,**可以利用敏感性问题作答的方法,得到敏感性信息**。

7.1.1　间接得到信息

关于敏感性问题的间接提问方法,以美国农场的租金问题为例。在美国,农场的租金是一个比较敏感的信息。对于租户而言,如果其他潜在租户知道某块土地的租金,很可能就会向地主以更高报价租用该土地,所以租户不太愿意把租用土地的价格告诉别人。对于地主而言,如果其他地主知道了自己出租土地的价格,就很可能压价竞争,以更低的价格出租土地。所以,土地的租金在很多地方都是敏感性信息。

举一个实际发生过的例子,关于印第安纳的农业经济调查。如果直接询问农户"您租用一亩土地大约付了多少租金",这种情况下受访者肯定是不愿意回答的。所以,研究人员就换了一种说法,问"您所在的乡镇每亩地租大约是在什么范围内",因为农户并不知道其他农户租用土地的价格,所以他们的回答很大程度上是基于自己的租金估计的。如果他们回答"200块钱每亩左右",这其实很可能意味着他们自己租用土地的价格就是200元/亩。所以,美国的一些农业经济学家会通过这种间接的方式获取被调查农户所在地区的平均地租价格,然后用这个信息去推算受访者实际支付的租金。

这个研究的巧妙之处在于:第一,探讨了土地租金和农业资本投入的关系,即土地租金的高低会不会影响农民在农业资本上的投入(例如拖拉机、农田水利建设等)。第二,探讨了土地租金与农户种植的作物种类的关系。在中国,土地租金是非常高的,一般的土地转让费都在500元/亩以上;有些农业基础设施比较好的地段,土地转让费高达1000元/亩以上。如果农民承担了1000元/亩的土地租金,实际上从事粮食种植已经无利可图了。所以,如果土地租金非常高,除非是种植辣椒或者其他高附加值的经济作物,否则农民租用土地种植农作物是不划算的。土地租金问题很重要,当它是敏感性信息时,在做问卷调查时可能就要通过一些间接提问的方法去获得。

此外,也可以使用收入比例的概念来获取收入信息。如果直接询问受访者的收入和资产,受访者通常都不愿意回答,但可以用间接提问的方法获取受访者的收入信息。以关于养猪户的家庭财产信息调查为例,对于养猪户的家庭财产信息的获取,可以分成两个问题,首先可以询问受访者"你们家去年的生猪出栏量是多少",然后问"你们家生猪生产占家庭总收入的比例大约是多少",这样,就可以通过生猪生产占家庭总收入的比例和生猪出栏量,推算出受访者家庭一年的总收入范围。这就是通过间接提问的方法得到收入信息的操作。另外还有一种更为便捷的操作，对于在农村的受访者，可以直接询问农户"您家里有没有汽车"，因为在农村一般只有收入高的人有汽车，收入低的人没有，这样就可以通过汽车拥有情况把人群分成两类——收入高的和收入低的。此外，也可以询问农户的住房情况，例如农户的房子是两层的还是三层的。通过这些方法，可以间接地控制农户的收入变量，所以，也可以用类似的方法得到敏感性的信息。

7.1.2 敏感性问题作答

对于难以间接提问的敏感性问题，可以利用敏感性问题作答方法得到敏感性信息，但在提问时也要遵循学术伦理规范，尽量保护受访者的隐私。下面，介绍几种敏感性问题作答方法。

1. 列表实验(list experiment)

当问卷问题涉及敏感问题时，受访者可能会为了自我保护或迎合社会规范而刻意隐藏自己的真实想法，这时可以使用列表实验将受访者分为两组，即对照组和实验组。其中，在对照组放入一系列事件并询问受访者经历过几个事件(或者是否至少经历过其中某一个事件)。与此对应，实验组在加入对照组所有事件的前提下，再加入研究人员感兴趣的敏感性事件，同样询问受访者经历过几个事件(或者是否至少经历过其中某一个事件)。接下来就可以通过比较两种问卷回答结果的差异推算出大约有多少受访者经历过研究人员所感兴趣的敏感性事件。

首先，以农村留守儿童性侵问题的调查研究为例，为了了解农村留守儿童中有多少人遭遇过性侵，可以使用列表实验的方法，设计两种问卷。

案例 **7-1**

农村留守儿童性侵问题

- 掷骰子（1、2、3 回答 A 问卷；4、5、6 回答 B 问卷）

对照组（A 问卷）： 以下 3 件事情，您是否至少 经历过其中一件？ 1. 是否考过年级第一名 2. 是否住校 3. 是否有弟弟 A. 没有　B. 有　C. 不想说 D. 不知道	实验组（B 问卷）： 以下 4 件事情，您是否至少经历过其 中一件？ 1. 是否考过年级第一名 2. 是否住校 3. 是否有弟弟 4. 是否受过性侵 A. 没有　B. 有　C. 不想说　D. 不知道

在案例 7-1 中，对于 A 问卷，只询问被访儿童三个事件，对于 B 问卷，询问被访儿童四个事件，包括最后一个关于性侵的敏感性事件。研究人员把这两种问卷，以随机的形式发放给两批儿童，让他们分别进行回答。这样，就能通过比较两种问卷回答结果的差异（两组儿童中选择"B. 有"的数量之差），推算出大约有多少留守儿童受到过性侵。

再以某省保险人员职业伦理研究为例。对于保险人员而言，"返佣"和"劝说客户退保以购买新保"是两种非常严重的违反职业伦理的行为，一旦被发现做过这些事情，就很可能会受到公司处罚，甚至会面临丢掉工作的风险。所以，如果直接询问保险人员是否有过违反职业伦理的行为，保险人员是无论如何也不可能承认有过的，这就是一个敏感性问题。因此，在某省保险人员职业伦理研究中，首先采用了网络问卷的调查方式以降低受访者的心理防备，其次采用了列表实验的方法去测量保险人员的违反职业伦理的行为（见案例 7-2）。

案例 **7-2** ....

保险人员违反职业伦理的行为的测度

· 网络问卷平台自动生成随机问卷,使得每个受访者有 1/3 的概率填写 A 问卷,有 1/3 的概率填写 B 问卷,有 1/3 的概率填写 C 问卷

对照组(A 问卷):	实验组 1(B 问卷):	实验组 2(C 问卷):
下面五件事情,其中有几件事您曾经经历过?不必指出具体事项。 A.购买住宅 B.近两周参加过保险培训 C.每周去健身房一次及以上 D.回访过老客户 E.去过斯里兰卡旅行	下面六件事情,其中有几件事您曾经经历过?不必指出具体事项。 A.购买住宅 B.近两周参加过保险培训 C.返还客户一部分佣金 D.每周去健身房一次及以上 E.回访过老客户 F.去过斯里兰卡旅行	下面六件事情,其中有几件事您曾经经历过?不必指出具体事项。 A.购买住宅 B.近两周参加过保险培训 C.劝说客户退保并购买新产品 D.每周去健身房一次及以上 E.回访过老客户 F.去过斯里兰卡旅行

在 A 问卷中,询问受访者五件事中做过多少件;B 问卷在 A 问卷的五件事的基础上加入了敏感性事件"返还客户一部分佣金",并询问六件事中受访者做过多少件;C 问卷在 A 问卷的五件事的基础上加入了敏感性事件"劝说客户退保并购买新产品",同样询问六件事中受访者做过多少件。可以试想,如果 A、B、C 三套问卷都未加入敏感性事件,三套问卷的结果应该非常相近。所以,在加入敏感性事件后,实验组问卷的结果相较于对照组的差异就是由加入敏感性事件引起的。

这里,再展示一下敏感性事件发生概率的计算过程。以 A、B、C 三套问卷各自的均值代表各自回答的结果,并将调查样本分为财险公司和寿险公司两组(见图 7-1)。

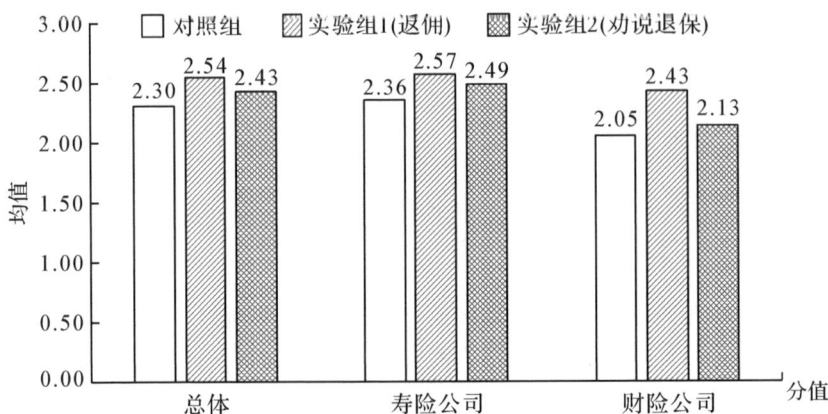

图 7-1　某省保险人员列表实验结果（寿险公司对比财险公司）

通过比较实验组和对照组的结果差异可以发现，无论是寿险公司还是财险公司，实验组的均值都比对照组高，这说明两类公司的保险人员均存在违反职业伦理的行为，且返佣行为相对于劝说客户退保并买新保险的行为出现频率更高。

进一步地，可以通过计算实验组和对照组均值之差得出保险人员违反职业伦理的行为发生的频率。如表 7-1 所示。

表 7-1　某省保险人员列表实验结果

题目	总体	寿险公司	财险公司
五件事平均每人做过多少件（对照组）	2.30	2.36	2.05
六件事平均每人做过多少件（测量返佣行为）	2.54	2.57	2.43
六件事平均每人做过多少件（测量劝说退保行为）	2.43	2.49	2.13
返佣行为发生的频率	0.24	0.21	0.38
劝说退保行为发生的频率	0.13	0.13	0.08

所以,在某省的保险行业中,约有 24％ 的保险人员有过返佣行为,13％ 的保险人员有过劝说客户退保的行为。其中,返佣行为在财险公司中更为常见,约有 38％ 的保险人员可能有过返佣行为,寿险公司中有过返佣行为的保险人员则约有 21％。而劝说退保行为更容易发生在寿险公司中,大约有 13％ 的保险人员可能有过劝说退保行为,这一行为在财险公司保险人员中的发生频率只有大约 8％。

2.认可实验(Endorsement experiments)

认可实验就是将受访者分为对照组和实验组,然后在实验组的问题里面附加一些信息,以帮助研究人员得到想要获得的变量。

以关于某军事组织附近的居民对其态度的调查为例,该调查围绕着一个有趣的问题展开:是距离该组织中心越近的居民对其忠诚度越高,还是距离越远的居民对其忠诚度越高? 基于这个问题,如果研究人员直接去问住在该组织附近的居民"您是信任还是不信任,您是支持还是不支持",这种情况下,受访者往往是不敢回答这些问题的。此时,可以采用认可实验的方法获取这一敏感信息,首先随机把受访者分成对照组和实验组,然后再让受访者分别回答以下两个问题。

案例 7-3

某军事组织附近居民对其态度的研究

对照组:最近的一项提议要求对本国监狱系统进行全面改革,包括在每个地区建造新监狱,以减轻现有设施的过度拥挤。尽管价格昂贵,但还将为囚犯提供新的计划,并对新的法官和检察官进行培训。您对此建议有何感想?

A.同意 B.不同意 C.不知道

> **实验组**：某军事组织最近提出的一项建议，呼吁对木国监狱系统进行全面改革，包括在每个地区建造新监狱，以缓解现有设施的人满为患。尽管价格昂贵，但还将为囚犯提供新的计划，并对新的法官和检察官进行培训。您对此建议有何感想？
>
> A. 同意　　B. 不同意　　C. 不知道

在案例 7-3 中，对照组和实验组之间唯一的差别是：在实验组里针对本国监狱的改革建议是由某军事组织提出的。因为对照组和实验组这两批人是随机分组的，在统计学意义上这两组人是同质的，所以这两组受访者对这个问题回答的差异实际上就体现了实验组对于某军事组织的态度。通过这个问卷调查，研究人员发现，距离某军事组织越近的居民，反对它的情绪越强烈；距某军事组织越远的居民反而支持的比例越高。这个研究被发表在《美国政治科学评论》(*Amcrican Political Science Review*)上，美国军队也利用了这个研究结论调整相关策略，采取策反该军事组织附近居民的方法来打击它。这篇文章使用了认可实验方法，非常巧妙地获取了居民对某军事组织的忠诚度信息。这个方法的特点是样本量需求比较大，因为它不是随机抽样。这个研究当时做了 45 万份问卷，最终发现了一个非常重要的结论，这在军事上也具有很大的意义。[1]

在某省保险人员职业伦理研究中，研究人员也使用了认可实验的方法，以测度职业伦理认知会在多大程度上影响保险人员的保险销售行为。如果直接告知保险人员，职业伦理很重要，无论保险人员的销售行为如何，都不能够识别出职业伦理认知对保险人员销售行为的影响。在这种情况下，研究人员设计了一份问卷。

案例 7-4 ....

职业伦理认知对保险人员的销售行为的影响

· 网络问卷平台自动生成随机问卷,使得每个受访者有 1/2 的概率填写 A 问卷,有 1/2 的概率填写 B 问卷

对照组(A 问卷):	实验组(B 问卷):
某客户有意愿在您这儿购买一款保险产品(非投资理财类),这款产品很符合客户的需求,您会帮他投保吗(单选)? A.直接帮他投保 B.告知客户,让客户自己做选择 C.不建议投保,推荐另一种合适的产品	某客户有意愿在您这儿购买一款保险产品(非投资理财类),这款产品很符合客户的需求,您会帮他投保吗(单选)?(备注:这款保险产品的保费占到该客户年收入的30%) A.直接帮他投保 B.告知客户,让客户自己做选择 C.不建议投保,推荐另一种合适的产品

在案例 7-4 中,B 问卷(实验组)与 A 问卷(对照组)的差别在于 B 问卷(实验组)增加了"**这款保险产品的保费占到该客户年收入的 30%**"的备注信息。由于对照组和实验组的两批人是完全随机分组的,其在统计学意义上是同质的,因此可以认为 A、B 两组回答的区别是由**是否增加备注信息**带来的。又因为在保险行业中,当保险产品的保费占客户年收入的 30%以上时,可以认为该保险产品对于客户而言的保费负担过重,出于保险人员的职业伦理考虑,保险人员应当劝说该客户不要再继续投保该产品。但在实际操作中这一环节又很难被监控,即尽管保险人员为客人投保了保费负担相对过重的保险产品也很难调查取证,使之成为保险职业伦理监管的一个盲区。再加上自身利益驱动,保险人员很可能忽略这一信息,直接帮客人投保。因此,可以通过比较 A、B 两组回答结果的差异,得出职业伦理认知对保险人员的销售行为的影响。

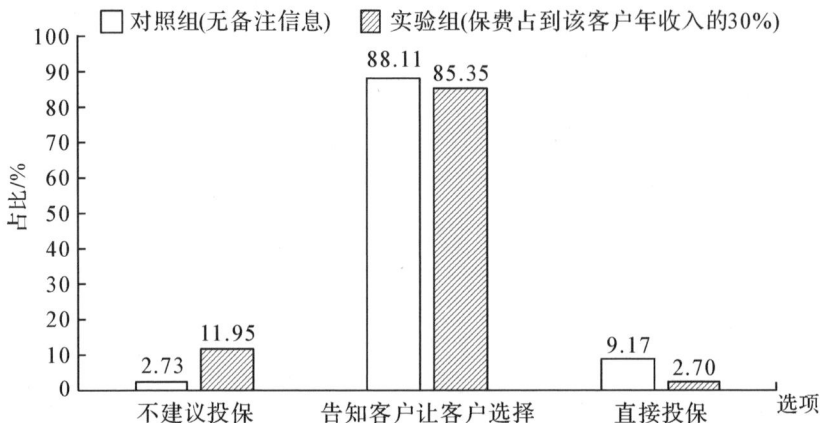

图 7-2 某省保险人员认可实验结果

由图 7-2 可知,是否添加备注信息对保险人员的销售行为有一定影响。添加了备注信息后,选择"不建议投保"的受访者提高了约 9.22%,选择直接投保的受访者降低了 6.47%,但总的来说影响并不大,即职业伦理认知对保险人员的销售行为有一定约束作用,但约束作用有限。

3. 随机应答技术(randomized response technique,RRT)

随机应答技术即在调查过程中使用特定的随机化设置,使被调查者在隐私受保护的情况下,以一个预定的基础概率从中抽取一个问题回答,然后根据概率论知识计算出敏感性问题特征在人群中的真实分布情况。

考试作弊是非常普遍的情况,从古至今都存在这个问题。各个大学对考试作弊的惩罚也都非常严厉,学生作弊被发现以后通常会被处分,甚至会被取消获取学位的资格。尽管如此,几乎每所大学还会发现作弊的现象。学校的作弊比例或许不仅和学风有关,也和教学方式有关。分析考试作弊和哪些因素有关,尤其是考试作弊和教学方式之间的关系有很强的现实意义。如果改进教学方式,使得理解性的内容更多,死记硬背的东西更少,是否能降低作弊的比例呢?

作弊是一个诚信问题,又是一个现实问题,通过常规方法很难获取到实际的作弊行为发生率。首先,不能通过那些被发现的作弊者的比例做估计,因为存在未被发现的作弊者,这样分析一定会低估作弊者的比例;其次,如果进行问卷调查,作弊的学生不会愿意告诉别人自己考试作过弊,这涉及自己的诚信问题。

所以必须要设计一种问卷调查方法,既可以获得具体的信息,同时还可以保护学生的隐私。

例如,在考查学生考试作弊问题时,可以同时设计两道题目,第一道题目是:"您的生日是否在阳历的 3 月? A. 是　B. 否"这个问题一点都不敏感。第二个题目是:"这次考试,您是不是有作弊的行为? A. 是　B. 否"这个问题就非常敏感,当设计了两个题目的时候,可以给受访者一枚硬币,让受访者在回答问题之前,先抛掷硬币,硬币抛掷的结果仅受访者可见。如果硬币正面朝上,受访者就回答第一个问题;如果反面朝上,受访者就回答第二个问题。调查员看不到受访者抛掷硬币的结果,受访者只需要回答 A 或者 B 就可以了,不需要告诉调查员自己回答的是第几个问题。

通过这种方法来测度受访者学生考试是否作弊,调查员不知道受访者回答的 A 或 B 是什么含义,研究人员并不知道每一位学生是否作弊了,一方面涉及隐私,另一方面也不需要获得这个层面的信息。但是,可以通过简单的概率推导得到学生作弊的比例。因为受访者是通过抛掷硬币的正面和反面来决定是回答第 1 个问题还是回答第 2 个问题的,所以回答第 1 个问题和第 2 个问题的概率应该是一样的。

假如有 1000 个人被访问,通过抛掷硬币,回答第 1 题和回答第 2 题的人,应当基本上都在 500 人左右。假设问卷做完后,选 A 的人数是 N_a,同时假设,作弊的比例是 p。所以,如果有 500

人回答了第二题,因为作弊的比例是 p,所以这 500 人里面作弊的人数应该是 500 乘以 p,等于 $Na2$。在回答第 1 题的人里面,出生在阳历 3 月的人,假设每人出生的月份概率是均匀的话,回答 A 的概率通常是 1/12 左右(事实上出生在 3 月的人可能不等于 1/12,也可以用受访者学校出生在 3 月的学生比例来替代 1/12)。因为回答第 1 题的受访者也是 500 人,500×1/12 等于 $Na1$,所以就有:

$$Na = Na1 + Na2 = 500 \times 1/12 + 500 \times p$$
$$p = (Na - 500/12) \div 500$$

通过这个公式就可以知道作弊的比例。所以,通过随机应答技术方法,可以计算出实际作弊的比例。

7.2 用实验测度无法观察的变量

以风险态度的测量为例,风险态度无法通过观察直接获取,只能通过一些间接的方法进行测量,但是这样测得的结果精度往往比较低。因此,也可以通过实验的方法测量无法观察的变量,这样获取的信息精度也比较高。除了风险态度以外,一些其他的问题,例如利他行为——个体做出的有利于他人的行为等不易通过观察判断的行为,应该怎么进行度量呢?下面将给大家介绍几种方法。

7.2.1 测度利他行为

利他行为(altruistic behavior/altruism)即个体在没有考虑到自身安全或利益的条件下做出的有利于他人的行为,可以分为亲缘利他、互惠利他与纯粹利他三种形式。亲缘利他,即有血缘关系的生物个体,为自己的亲属作出某种牺牲。互惠利他,即没有血缘关系的生物个体,为了回报而相互提供帮助。纯粹利他,即没有血缘关系的生物个体,在主观上不追求任何物质回报的情况下采取的利他行为(叶航,2005;Gerrig et al.,2015)。

关于利他行为的测度,著名的巴塞罗那实验设计了一系列的矩阵(matrix)①,利用这些矩阵可以有效测度受访者的利他行为。

假设这个实验的参与者有 A、B 两个人,这两个人互相不认识,但是都可以看到案例 7-5A 中的矩阵。在第一题中,如果 A 选择左边,那么 A 可以得到 750 元,B 得到 0 元。如果 A 选择右边,获得的金钱数量就完全取决于 B 的选择。在这种情况下如果 B 选择左边,A 和 B 都可以得到 400 元;如果 B 选右边,A 可以得到 750 元,B 可以得到 375 元。需要注意的是 A 和 B 都可以看到这个矩阵,A 在做选择的时候可以知道,如果自己选择右边,B 的收益就可能从 0 涨到 375 元甚至是 400 元,而自己的收益则可能从 750 元降低到 400 元。这个情况下 A 是否会选择右边就代表了 A 的利他行为倾向。另外 B 在做选择时已经知道了 A 的选择,那么 B 会不会因为 A 的利他行为而选择右边以让 A 获得更高的收益呢? B 的利他行为和 A 的利他行为又有什么不同呢? 这些都是研究人员要研究的问题。

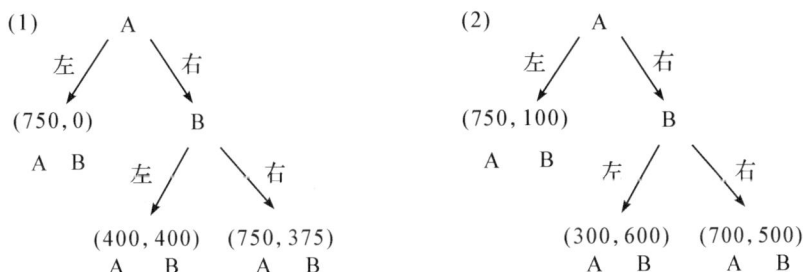

图 7-3　案例 7-5A:巴塞罗那实验

① 矩阵:指纵横排列的二维数据表格,最早被应用于由方程组的系数及未知量所构成的方阵(谢宇,2013)。

巴塞罗那实验可以在现实场景中进行。图 7-3 中,将受访者随机分到 A 组和 B 组中,每次实验都随机从两组中分别抽取一人进行选择,让从 A 组中抽出的受访者自行选择"左"还是"右",A 选择结束后再让 B 进行下一次选择。在真实的实验中,研究人员会在每轮实验结束后依照受访者的选择给他们支付报酬,所以这种实验的成本非常高。在实际的研究中,研究人员发现并非所有 A 都选择了左边,也有一部分人选择了右边,这部分人的行为就是一种利他行为。

再看第二个矩阵[图 7-3(2)],如果 A 选择左边,A 可以得到 750 元,B 可以得到 100 元;如果 A 选择右边,A 最多可以得到 700 元,低于 A 选择左边时获得的 750 元的收益,但是 B 的最高收益有可能会提高到 600 元。对于 B 而言,如果 A 选择了右边,就意味着 B 的收益增加了,B 是否会考虑到 A"舍己为人"的利他行为而选择右边,从而让 A 得到 700 元,自己得到 500 元呢?所以,这个实验可以继续往下做。

对于第三个矩阵而言[图 7-4(3)],如果 A 选择了左边,A 可以得到 800 元,B 得到 0 元;如果 A 选择右边,那么 B 最高得到 800 元,A 可能得到 400 元,也可能得到 0 元,所以 A 选择右边的行为也是一种利他行为。如果在 A 选择了右边之后,B 继续选择左边,那么 B 得到 800 元,A 得到 0 元;如果 B 选择右边,则 A 和 B 各得到 400 元,这也是一种利他行为,但很可能是出于对 A 的"回报心理"。

再看第四个矩阵[图 7-4(4)],如果 A 选择了左边,那么 A 和 B 各得到 550 元;如果 A 选择右边,A 最多得到 750 元,但是 B 最多得到 400 元。从第四个矩阵开始,A 选择左边才能让 B 的收益最大化。在这种情况下,研究人员就要去分析有多少 A 会去选择右边,因为 A 选择右边以后自己的收益可能增加,但 B 的收益肯定会降低,在这种情况下 B 还会为了照顾 A 的收益而选择右边吗?

(3)

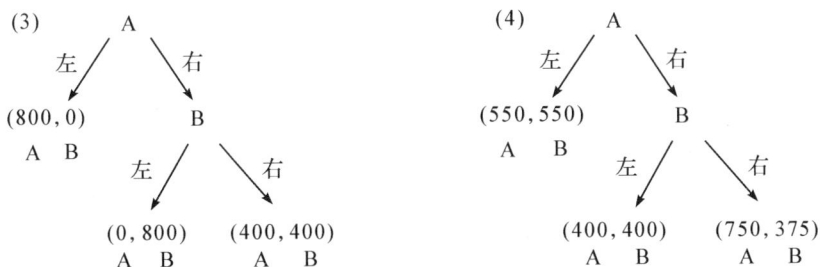

(4)

图 7-4　案例 7-5B:巴塞罗那实验

　　再看第五个矩阵[图 7-5(5)],如果 A 选择了左边,A 可以得到 375 元,B 可以得到 1000 元;如果 A 选择了右边,A 和 B 的最高收益都是 400 元,显然,A 此时的行为是"损他人大利,利自己小利"。在这种情况下 B 应该非常希望 A 选择左边。

　　第六个矩阵[图 7-5(6)]与第五个矩阵比较相似,如果 A 选择了左边,A 可以得到 400 元,B 可以得到 1200 元,B 一定希望 A 选择左边。如果 A 选择了右边,B 最多可以得到 200 元,A 最多可以得到 400 元,显然,A 此时的行为是"损人不利己"。在这种情况下,B 因为 A 选择了右边而使自身收益降低了,这时 B 会不会出于报复心理而选择右边,使得双方都拿不到钱呢? 所以,这是一个非常有趣的一个实验。

(5)

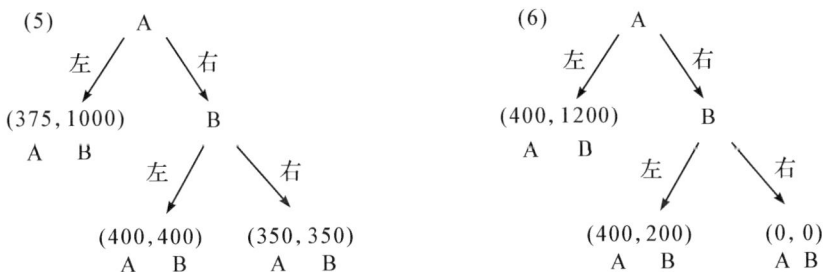

(6)

图 7-5　案例 7-5C:巴塞罗那实验

　　研究人员可以通过这个实验测量某一类人群的利他行为大小。这里简单地汇报其中一个实验的结果:在第五个矩阵中,有

54％的 A 选择了左边,获得了 375 元的收益;有 46％的 A 选择了右边,这意味着为了自己可能的 25 元利益的提升使 B 至少损失了 600 元收益。他们在这种情况下有 89％的 B 选择了左边,让 A 和 B 都得到了 400 元收益。在第六个矩阵里面,有 77％的 A 选择了左边,23％的 A 选择了右边,实际上这是一个"损人不利己"的行为,既降低了 B 的收益也提高了自己获得收益的风险。值得注意的是,当 A 选择右边时,B 可能觉得自己因为 A 的选择而受到了很大损失,而且 B 清楚地知道 A 选择右边的行为对 A 也没什么好处。这时有 88％的 B 选择了左边,从而使 A 得到了 400 元,B 得到了 200 元,A 的收益也没有减少,反而使 B 的收益减少了 1000 元。这时,有 12％的 B 选择了右面,从而使 A 和 B 的收益全部等于 0,这是一个"玉石俱焚"的想法。所以,通过这个实验可以测量到个体的利他行为,但是将问卷调查做到这个程度也会比较困难,因为成本会比较高。

7.2.2　测度风险态度

风险态度(risk attitude)即"个体对不确定性的排斥程度"或者"个体接受风险的意愿程度",可以表现为风险厌恶(规避)程度,或风险偏好程度(易祯和朱超,2022)。

下面介绍一种测量风险态度的方法。风险态度是一个非常重要的经济学概念,个体的行为很大程度上是他的风险态度所导致的,而且微观经济学假定一个人的效用曲线是抛物线形的,这个抛物线的弧度大小很大程度上就反映了这个人风险态度的大小,但是风险态度很难被测量。学术界通常会采取以下方法来测量风险态度(见案例 7-5)。

案例 7-5

摸球实验(14 个号码小球;9 个黑球,1 个白球)

序号	彩票 A(单位/元)		彩票 B(单位/元)	
	30%的概率获得	70%的概率获得	10%的概率获得	90%的概率获得
1	20	5	34	2.5
2	20	5	37.5	2.5
3	20	5	41.5	2.5
4	20	5	46.5	2.5
5	20	5	53	2.5
6	20	5	62.5	2.5
7	20	5	75	2.5
8	20	5	92.5	2.5
9	20	5	110	2.5
10	20	5	150	2.5
11	20	5	200	2.5
12	20	5	300	2.5
13	20	5	500	2.5
14	20	5	850	2.5

研究人员一共准备 24 个小球,其中 14 个小球上写有 1—14 的号码,另外 10 个小球中包括 9 个黑球、1 个白球。这时研究人员可以给受访者做个实验,告诉受访者第 1 题,选择彩票 A 的话就有 30%的概率得到 20 元,有 70%的概率得到 5 元;选择彩票 B 的话就有 10%的概率得到 34 元,有 90%的概率得到 2.5 元。然后问受访者在彩票 A 和彩票 B 中更倾向于选择哪一种,如果受访者选 A,就继续往下问。

彩票 A 一直没有发生变化,但是彩票 B 发生了变化。如果受访者选 A,就继续往下问,彩票 B 的 10%概率的收益不断增加,从 53 元到 62.5 元、75 元、92.5 元一直到 850 元。要观察受访者在第几个题从选择 A 跳到了选择 B,这个跳跃的点就是研究人员想要的风险态度程度,当然这个实验还包括一系列的问题,这里只是挑选了其中的一个实验。当调查员把这 14 个问题问完以后,就请受访者在 14 个标有号码的小球里随机摸出一个小球代表题号,例如,某个受访者摸出 10 号,就对应到他在第 10 题是怎么回答的,如果当时这个受访者选择的是 B,就给他一个装有 10 个小球的袋子,让他随机摸一个,如果摸出来的是白球,就意味着摸到了 10% 的概率,就向其支付 100 元;如果他摸到了黑球,就支付 2.5 元。如果在第 10 题,受访者选择的仍然是彩票 A,这时需要准备另外一个袋子,这个袋子里面有 7 个黑球、3 个白球,然后请受访者去摸球,如果他摸出白球,就支付 20 元;如果摸出黑球,就支付 5 元。所以,利用这种方法可以非常准确地测量受访者的风险态度,这个计算会相对复杂一点,但其是目前国际上测度风险态度比较常用的方法。

7.2.3　测度其他行为

下面介绍一下测度其他相关行为的方法。例如测度信任问题,有些人会比较容易相信他人,有些人不太容易相信他人,所以有研究人员就想测量受访者信任他人的程度。在这种情况下,研究人员就会问受访者一个问题,例如"您是否相信您的邻居"。这是比较常规的提问,可以把这种测量方法得到的信任度作为一个控制变量。通常更容易相信他人的个体,就更容易相信他的邻居,而且邻居对受访者而言很具体,受访者比较容易回答出来。但是如果碰巧受访者的邻居是一个不值得信任的人,这种时候应该怎么办呢? 受访者的邻居可能是非常值得信任的人,也可能是不值得信任的人,每个人的邻居情况各不相同。相对于不容易相信他人的受访者,容易相信他人的受访者相信邻居的概率也会更高。所以,可以把相信邻居作为信任测度的控制变量。

另外,也可以询问受访者"如果有人送快递给您,您是否放心把快递放在邻居的家里",这个问题相对于上面那个问题更加具体,通过这个问题也可以判断出受访者对邻居的信任程度。这是两种测量信任的方法,通常还可以去构造一些场景来获得需要的信息,见案例7-6。

案例 7-6

假设场景获得信息

老刘是您村里的村民,家里有2个儿子,经济不太宽裕,老刘已经临终了,继续治疗会花销很大,您觉得老刘是否需要拉回家?

A.是　B.否　C.没想过

由于许多农村老年人不是在医院去世,而是在家里去世的,因此,去世在医院里的老人的比例可以作为衡量社会文明程度的指标,比例越高则说明该社会的医疗条件越好,文明程度越高。需要注意的是,当调查员问及老刘时,回答者会下意识地将自己置身于老刘的情境中,受访者的答案不是老刘,而是受访者自己。因此,构建一个场景请受访者回答某些问题,可以避免直接提问所带来的尴尬局面。

7.3　网络调查的抽样方法

网络调查可以分为两种类型:随机抽样调查和方便抽样调查。目前,大多数网络调查或在线调查都采用了方便抽样方法。对于随机抽样调查而言,如果样本量足够,并且缺失样本的比例较低,那么网络调查和实地调查一样,都可以通过样本来推断总体特征。

有以下两种常见的网络调查的抽样方法。

最常见的一种方法就是通过电子邮件进行网络调查,对于某个特定的人群,通过随机抽取部分电子邮件作为调查样本,并且发送邮件,进行问卷调查。这里需要注意的是,我们是对于某一特定人群做问卷调查。如果考虑抽样问题,就必须要考虑到这一特定人群中,所抽取的样本是否能反映其总体状况。举个例子,Z大学的财务处要调查科研工作者对于科研经费包干制这种报销制度的态度和建议。那么我们抽取的受访者要有科研经费,并且需要通过报销的方式来支配科研经费。所以,如果我们的受访者是行政人员,他们的工作并不依赖科研经费制度;如果我们的受访者是学生,就与这个问题无关,实际上他们对包干制的态度对于我们的研究而言是无效的。

另一种常见的方法是利用社交媒体平台进行网络调查。通过在社交媒体上发布调查链接或问卷,邀请用户自愿参与调查。这种方式可以快速获取大量样本,但需要注意样本的代表性和可靠性。在进行社交媒体调查时,我们应该确保样本能够代表目标人群,并注意避免样本中的重复回答和非真实回答的问题。

此外,还可以利用专业调研平台进行网络调查,这些平台通常拥有庞大的受访者数据库,同时提供各种问卷设计、样本抽取和数据分析的功能。在专业调研平台上发布调查任务,可以获得有一定调查意愿和时间的受访者样本。

当然,也可以使用其他方法进行抽样。例如,在某省保险人员职业伦理研究中,我们直接利用保险公司提供的员工名单进行抽样。由于所调查的四家保险公司的保险人员数量不同,为使抽出的个体能够充分代表保险公司的所有保险人员,在权衡了问卷回收率等问题之后,在随机抽样时对每家公司赋予了不同的抽样权重。

根据四家保险公司提供的员工名单,使用 Stata 软件依据所属市公司对员工进行排列,再按照对应的抽样权重进行分组,每组随机抽出 1 个样本,使得抽取出来的样本具有代表性。抽样权重及结果如下表 7-2 所示。

表 7-2　保险公司员工抽样情况

单位		总样本量/个	抽样权重	抽样结果/个
A 寿险公司		23357	50	468
B 寿险公司		7115	20	356
C 财险公司	业务员	4067	10	407
	个人代理	1629	10	163
D 财险公司		1414	8	177

在进行网络调查时,需要密切关注样本的代表性、可靠性和合规性。同时,合理设计问卷内容和调查过程,确保受访者的隐私和数据安全。通过科学的抽样方法和严格的数据分析,网络调查可以成为一种高效、经济且可靠的调研工具。

所以,在进行网络调查时,可以按照以下三个步骤操作。

第一步,编制问卷。首先,可以利用相关软件将每个问题都编辑出来。现在有很多网络软件都可以实现这个功能,只需将问题粘贴进去即可。同时,如果条件允许,还可以使用编制软件,直接生成与问卷调查结果相关的数据库。这意味着一旦问卷调查完成,就可以立即使用数据库进行数据分析。进一步地,还可以编制一些数学模型,在填写问卷后实时呈现结果。

第二步,抽样。以关于科研工作者对科研经费包干制的态度和建议调查为例,我们可以通过 Z 大学的网络系统,在全校科研人员的邮件中进行随机抽样。全校的科研人员被视为该研究的总体,然后通过随机抽取,假如选取了 300 名科研人员的电子邮件,接下来就可以向这 300 名科研人员发送调查问卷。另外一种常见的抽样方法是随机抽取 IP 地址作为抽样样本。每个人在上网时都有一个唯一的 IP 地址,通过网络进行问卷调查也可以将所有的 IP 地址作为总体,然后从中随机抽取并发送邮件进行问卷调查,这符合随机抽样逻辑。然而,需要注意的是,网络调查的样本选择要保证代表性,确保调查结果的可靠性。

第三步,**数据分析与可视化。** 可以与第一步结合,建立数据分析模型,及时分析调查数据,并提供可视化的分析结果。使用可视化的分析结果会使网络调查的效果更好。网络调查只是问卷调查的一种工具,在进行网络调查时,合理的问卷设计对于获取有效的数据至关重要。同时,确保样本具有代表性也非常重要。通过认真设计问卷、优化样本选择过程,我们能有效提高问卷调查的效率。因此,问卷的设计质量和样本的代表性将直接影响调查的效率。

7.4 因果关系分析

因果关系(Causal relationship)是指行为与结果之间决定与被决定,引起与被引起之间的关系。如果一个变量 Y 的变化是由另一个变量 X 的变化所引起的,而不是相反的,那么这两个变量之间的关系就被称作因果关系。其中,引起其他变量出现变化的变量被称作自变量,而由此出现变化的变量则被称作因变量(谢宇,2013)。需要注意的是,因果关系一定是相关关系,但相关关系不一定是因果关系。下面介绍两个案例。

第一个案例是关于运动和高血压的关系的调查研究。我们可以思考一个问题,运动是否能降低高血压的发病率?如果我们发现运动量越大的人高血压的发病率越低,能否得出结论是运动导致了高血压的发病率降低呢?实际上,我们不能得出这样的结论,因为其中存在一定的反向因果关系(见图 7-6)。

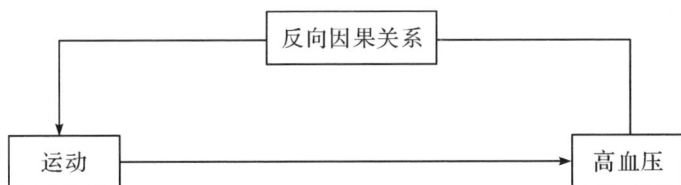

图 7-6   运动和高血压的关系研究中的反向因果关系

如果某些人患有高血压，他们就无法进行高频率、高强度的运动。在这种情况下，我们的研究样本将出现选择性偏误（Selection bias）①。那些运动量较高的人之所以运动量高，首先是因为他们没有高血压，而不是因为他们的运动量高而导致高血压的发病率降低。综上所述，运动对高血压的影响中存在反向因果关系，这个问题难以解决。因此，在设计问卷时，我们需要考虑到一些相对复杂的因素。

例如，在进行截面数据（Cross-sectional data）②分析，即只调查一期数据的情况下，我们需要仔细思考问卷的设计路径。首先，我们通常会选择农村样本作为研究的主体。这是因为我们希望选择那些不容易轻易改变居住地的群体。在城市中，存在高档和低档小区，高档小区中的居民往往具有较高的收入，他们高血压的发病率可能较低。我们可以选择农村居民作为研究主体。首先，农村居民往往很难自由地从一个村庄迁移到另一个村庄，这在一定程度上解决了样本自我选择的问题。其次，问卷最好能够包括每个村庄健身设施的完备程度，因为农村居民的运动很可能与该村庄的健身设施有关。因此，我们可以采用分

---

① 选择性偏误：指在选取样本时因数据的局限或取样者的个人行为而引起的偏差。例如，从总体中抽取样本时并非随机，非随机的抽样增加了变量与误差系统的相关性，使估计发生了偏误（谢宇，2012）。

② 截面数据：在相同或近似相同的时间点上收集的数据（贾俊平等，2021），基于它，我们研究的是某一时点上的某种社会现象（谢宇，2013）。

数来表示村庄的健身设施完备程度。例如,某个村庄的健身设施非常完备,我们可以赋值10分;而某个村庄的健身设施非常贫乏,我们可以赋值1分。再次,我们可以分析村庄的健身设施完备程度的分数与村庄中农民的运动频率和运动强度之间的相关性。最后,我们可以进一步计算根据村庄健身设施完备程度分数估计出的样本运动量,并与样本的高血压发病率进行回归分析。在这种情况下,我们可以了解运动是否真正影响了高血压的发病率。村民是否患有高血压通常不会影响所在村庄的健身设施完备程度,这样反向因果关系就被切断了。因此,在其他条件相同的情况下,健身设施越完备的村庄,高血压的发病率可能会越低。

第二个案例是关于孕妇营养冲击对婴儿的健康状况的影响研究,该案例是由北京大学张晓波和耶鲁大学陈西进行的研究[8]。在这里,我们没有完全按照他们的文章逻辑进行介绍,而是介绍这种研究思路。首先需要思考一个问题,如果一个孕妇在怀孕期间的营养受到冲击,这个冲击是否会影响到她所生下来的婴儿的健康?

这个问题相对而言比较复杂,如果孕妇在怀孕期间发现婴儿的健康存在问题,那么其很可能会增加营养摄入。换句话说,很可能是因为婴儿健康状况导致了孕妇营养摄入的变化,而不是因为孕妇的营养不同导致了婴儿健康状况的差异,这两者之间存在反向因果关系。同时,还可能存在一些我们无法观察到的、同时影响孕妇营养和婴儿健康的因素。

在这种情况下,我们无法确定孕妇营养冲击与婴儿健康状况之间的因果关系,那我们应该如何衡量孕妇营养冲击对婴儿健康状况的影响呢?

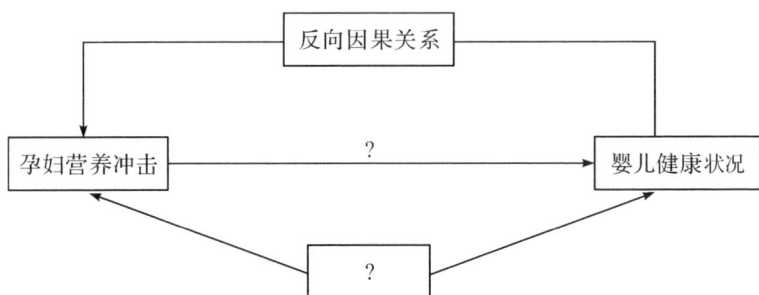

图 7-7　婴儿健康与孕妇营养冲击的关系研究中的反向因果
和遗漏变量问题

这项研究的难点主要在于:第一,如果将 Y 作为婴儿的健康状况,X 作为孕妇的营养状况,这存在着非常强的内生性问题,因为婴儿的健康状况很可能反过来影响孕妇的营养摄入。第二,在孕妇怀孕的 9 个月期间难以准确测量其营养摄入量。第三,如何控制那些无法观察到的变量,这些变量很可能同时影响孕妇的营养和婴儿的健康。

通过张晓波和陈西的研究,我们可以得到以下思路。首先,他们以农村样本为主体,并采取跟踪调查的方法,对 100 多个村庄进行调查,收集了样本的基本人口学变量、相关收入等变量,以及婴儿的健康度量指标(如身长、头围、体重等)。此外,他们还记录了样本所在村庄发生红白喜事的次数,这是一个非常奇特的变量。其中的逻辑在于红白喜事不会影响到低收入群体的人情往来的支出,但是会影响到低收入群体的食物支出。因为人情往来的支出是刚性的支出,即当别人家有红白喜事时,你给对方的随礼通常不会低于对方上一次给你的随礼,反之亦然。另外一个问题是,人情往来支出是否会影响低收入群体的食物支出?如果食物支出受到冲击,是否会影响到家中孕妇的营养摄入?孕妇的健康和营养摄入是否会影响到婴儿的健康?在张晓波老师的文章中,他们将村庄发生红白喜事的概率作为样本家庭孕妇营养受到冲击的工具变量。在这种情况下，可以在一定程度上解决反向因果问题、营养度量问题，以及如何控制无法观察到的变量的问题。

在设计问卷时，如果能够实现研究方法与问题设计的高度统一，通常可以提高问卷设计的质量。研究方法与问题设计的统一通常体现在以下几个方面：第一，数据分析能力和数据获取能力的结合。问卷设计的难点主要在于思考识别策略或识别方法以及变量的设计。一个好的研究并不需要涉及过多变量，关键在于所涉及的变量能够解决研究者所关注的问题。第二，学术想象力与实证精神的结合。相对于使用公开数据，问卷调查的优势在于可以极大地发挥个人的想象力，通过问卷形式收集数据来验证所构思的策略、方法和变量，从而进行高质量的研究。第三，创造力和枯燥的工作的结合。当我们找到一个令人激动的研究问题，并且发现了一个非常巧妙的解决方案时，往往会感到身心愉悦。然而，要将这个问题彻底研究清楚，就必须利用高质量的数据。而高质量的数据通常是通过受访者逐一填写问卷的方式获取的，这个过程非常枯燥，包括整个问卷处理和问卷清洗的过程都是如此。因此，问卷调查往往是创造力与枯燥工作相结合的过程。

小练习

一、简答题：

1. 为什么敏感性问题不能直接询问？

2. 如何进行网络随机抽样调查？

3. 相关关系和因果关系有什么联系和区别？

二、判断题：

1. 认可实验就是将受访者分为对照组和实验组，然后在实

验组的问题里面附加一些信息,以帮助研究人员得到想要获得的变量。 （　　）

2. 一个好的研究涉及的变量越多越好。 （　　）

3. 相关关系就是因果关系。 （　　）

4. 网络调查就是一种方便调查。 （　　）

5. 可以通过实验的方法测量无法观察的变量,并且这样获取的信息精度往往比较高。 （　　）

三、单选题:

1. 我们可以使用(　　)测度个体的风险态度。

A. 摸球实验　　　　　　　　B. 认可实验

C. 巴塞罗那实验　　　　　　D. 随机应答技术

四、多选题:

1. 以下说法中,正确的是(　　)。

A. 网络调查的样本选择要保证代表性,确保调查结果的可靠性

B. 认可实验方法样本量不需要比较大

C. 高血压发病率和运动强度之间存在因果关系

D. 相对于使用公开数据,问卷调查的优势主要在于可以极大地发挥个人的想象力

2. 下面方法在应用过程中包含简单随机抽样的有(　　)。

A. 认可实验　　　　　　　　B. 网络随机抽样调查

C. 网络方便抽样调查　　　　D. 列表实验

▶ 参考文献

[1] 贾俊平,何晓群,金勇进.统计学[M].9 版.北京:中国人民大学出版社,2021.

[2] 谢宇.回归分析[M].北京:社会科学文献出版社,2013.

［3］谢宇.社会学方法与定量研究[M].北京:社会科学文献出版社,2012.

［4］叶航.利他行为的经济学解释[J].经济学家,2005,(3):22-9.

［5］易祯,朱超.风险态度的国际比较:基于全球文献的元分析[J].经济学动态,2022(12):84-103.

［6］Gerrig R J, Zimbardo P G, Campbell A J, Cumming S R, Wilkes F J. Psychology and life[M]. London: Pearson Higher Education AU, 2015.

［7］Lyall J, Blair G, Imai K. Explaining support for combatants during wartime: A survey experiment in Afghanistan[J]. American Political Science Review, 2013,107(4): 679-705.

［8］Chen X, Zhang X B. Costly posturing: Relative status ceremonies and early child development in China[J]. World Institute for Development Economics Research, 2012(8).

8

问卷数据分析方法

关键术语

参数估计（Parameter estimation）：用样本统计量去估计总体的参数值（贾俊平等，2021），是统计推断的手段之一（谢宇，2013）。

估计值（Estimated value）：用于估计总体参数的统计量的名称（贾俊平等，2021）。

假设检验（Hypothesis testing）：基于样本数据来检验关于总体参数的假设（贾俊平等，2021）。

分类变量（Categorical variable）：也被称为定性变量、属性变量，只能由有限的数值或类别来衡量的变量（谢宇，2012），是说明事物类别的变量（贾俊平等，2021）。

数值变量（Metric variable）：说明事物数字特征的变量（贾俊平等，2021）。

顺序变量（Ordinal variable）：指分类数大于等于3，且类别之间存在序次关系的响应变量（贾俊平等，2021）。

条形图（Bar chart）：用一定宽度的条形来表示各类别频数的图形，用于观察不同类别频数的多少或分布状况（贾俊平等，2021）。

频数分布（Frequency distribution）：把各个类别落入其中的相应频数全部列出，并用表格的形式表现出来（贾俊平等，2021）。

正态分布（Normal distribution）：又称高斯分布（Gaussian distribution），是一个常被用到的连续随机变量分布，其概率分布函数对应的曲线为钟形、单峰，并具有对称性（谢宇，2013）。

标准正态分布（Standardized normal distribution）：标准化的正态分布。其期望为0，标准差为1（谢宇，2013）。

期望（Expectation）：用来表现随机变量集中趋势的理论值，等于随机变量所有可能取值以其概率为权重的加权平均数。它是我们所期望出现的均值，即出现这种均值的可能性比较大（谢宇，2013）。

中心极限定理（Central limit theorem）：从均值为μ，方差为σ^2的一个任意总体中抽取容量为n的样本，当n充分大时，样本均值$\overline{X}$的抽样分布近似服从均值为μ、方差为σ^2/n的正态分布（贾俊平等，2021）。它解释了为什么实际研究中遇到的许多随机变量都近似地服从正态分布（谢宇，2013）。

观测值（Observational vule）：通过调查或观测收集到的具体数值（贾俊平等，2021）。

零假设（Null hypothesis）：又称虚无假设，与研究假设相对，是研究中希望推翻的假设。根据假设检验的证伪规律，通常将与希望得到支持的研究假设相反的假设作为零假设（谢宇，2013）。

统计推断（Statistical inference）：依据概率统计理论以样本信息对总体特征进行的推断，包括参数估计和假设检验两种类型（谢宇，2013）。

散点图（Scatter diagram）：展示两个数值变量之间关系的图形，一般横轴代表自变量，纵轴代表因变量，每组数据在坐标系中分别用一个点表示，n组数据在坐标系中形成n个散点（贾俊平等，2021）。

直方图（Histogram）：用于展示数值、数据分布的一种图形，它是用矩形的宽度和高度（即面积）来表示频数分布的（贾俊平等，2021）。

残差(**Residual**)：实际观察值与估计值(拟合值)之间的差(谢宇,2013;贾俊平等,2021)。

面板数据(**Panel data**)：由数据集每个横截面的一个事件序列组成,例如对一系列个人的年龄、受教育程度、工资和婚恋状况等变量跟踪调查了 10 年所组成的数据集(Wooldridge,2015)。

截距(**Intercept**)：函数与 Y 坐标轴的相交点,即回归方程中的常数项(谢宇,2013)。

连续变量(**Continuous variable**)：在一定区间内可以任意取值的变量,其数值是连续不断的,相邻两个数值可做无限分割,即可取无限个数值,比如身高、体重等(谢宇,2013)。

线性(**Linearity**)：指自变量与因变量之间的关系为单调的一次函数关系,因变量取值随自变量变化的速率而不随自变量取值的大小不同而产生变异。也指回归分析中因变量为各回归系数的线性组合(谢宇,2013)。

自我选择(**Self selection**)：解释变量不是随机的,而是选择的结果,而这个选择的过程会对我们研究的主效应的估计产生偏差(Wooldridge,2015)。

8.1　基本的统计学概念

以某省保险职业伦理调查研究为例。为了研究保险人员的人群特点、工作状况、职业伦理问题发生概率、职业伦埋问题影响因素等问题,研究人员对 A 寿险公司、B 寿险公司、D 财险公司和 C 财险公司四家公司在某省域内的保险人员进行问卷调查。为节约成本,提高效率以及研究的参考价值,研究人员依据以下规则进行随机抽样(见表 8-1)。

表 8-1　某省保险人员职业伦理研究抽样规则与结果

单位	业务员/人	个人代理/人	权重	抽样人数/人	最终有效问卷数/份
A 寿险公司	23357		50	468	432
B 寿险公司	7115		20	356	266
C 财险公司	4067	1629	10	570	474
D 财险公司	1414		8	177	171
总计	35953	1629	\	1571	1343

最终,构成了由 101 个变量(包括基本人口统计变量、业绩表现、工作氛围、职业伦理行为等),1343 个观察值构成的数据集。当我们面对这份数据集时,应该怎么进行概括性描述? 又需要用到哪些度量指标呢?

为全面把握数据分布的特征,我们需要找到能够反映数据各个分布特征的代表值,可以从三个方面进行测度和描述:一是分布的集中趋势(central tendency),反映各数据向其中心值靠拢或聚集的程度;二是分布的离散趋势(dispersion tendency),反映各数据远离其中心值的趋势;三是分布的形状,反映数据分布的偏态和峰态(谢宇,2012;贾俊平等,2021)。

8.1.1　集中趋势的度量

1.平均数

平均数(mean)即均值,是一组数据相加后除以数据的个数得到的结果。平均数是度量数据集中趋势的常用统计量,经常被用于参数估计和假设检验中(贾俊平等,2021)。我们进行问卷调查时,通常会采取等概率抽样。对等概率抽样的数据进行描述性统计时,可以采用算术平均的方法得到平均数,此时应用算术平均的方法得到的计算值和真实值是一样的,这种用算术平均的方法计算得来的平均数被称为简单平均数。

设一组样本数据为 $x_1, x_2, \cdots, x_n$，样本量为 n，则样本的简单平均数用 $\bar{x}$ 表示，计算公式为：

$$\bar{x} = \frac{x_1 + x_2 + \cdots + x_n}{n} = \frac{\sum_{i=1}^{n} x_i}{n} \quad （等概率抽样）$$

平均数 $\bar{x}$ 就是到数据集 $x_1, x_2, \cdots, x_n$ 所有点的距离平方和最小的点，可以认为"数据集 $x_1, x_2, \cdots, x_n$ 分布在平均数 $\bar{x}$ 的左右"，且这个"左右"充分考虑了数据集 $x_1, x_2, \cdots, x_n$ 每一个数具体的取值，因此平均数可以反映数据的集中程度。

设某总体的全部数据为 $x_1, x_2, \cdots, x_N$，共 N 个数据，总体的平均数用 μ 表示，其计算公式为：

$$\mu = \frac{x_1 + x_2 + \cdots + x_N}{N} = \frac{\sum_{i=1}^{N} x_i}{N}$$

以某省保险职业伦理研究为例。随机抽取 30 名 A 寿险公司的保险人员，得到他们的入职年限数据，如表 8-2 所示。

表 8-2　随机抽取 A 寿险公司 30 名保险人员的入职年限

单位：年

1.30	3.30	23.00	1.40	1.00	0.75
25.00	2.90	1.70	1.20	0.96	0.72
4.50	2.70	1.60	1.10	0.88	0.66
4.00	2.30	1.50	1.10	0.84	0.65
3.50	2.00	1.40	1.00	0.82	0.62

因为这 30 个人是随机抽取的，是等概率抽样，所以他们的平均入职年限为：

$$\bar{x} = \frac{1.30 + 3.30 + \cdots + 0.82 + 0.62}{30} \approx \frac{94.4}{30} \approx 3.15$$

还有一种平均数，我们称之为加权平均数（weighted mean）。其中出现了权重的概念，这在前面的章节里面也介绍过，例如，在对大农户进行调查时，采取的是 3∶1 抽样，即每 3 个大农户里面抽取 1 个农户进行调查；对小农户进行调查时，采取的是 10∶1 抽样，就是每 10 个小农户里面抽取 1 个农户进行调查。这种情况下，就不能再用算术平均的方法计算平均数，具体地，计算生产规模时，不能把大农户的数据与小农户的数据直接相加，然后除以总样本量，因为两者的抽样权重不同。

以某省保险人员职业伦理研究为例。研究人员抽取了四家公司进行问卷调查，四家公司的抽样权重和年龄均值分别如表 8-3 所示。

表 8-3　某省保险人员职业伦理研究中四家公司的抽样权重和年龄均值信息

分组	权重（w_k）	组内均值（gm_k）	频数（n_k）	$gm_k \times n_k$
A 寿险公司	50	44.86	432	19379.52
B 寿险公司	20	47.27	266	12573.82
C 财险公司	10	40.11	474	19012.14
D 财险公司	8	37.66	171	6439.86
总计	\	\	1343	\

若求样本简单平均值，则样本平均年龄为：

$$\bar{x} = \frac{\sum_{k=1}^{4} gm_k n_k}{\sum_{k=1}^{4} n_k} \approx \frac{57405.34}{1343} \approx 42.74$$

若求样本加权平均值，则样本平均年龄为：

$$\bar{x} = \frac{\sum_{k=1}^{4} w_k gm_k n_k}{\sum_{k=1}^{4} w_k n_k} \approx \frac{1462092.68}{10 * 474 + 50 * 432 + 8 * 171 + 20 * 266} =$$

$$\frac{1462092.68}{33028} \approx 44.27$$

在本案例中，A 寿险公司的 1 位受访者代表了该公司的 50 名保险人员，B 寿险公司的 1 位受访者代表了该公司的 20 名保险人员,C 财险公司的 1 位受访者代表了该公司的 10 名保险人员,D 财险公司的 1 位受访者代表了该公司的 8 名保险人员。所以,虽然我们调查到的是 1343 位受访者,但实际上我们要反映(10×474＋50×432＋8×171＋20×266＝)33028 名保险人员的信息,所以这里求样本加权平均值的意义是,通过被调查样本的平均年龄推断四家公司全部保险人员的平均年龄。

在 Stata 中可以输入"egen mean＝mean(变量名)"求得对应变量的均值,也可以通过描述性统计的命令求出平均数。若需要算术平均数,可以使用命令"sum 变量名";若需要加权平均数,则可以使用命令"sum 变量名［fweight＝weight］",这里的"weight"为抽样权重。以某省保险人员职业伦理数据为例,见案例 8-1、8-2。

案例 8-1

在 Stata 中为某省保险人员职业伦理数据赋权重的命令

```
gen weight＝.
replace weight＝10 if company＝＝"C 财险公司"
replace weight＝50 if company＝＝"A 寿险公司"
replace weight＝8 if company＝＝"D 财险公司"
replace weight＝20 if company＝＝"B 寿险公司"   //设置抽
样权重
tab weight
```

此外,当我们对 0—1 变量求均值时,求出的均值恰好是变量取值为 1 的情况在样本中出现的频率。根据这一规律,我们可以直观地了解该变量的分布情况。在关于某省保险人员职业伦理的调查研究中,我们通过一道多选题获取了受访者销售的险种类型信息。

案例 8-2

某省保险人员职业伦理研究

[1]您现在销售哪些保险险种(多选)?

A.车险　B.农业保险　C.信用/保证保险　D.意外/健康险

E.其他非车险　F.寿险

在数据清理的过程中,我们将此题转化为 6 个 0—1 变量,即如果受访者此题选择了 A 选项,车险变量的取值就为 1,否则为 0;如果选择了 B 选项,农业保险变量的取值就为 1,否则为 0。以此类推,最终生成了 6 个 0—1 变量。然后分成总体、寿险公司、财险公司 3 个类别,画出由 6 个变量均值构成的直方图,如图 8-1 所示。

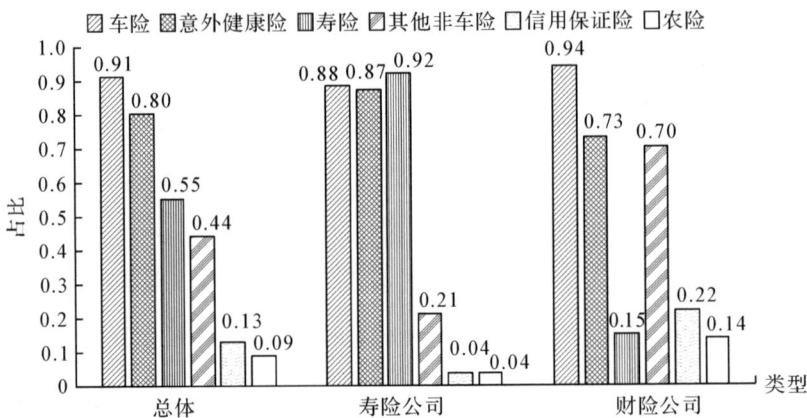

图 8-1　某省保险人员销售险种分布直方图

由图 8-1,我们可以了解到某省保险人员总体上约有 91% 的保险人员销售车险,80% 的保险人员销售意外健康险,55% 的保险人员销售农险,44% 的保险人员销售其他非车险,13% 的保险人员销售信用保证险,销售农险的保险人员,最少仅为 9%。寿险公司销售寿险的人最多,达到了 92%,财险公司销售车险的人最多,达到了 94%。

2.中位数

中位数(median)是一组数据排序后处在中间位置上的数值,用 M_e 表示。中位数可以将全部数据等分成两等份,每部分包含 50% 的数据,一部分数据比中位数大,另一部分比中位数小。中位数的特点是不受极端值的影响(贾俊平等,2021)。

计算中位数的方法如下,先将 n 个数据由小到大进行排序,然后确定中位数的位置,最后确定中位数的具体数值。如果位置是整数值,中位数就是该位置所对应的数值;如果位置是整数加 0.5 的数值,中位数就是该位置两侧值的平均值(贾俊平等,2021)。

设一组数据 $x_1,x_2,\cdots,x_n$ 按从小到大排序后为 $x_{(1)},x_{(2)},\cdots,x_{(n)}$,则中位数就是 $(n+1)/2$ 位置上的值(贾俊平等,2021)。计算公式为:

$$M_e = \begin{cases} x_{\left(\frac{n+1}{2}\right)} & n \text{ 为奇数} \\ \frac{1}{2}\left\{x_{\left(\frac{n}{2}\right)}+x_{\left(\frac{n}{2}+1\right)}\right\} & n \text{ 为偶数} \end{cases}$$

沿用表 8-2 的数据,计算 A 寿险公司 30 名保险人员入职年限的中位数。先要将 30 个保险人员入职年限数据排序,然后确定中位数的位置为 $(30+1)\div2=15.5$,中位数是排序后的第 15.5 位置上的数值,即在第 15 个数值(1.4)和第 16 个数值(1.4)中间(0.5)的位置上。因此中位数计算为 $(1.4+1.4)/2=1.4$。

平均数的数学性质优良,考虑到了数据集内每一个数据具体的取值,在数据为对称分布或接近对称分布时代表性较好,在实际中最为常用,但是易受极端值影响。所以当数据分布偏斜程度较大时,一般采用不受极端值影响的中位数度量数据的集中趋势。

在关于某省保险人员职业伦理的调查研究中,保险人员的年龄分布如图 8-2 所示。

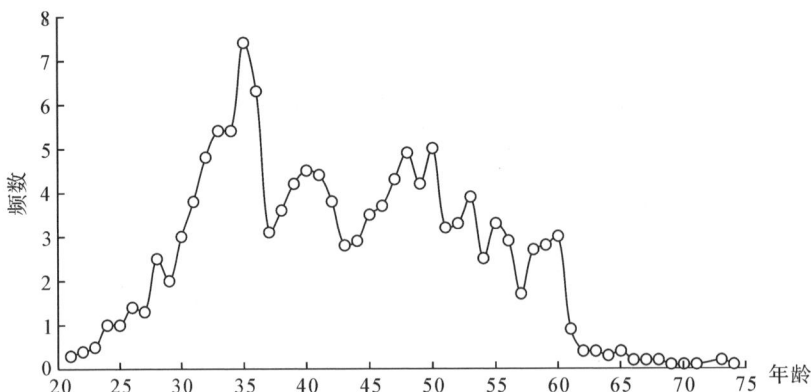

图 8-2　某省保险人员年龄分布图

　　某省保险人员的年龄在分布上存在右侧的极端值,所以平均数受年龄较大的几位员工的影响而偏大,因此,在此案例中用中位数描述年龄的集中程度比平均数更加客观。

3.四分位数

　　四分位数(quartile)是将一组数据排序后,处于 25% 和 75% 位置上的数值。它用三个点将所有数据等分为四个部分,每个部分包含 25% 的数据。其中,中间的四分位数即为中位数。因此,通常所说的四分位数是指处在 25% 位置上和 75% 位置上的两个数值(贾俊平等,2021)。

　　计算四分位数时,首先需要对数据进行排序,然后确定四分位数所在的位置,该位置上的数值就是四分位数。与中位数不同,**四分位数位置的确定方法有多种,每种方法得到的结果可能略有差异**(贾俊平等,2021)。

　　设 25% 位置上的四分位数为 $Q_{25\%}$,75% 位置上的四分位数为 $Q_{75\%}$,四分位数的位置公式为:

$$Q_{25\%}\text{位置} = \frac{n+1}{4} = \frac{n}{4} + \frac{1}{4} , Q_{75\%}\text{位置} = \frac{3(n+1)}{4} = \frac{3n}{4} + \frac{3}{4}$$

在计算四分位数时,如果位置是整数,直接取该位置对应的数值作为四分位数;如果位置是整数加 0.5,则取该位置两侧数值的平均数作为四分位数;如果位置是在整数加 0.25 或 0.75,则四分位数等于该位置前面的数值加上按比例分摊的位置两侧数值的差值(贾俊平等,2021)。

沿用表 8-2 的数据,计算 A 寿险公司 30 名保险人员入职年限的四分位数。要先对 n 个数据从小到大进行排序,然后计算出四分位数的位置:

$$Q_{25\%} 位置 = \frac{30+1}{4} = 7.75, Q_{75\%} 位置 = \frac{3 \times (30+1)}{4} = 23.25$$

$Q_{25\%}$ 在第 7 个数值(0.84)和第 8 个数值(0.88)之间 0.75 的位置上

$$Q_{25\%} = 0.84 + 0.75 \times (0.88 - 0.84) = 0.87$$

$Q_{75\%}$ 在第 23 个数值(2.7)和第 24 个数值(2.9)之间 0.25 的位置上,因此,

$$Q_{75\%} = 2.7 + 0.25 \times (2.9 - 2.7) = 2.75$$

由于在 $Q_{25\%}$ 和 $Q_{75\%}$ 之间,大约包含了 50% 的数据。就上述 30 名保险人员的入职年限而言,可以说大约有一半保险人员的入职年限在 0.87 年和 2.75 年之间。

在 Stata 输入"sum 变量名,detail"即可以在描述性统计信息中得到四分位数。以某省保险人员职业伦理研究数据为例,在 Stata 中输入"sum age〔fweight=weight〕,detail"即可以获得样本年龄的四分位数(加权)。

在某省保险人员职业伦理研究数据中,样本年龄的上四分位数为 35 岁,下四分位数为 52 岁。这意味着大约有 50% 的样本年龄分布在 35~52 岁。

4.众数

众数(mode)是一组数据中出现频数最多的数值,用符号 M_o

表示。**只有在数据量较大时众数才有意义**。众数是一组数据分布的峰值点所对应的数值,如果数据的分布没有明显的峰值,众数也可能不存在;如果有两个或多个峰值,**也可以有两个或多个众数**(贾俊平等,2021)。

沿用表 8-2 中的数据,1、1.1 和 1.4 各出现了两次,其余保险人员的入职年限出现的次数都是 1。因此,该数据集存在三个众数,分别为 1、1.1 和 1.4,这就是存在多个众数的情况。

众数不受极端值的影响,因此在数据分布偏斜程度较大且有明显峰值时,众数具有较好的代表性(贾俊平等,2021)。

在 Stata 中可以通过输入命令"egen m=mode(变量名)"求得对应变量的众数,也可以通过"tab 变量名"的方式列出频数分布表得出众数,还可以通过画直方图观察得出众数。以某省保险人员职业伦理研究为例。

表 8-4　某省保险人员职业伦理研究受教育程度频数分布表

受教育程度等级	含义	频数	频率
1	小学及以下	8	0.60
2	初中	123	9.16
3	高中及中专	409	30.45
4	大学专科	356	26.51
5	大学本科及以上	447	33.28
总计		1343	100.00

如表 8-4 所示,受教育程度的众数应该是"5",即某省保险人员中,受教育程度为"大学本科及以上"的保险人员数量最多。

如图 8-3 所示,遵守"最大诚信"程度的众数是"10",即在某省保险人员中,100%遵守"最大诚信"的保险人员最多。

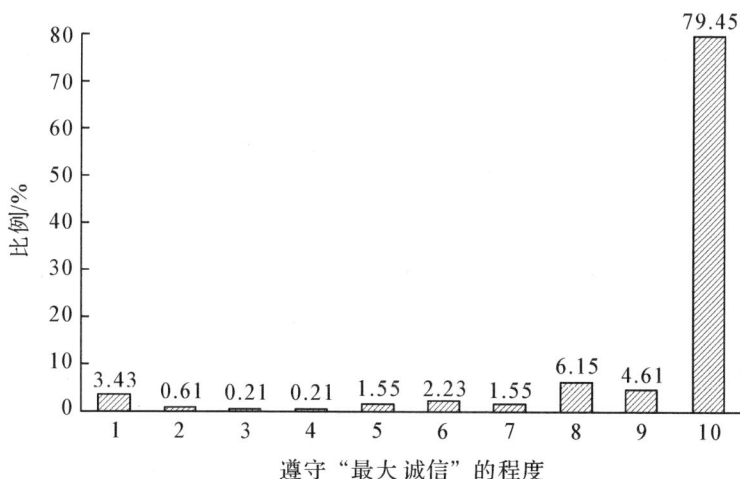

图 8-3　某省保险人员遵守"最大诚信"的程度

需要注意的是,遵守"最大诚信"程度的样本数据分布偏斜程度较大且有明显峰值,最适合用众数描述集中程度。

8.1.2　离散程度的度量

1. 全距和四分位距

全距(range)是一组数据的最大值与最小值之差,也称极差,用 R 表示(贾俊平等,2021)。计算公式为:

$$R = \max(x) - \min(x)$$

例如,根据表 8-2 的数据,计算 A 寿险公司 30 名保险人员入职年限的全距为:$R = 25 - 0.62 = 24.38$。由于全距只是利用一组数据两端的信息,因此很容易受极端值的影响,不能全面反映数据的差异状况。

虽然全距在实际中很少单独使用,但它通常作为分析数据离散程度的一个参考值。在数据分析中,我们更倾向于使用其他衡量数据离散程度的指标,如方差、标准差或四分位距等,因为它们对数据的集中趋势和分散程度有更全面的把握。全距的使用更多是作为辅助参考,帮助我们初步了解数据的取值范围。

四分位距(inter－quartile range)是一组数据 **75%** 位置上的四分位数与 **25%** 位置上的四分位数的差,也称四分位差,用 *IQR* 表示(贾俊平等,2021),计算公式为:

$$IQR = Q_{75\%} - Q_{25\%}$$

四分位距反映了中间 50% 数据的离散程度,四分位距的大小说明了中位数对一组数据的代表程度。例如,根据表 8-2 中的数据计算 A 寿险公司 30 名保险人员入职年限的四分位数得, $IQR = 2.75 - 0.87 = 1.88$。

以某省保险人员职业伦理研究的总体数据为例,样本年龄的上四分位数为 35,下四分位数为 52,最小值为 21,最大值为 74,根据这些信息可以计算出此组数据的四分位距为 17,全距为 53。由此可以大致推断某省保险人员的年龄的离散程度比较大。

2. 方差和标准差

将一组数据中每个数据与其平均数之间的差异作为数据离散程度的度量结果,比全距和四分位距更为全面和准确。这就需要求出每个数据与其平均数离差①的平均数。但由于 $(x_i - \overline{x})$ 之和等于 0,我们需要对数据进行一定的处理,即将每个离差平方后,对所有平方离差求和,再除以数据个数,得到方差(variance)(贾俊平等,2021)。方差的正平方根被称为标准差(standard deviation)。样本方差代表的是样本中在某一个变量维度上的所有点到均值的距离平方的均值,即样本标准差可以近似视为样本中所有点到均值的平均距离,与随机变量有相同的量纲(谢宇,2013)。

方差和标准差是实际中应用最为广泛的衡量数据离散程度的指标,可以帮助我们了解数据的变异程度,以及数据点相对于平均值的偏离程度。

---

① 离差:指数据点与某个中心值(通常是平均数或中位数)之间的差异或距离(谢宇,2013)。

设样本方差为 s^2，根据原始数据计算样本方差的公式为：

$$s^2 = \frac{\sum_{i=1}^{n}(x_i - \overline{x})^2}{n-1}$$

所以，样本标准差 s 的计算公式为：

$$s = \sqrt{\frac{\sum_{i=1}^{n}(x_i - \overline{x})^2}{n-1}}$$

设总体方差为 σ^2，根据原始数据计算总体方差的公式为：

$$\sigma^2 = \frac{\sum_{i=1}^{N}(X_i - \mu)^2}{N}$$

相应地，总体标准差 σ 的计算公式为：

$$\sigma = \sqrt{\frac{\sum_{i=1}^{N}(X_i - \mu)^2}{N}}$$

需要注意的是，总体方差的分母是 N，而样本方差的分母是 $n-1$，这主要是因为使用修正自由度（degree of freedom）[①]的样本方差可以对总体方差进行无偏估计[②]。同样的原因也适用于样本标准差，这里只是简单介绍，若想了解背后的推导过程，可以自行学习相关资料。需要说明的是，方差是无量纲的，其单位是没有意义的。而标准差是有量纲的，其度量单位与变量的度量单位相同，具有经济意义。

此外，当总体不服从正态分布时，样本均值 $\overline{X}$ 的分布取决于总体分布。但根据**中心极限定理**，当抽样个数 n 比较大时，样本均值 $\overline{X}$ 的分布总是近似正态分布。$\overline{X}$ 的标准差为 $\frac{\sigma}{\sqrt{n}}$，即标准误（standard error），用以反映抽样误差（测量的可靠性），即抽样分布的标准差（谢宇，2013）。见图 8-4。

[①] 自由度：观测值的个数减去待估参数的个数（谢宇，2012）。

[②] 无偏性（unbiasedness）：当样本统计量的期望值等于总体真值时，该统计量具有无偏性（谢宇，2013）。

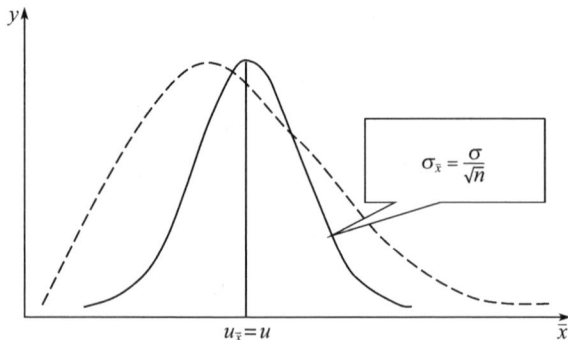

图 8-4　中心极限定理图示

　　沿用表 8-2 的数据,计算 A 寿险公司 30 名保险人员入职年限的方差和标准差,计算的方差为:

$$s^2 = \frac{(0.62-3.15)^2 + \cdots + (25-3.15)^2}{30-1} \approx \frac{965.9021}{29} \approx 33.31$$

标准差为:

$$s = \sqrt{s^2} \approx \sqrt{33.31} \approx 5.77$$

3. 离散系数

　　标准差是反映一组数据离散程度的绝对值,其数值的大小受原始数据取值大小的影响,数据的观测值越大,标准差的值通常也就越大(贾俊平等,2021)。此外,由于标准差与原始数据的计量单位相同,因此采用不同计量单位的数据,其标准差的值也就不同。因此,对于不同组别的数据,在原始数据的观测值相差较大或计量单位不同的情况下,我们需要计算离散系数。

　　离散系数(coefficient of variation,CV)也称变异系数,它是一组数据标准差与均值的比值(贾俊平等,2021)。它将标准差的数值标准化,使得不同组别数据之间可以更加公平地进行离散程度的比较。通过离散系数,可以消除不同计量单位或观测值范围对离散程度分析的影响。其计算公式为:

$$CV = \frac{s}{\bar{x}}$$

　　离散系数是一种用于比较不同样本数据离散程度的指标,

离散系数的大小反映了数据的相对离散程度。如果离散系数较大,则数据的相对离散程度也较大,反之,如果离散系数较小,则数据的相对离散程度也较小(贾俊平等,2021)。

在某省保险人员职业伦理研究中,有 A 寿险公司、C 财险公司、D 财险公司、B 寿险公司四家被调查的保险公司,比较四家公司在保险人员年龄和入职年限上的离散系数,结果如表 8-5 所示。

表 8-5 年龄与入职年限离散系数和标准差对比

分组	年龄			入职年限		
	均值 $(\bar{x}_1)$	标准差 (S_1)	离散系数 (CV_1)	均值 $(\bar{x}_2)$	标准差 (S_2)	离散系数 (CV_2)
C 财险公司	40.11	9.18	0.23	10.15	7.49	0.74
A 寿险公司	44.86	11.11	0.25	7.15	7.40	1.03
D 财险公司	37.65	6.61	0.18	9.10	5.30	0.58
B 寿险公司	47.27	8.86	0.19	5.86	4.82	0.82

由表 8-5 可知,四家公司在年龄上的标准差关系为 A 寿险公司＞C 财险公司＞B 寿险公司＞D 财险公司,其年龄离散系数的排列顺序也表现出相同的趋势。这说明,在我们调查的四家公司中,A 寿险公司的保险人员年龄的离散程度相对于其他公司较高,而 D 财险公司则相对于其他公司较低。

而在入职年限方面,标准差的排列顺序为 C 财险公司＞A 寿险公司＞D 财险公司＞B 寿险公司,离散系数的排列顺序为 A 寿险公司＞C 财险公司＞B 寿险公司＞D 财险公司。离散系数排序与标准差排序相差较大,A 寿险公司保险人员的入职年限的离散程度较大,D 财险公司离散程度较小。这说明当均值相近时,比较不同组的标准差大小的结果可能与比较离散系数大小的结果相近;但当均值相差较大时,比较不同组的标准差大小的结果可能与比较离散系数大小的结果大相径庭。

需要注意的是,即使不同组数据的计量单位相同,也不能直接通过标准差比较它们的离散程度,因为同样的标准差对于不同的均值意义是不一样的。当两组数据均值不等,标准差相同时,均值小的,离散程度更大。另外,当均值接近 0 时,离散系数会趋于无穷大,此时必须慎重解释。

4.标准分数

有了平均数和标准差之后,就可以计算一组数据中每个数值的标准分数 (standard score) (贾俊平等,2021)。标准分数是将变量取值减去该变量的均值后除以标准差所得的数值(谢宇,2013)。设样本数据的标准分数为 z,则有:

$$z_i = \frac{x_i - \overline{x}}{s}$$

标准分数可以测度每个数值在该组数据中的相对位置,并可以判断一组数据是否有离群点(贾俊平等,2021)。沿用表 8-2 的数据。计算 A 寿险公司 30 名保险人员入职年限的标准分数。根据前面的计算结果,$\overline{x} = 3.15$,$s = 5.77$。以第 1 个人的入职年限为例,由标准分数的计算公式可得 $z_1 = \frac{1.3 - 3.15}{5.77} = -0.32$。结果表示,第 1 个人的入职年限比平均入职年限低 0.32 个标准差,显然比较接近于平均入职年限。

不同评价指标往往具有不同的量纲和量纲单位,这样的情况会影响到数据分析的结果,为了消除指标之间量纲不同带来的影响,需要进行数据标准化处理,以实现数据指标之间的可比性(罗胜强和姜嬿,2014)。$z_i = \frac{x_i - \overline{x}}{s}$ 也是统计上常用的标准化公式,在对多个具有不同量纲的变量进行处理时,常常需要对各变量的数据进行标准化处理(无量纲化),也就是把一组数据转化成平均数为 0、标准差为 1 的新数据。实际上标准分数只是将原始数据进行了线性变换,它并没有改变某个数值在该组数据中的位置,也没有改变该组数据分布的形状。原始数据经过数据标准化处理后,各指标处于同一数量级,适合进行综合对比评价。

以某省保险人员职业伦理研究的数据集为例,员工的能力指标由受教育程度(1—5)、认知能力(1—10)，非认知能力(1—7)构成，为构造由受教育程度、认知能力、非认知能力复合而成的能力指标，可以先在 Stata 中对三个子指标进行标准化处理"egen 新变量名 = std(需要标准化的变量名)，mean(0) std(1)"，然后就可以加总标准化后的值构造总指标。

另外还可以根据标准分数，判断一组数据中是否存在离群点 (outlier)。经验法表明，当一组数据呈对称分布时，约有 68% 的数据在平均数±1 个标准差的范围之内，约有 95% 的数据在平均数±2 个标准差的范围之内，约有 99% 的数据在平均数 ±3 个标准差的范围之内。一组数据中低于或高于平均数 3 个标准差之外的数值是很少的，平均数±3 个标准差的范围内几乎包含了全部数据，因此在 3 个标准差之外的数据在统计上也常常被称为离群点(贾俊平等，2021)。

如果一组数据不是对称分布，可使用切比雪夫不等式(Chebyshev's inequality)判断离群点，它对任何分布形态的数据都适用。根据切比雪夫不等式，至少有($1-1/k^2$)的数据落在 k 个标准差之内。其中 k 是大于 1 的任意值，但不一定是整数。对于 $k=2,3,4$，该不等式的含义分别是：至少有 75% 的数据在平均数±2 个标准差的范围之内；至少有 89% 的数据在平均数 3 个标准差的范围之内；至少有 94% 的数据在平均数±4 个标准差的范围之内(贾俊平等，2021)。

以某省保险人员职业伦理研究为例。由描述性统计表可知，某省保险人员的平均年龄为 44.27 岁，标准差为 10.64，结合某省保险人员的年龄分布直方图(非对称分布)，可知某省至少有 75% 保险人员的年龄分布在 22.99~65.55 岁。某省寿险公司的保险人员的平均年龄则为 45.34 岁，高于总体平均年龄，标准差为 10.74，这说明某省寿险公司人员年龄整体偏大，年龄跨度也更大，至少有 75% 的保险人员的年龄分布在 23.86~66.82 岁。与之相反，某省财险公司人员的平均年龄则较小，为 39.56

岁,财险公司平均每位保险人员与 39.56 岁的年龄差为 8.93 岁,这说明财险公司人员的年龄相对寿险公司和总体较小,年龄跨度也较小,至少有 75% 的保险人员的年龄分布在 21.7～57.42 岁。

在受教育程度上,某省保险人员主要的学历分布在高中及中专和大学专科,标准差为 0.99。其中寿险公司的整体学历最低,低于某省保险行业的整体水平,以高中及中专为主;财险公司的入行门槛相对较高,学历水平以大学专科为主。在子女数量上,某省保险从业人员整体平均有 1.23 个孩子(即每 100 个保险从业人员的子女数量总和平均为 123 人),且主要体现在寿险公司;财险公司因为整体年轻化,员工平均的子女基本是 1 个。在家庭人口数方面,财险公司员工平均是 4 口之家,离散系数为 0.33(低于寿险公司的 0.35),人口分布比寿险公司集中,某省保险公司总体的家庭平均人口数接近 3.84 个人。在入职年限上,某省保险从业人员的平均在岗 7.44 年,高于寿险公司的平均 6.89 年,财险公司从业人员的稳定性最强,平均入职年限 9.91 年,比寿险公司多了 2.93 年(见表 8-6)。

表 8-6　描述性统计表

变量	总体			寿险公司			财险公司		
	均值	标准差	离散系数	均值	标准差	离散系数	均值	标准差	离散系数
年龄	44.3	10.64	0.24	45.34	10.74	0.24	39.56	8.73	0.22
性别	0.25	0.44	1.76	0.21	0.41	1.95	0.43	0.50	1.16
户籍	0.42	0.49	1.17	0.39	0.49	1.26	0.55	0.50	0.91
受教育程度	3.49	0.99	0.28	3.27	0.91	0.28	4.46	0.71	0.16
是否党员	0.12	0.33	2.75	0.11	0.31	2.82	0.21	0.41	1.95
宗教信仰	0.17	0.37	2.18	0.18	0.39	2.17	0.09	0.29	3.22
子女数量	1.23	0.66	0.54	1.26	0.66	0.52	1.10	0.67	0.61
家庭人口数	3.84	1.32	0.34	3.80	1.32	0.35	4.00	1.30	0.33
一线城市	0.39	0.49	1.26	0.41	0.49	1.20	0.33	0.47	1.42
入职年限	7.44	7.09	0.95	6.89	6.98	1.01	9.91	7.05	0.71

8.1.3 分布形状的度量

1.偏度系数

偏度(skewness)也称作偏态,是对数据分布偏斜方向和程度的度量,反映数据分布非对称程度的特征(谢宇,2013;贾俊平等,2021)。测度数据分布不对称性的统计量,记为 SK。根据原始数据计算偏度系数时,通常采用下面的公式:

$$SK = \frac{n}{(n-1)(n-2)} \sum_{i=1}^{n} (\frac{x_i - \overline{x}}{s})^3$$

当数据对称分布时,偏度系数为 0。如果偏度系数不等于 0,则表示数据分布是非对称的。偏度系数越接近 0,偏斜程度就越低,就越接近对称分布。若偏度系数的绝对值大于 1,则视为严重偏斜分布;若偏度系数的绝对值在 0.5～1 之间,则视为中等偏斜分布;若偏度系数的绝对值小于 0.5,则视为轻微偏斜。**其中负值表示左偏分布(在分布的左侧有长尾),正值则表示右偏分布(在分布的右侧有长尾)**(贾俊平等,2021)。

由于众数和中位数不受极端值的影响,而均值会受极端值的影响,所以当数据呈左偏分布时,众数≥中位数>均值;当数据呈右偏分布时,众数≤中位数<均值。

2.峰度系数

峰度(kurtosis)也称作峰态,指数据分布峰值的高低(谢宇,2013;贾俊平等,2021)。测度一组数据分布峰值高低的统计量,记作 K。根据原始数据计算峰度系数时,通常采用下面的公式:

$$K = \frac{n(n+1)}{(n-1)(n-2)(n-3)} \sum_{i=1}^{n} \left(\frac{x_i - \overline{x}}{s}\right)^4 - \frac{3(n-1)^2}{(n-2)(n-3)}$$

峰度通常是与标准正态分布相比较而言的(谢宇,2013)。由于标准正态分布的峰度系数为 0,当 $K>0$ 时为尖峰分布,数据分布的峰值比标准正态分布高,数据相对集中;当 $K<0$ 时为偏平分布,数据分布的峰值比标准正态分布低,数据相对分散。

沿用表 8-2 的数据。计算 A 寿险公司 30 名保险人员入职年限的偏度系数和峰度系数。偏度系数 $SK = \dfrac{30}{(30-1)(30-2)}$ ·

$$\sum_{i=1}^{30}\left(\dfrac{x_i-3.15}{5.77}\right)^3 \approx \dfrac{30}{(30-1)(30-2)}\times 93.93 \approx 3.47,$$结果

显示，入职年限数据为严重的右偏；峰度系数 $K =$

$$\dfrac{30(30+1)}{(30-1)(30-2)(30-3)}\sum_{i=1}^{30}\left(\dfrac{x_i-3.15}{5.77}\right)^4 - \dfrac{3(30-1)^2}{(30-2)(30-3)}$$

≈ 11.33,结果显示，入职年限数据呈尖峰分布。

8.1.4 协方差与相关系数

协方差（covariance）是对两个随机变量之间线性相依程度的衡量，即一个随机变量的取值对另一随机变量的取值有多大影响（谢宇,2013）。随机变量 X 与 Y 的协方差为：

$$Cov(X,Y) \equiv \sigma_{XY} \equiv E[(X-E(X))(Y-E(Y))]$$

当随机变量 X 的取值大于（小于）其期望 $E(X)$ 时,随机变量 Y 的取值也倾向于大于（小于）其期望值 $E(Y)$,则 $Cov(X,Y) > 0$,二者存在正相关;反之,当随机变量 X 的取值大于（小于）其期望 $E(X)$ 时,随机变量 Y 的取值倾向于小于（大于）其期望值 $E(Y)$,则 $Cov(X,Y)$ 二者存在负相关（陈强,2014）。

如果 $Cov(X,Y) = 0$,则说明二者线性不相关（uncorrelated）,但不一定相互独立（independent）,因为还可能存在非线性的相关关系。

协方差受 X 与 Y 计量单位的影响,为将其标准化,引入了相关系数（correlation）。

$$\rho \equiv Corr(X,Y) \equiv \dfrac{Cov(X,Y)}{\sqrt{Var(X)Var(Y)}} \equiv \dfrac{\sigma_{XY}}{\sigma_X\sigma_Y}$$

相关系数是对两个随机变量之间线性相依程度的衡量,它与测量的单位无关（谢宇,2013）,可以用来衡量两个变量之间相

关的精确程度,相关系数介于－1与1之间,即$-1<\rho<1$(Gerrig et al.,2015)。

8.1.5 显著性

统计推断(statistical inference)通常通过两种方法来实现:第一种基于样本数据来估计总体的参数值,即参数估计;第二种基于样本数据来检验关于总体参数的假设,称为假设检验(谢宇,2013)。建立统计假设,是进行显著性检验的前提条件,我们需要先对数据做一个假设,然后再利用显著性概念来检验我们的原假设正确与否。

假设检验依据小概率事件不发生原理做判断,但小概率事件并非一定不会发生。因此,在假设检验中,可能会出现两类错误。**第一类错误(也称 α 错误,α error)为"弃真"错误,即拒绝了正确的原假设**(谢宇,2013;贾俊平等,2021)。当我们将概率值小于预先设定的 α 视为小概率事件时,犯第一类错误的概率就是 α。此时,这个预先设定的 α 被称为假设检验的显著性水平(significance level)①。

第二类错误为"纳伪"错误(也称 β 错误,β error),即接受了错误的原假设(谢宇,2013;贾俊平等,2021)。在样本量一定的情况下,减少第一类错误的同时会增加第二类错误的机会。若想在区间估计中增大估计的可靠性,区间就会变宽且失去精度;而若想提高精度,就需要估计区间变得很窄,但可靠性会降低。**增加样本量是唯一的可以同时减少两类错误的方法。**

因此,通常的做法是先确保第一类错误的概率 α 较小,然后尽可能降低第二类错误的概率(见表8-7)。

---

① 显著性水平:也称为显著度,是变量落在置信区间以外的可能性(谢宇,2013)。

表 8-7　假设检验的两类错误

	没有拒绝 H_0	拒绝 H_0
H_0 为真	正确决策;$1-\alpha$	弃真错误(第一类错误);α
H_0 为假	取伪错误(第二类错误);β	正确决策;$1-\beta$

对于方程 $y=\beta_0+\beta_1 x+\varepsilon$,我们要验证 x 对 y 的影响是否存在,即检验估计值 $\widehat{\beta_1}$ 是否显著为 0。

我们的原假设是 $\widehat{\beta_1}$ 等于零。为了进行假设检验,我们可以利用 $\widehat{\beta_1}$ 的分布构造一个 T 统计量,该统计量服从自由度为 $n-2$ 的 t 分布(t distribution)(谢宇,2013)。然后,我们可以根据预先设定的显著性水平和样本量,确定 t 分布表中对应的临界值。

假设检验通常会进行双边检验,因此我们需要查找 $\frac{\alpha}{2}$ 所对应的值,可以表示为图 8-5 中的临界值,将样本统计量(sample statistic)计算得出的数值与表中的数值进行比较,如果计算得出的数值落入了接受域(region of acceptance)①,则接受原假设,否则就可以拒绝原假设,表明 x 对 y 的影响是显著的。

这个过程可能比较烦琐,一般我们可以通过计算机上的统计软件做简单的操作,直接输出对应显著性检验的结果。

在实际操作中,通常会将显著性水平 α 取 0.1、0.05 和 0.01 等进行显著性检验。以养老保险对生育意愿的影响研究为例(陈欢和张跃华,2019),我们在回归分析中采用了显著性检验。在该研究中,被解释变量为生育意愿,主要解释变量为养老保险,并且控制了个人特征中的年龄、性别、户口、受教育年限,以及健康状况等控制变量。回归结果如表 8-8 所示。

---

① 接受域:检验统计量的样本空间中拒绝域之外的部分,如果基于样本计算得到的统计量取值落在这个范围内,我们就不推翻原假设(谢宇,2013)。

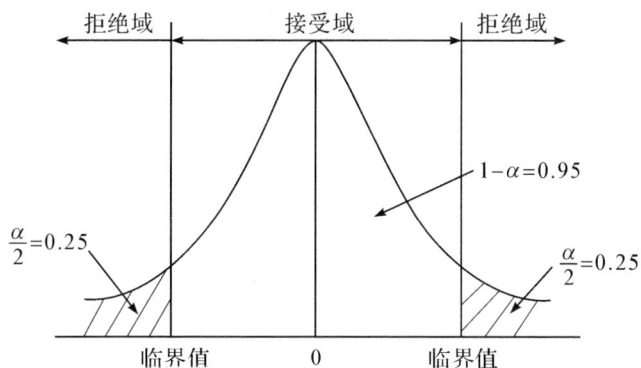

图 8-5　假设检验的图示(图源来自网络)

表 8-8　养老保险对生育意愿的影响研究

	(1) 总生育 意愿	(2) 生育儿子 意愿	(3) 生育女儿 意愿	(4) 总生育 意愿	(5) 生育儿子 意愿	(6) 生育女儿 意愿
解释变量:						
养老保险	−0.046*** (0.012)	−0.028*** (0.008)	−0.023*** (0.009)	−0.021* (0.011)	−0.017** (0.008)	−0.011 (0.008)
个人特征:						
年龄	0.012*** (0.001)	0.006*** (0.001)	0.006*** (0.001)	0.005*** (0.001)	0.002 (0.001)	0.003*** (0.001)
性别 (男=1)	0.030** (0.013)	0.039*** (0.009)	−0.007 (0.010)	0.031*** (0.012)	0.041*** (0.009)	−0.009 (0.009)
户口 (农业=1)	0.175*** (0.014)	0.109*** (0.010)	0.057*** (0.010)	0.062*** (0.013)	0.044*** (0.010)	0.006 (0.009)
受教育 年限	−0.013*** (0.002)	−0009*** (0.001)	−0.004*** (0.001)	−0.006*** (0.002)	−0.005*** (0.001)	−0.001 (0.001)
健康状况	0.0004 (0.005)	0.003 (0.004)	−0.002 (0.004)	−0.0003 (0.005)	0.004 (0.003)	−0.003 (0.004)

　　在表 8-8 中,我们对一些结果做了标注,有的用三颗星,有的用两颗星或一颗星,也有的结果没有任何标注。通常分别使用

一颗星、两颗星和三颗星来表示在 10%、5% 和 1% 的统计水平上显著。在第一列中，养老保险对总生育意愿的影响为 -0.046，并且是三颗星的显著，这意味着在 1% 的显著程度下，养老保险降低了 4.6% 的总生育意愿，同时降低了 0.28% 的生育儿子的意愿和 0.23% 的生育女儿的意愿。

因此，如果显著性水平 α 为 0.01，并且农村养老保险与子女生育数量的期望值呈现负相关且回归结果显著，那么研究结果表明，农村养老保险显著地降低了购买者的生育意愿，同时也意味着农村养老保险没有降低购买者的生育意愿的概率小于 1%。需要注意的是，**当研究结果不显著时，也不能简单地得出农村养老保险不影响购买者的生育意愿的结论，只能表明"在我们的研究中，没有足够的证据支持农村养老保险对购买者生育意愿数量的影响"**。

8.1.6　置信区间

"显著性检验"主要用于判断所检验的参数是否符合原假设。如果我们想知道总体参数的大致取值，就需要进行参数估计。具体而言，**参数估计又包括点估计（point estimate）和区间估计（interval estimate）**（贾俊平等，2021）。

通过以矩估计（method of moments estimation）、极大似然估计（maximum likelihood estimation，MLE）[①]为代表的点估计，可以得到未知参数的估计值，但是无法确定估计值与未知参数真实值之间的偏差程度，即测量误差的大小。而区间估计通过给

---

① 极大似然估计：通过最大化对数似然函数来求解参数估计值，在进行估计时，会产生一套参数估计初始值，一次迭代之后得到的参数估计值会被作为下一次迭代的初始值，如此循环迭代，直到所得参数估计值与前一次所得估计值的差异足够小为止（谢宇，2013）。

定置信水平(confidence level),根据参数估计值可以确定真实值可能出现的区间范围(谢宇,2013)。

在统计学中,置信区间(confidence interval)是对概率样本对应的某个总体参数的一种区间估计(见图8-6)。

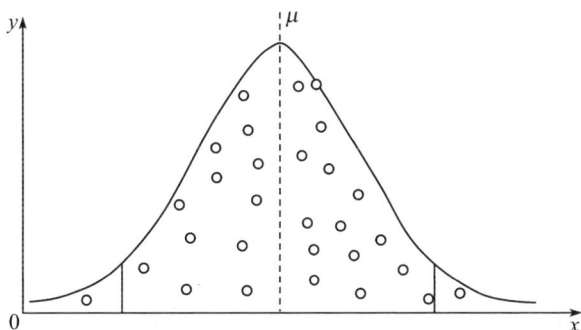

图8-6 置信区间的示意图

举例来说,假设在一次大选中,某位候选人的支持度是55%,置信水平是0.95,那么对应的置信区间将是50%~60%。这意味着在这个置信水平下,该候选人的真实支持率有95%的概率会落在50%和60%之间。同时,支持率低于50%和大于60%的可能性小于5%,这就是置信区间的简单概念及其解释。

根据样本分布(sample distribution)[①]和待估参数的不同,置信区间的构造和计算可以分成很多种,具体可以参见数理统计的相关的教材。

接下来对置信区间的应用进行介绍。以某省保险人员职业伦理研究数据为例,针对不同类别保险公司(寿险公司=0,财险公司=1),对一些基本人口学变量进行了描述性统计与均值t检验。具体结果如表8-9所示。

---

① 样本分布:样本取值的概率分布,也就是样本在某变量各取值上出现的频率,通过抽样分布可以建立起样本特征与总体特征之间的关系(谢宇,2013)。

表 8-9 某省保险人员基本人口学变量的 t 检验

变量/度量指标	寿险公司			财险公司			t 检验
	均值	标准差	离散系数	均值	标准差	离散系数	Mean-Diff
年龄	45.34	10.74	0.24	39.56	8.73	0.22	6.32***
性别	0.21	0.41	1.95	0.43	0.50	1.16	−0.23***
户籍	0.39	0.49	1.26	0.55	0.50	0.91	−0.16***
受教育程度	3.27	0.91	0.28	4.46	0.71	0.16	−1.22***
是否党员	0.11	0.31	2.82	0.21	0.41	1.95	−0.10***
宗教信仰	0.18	0.39	2.17	0.09	0.29	3.22	0.10***
子女数量	1.26	0.66	0.52	1.10	0.67	0.61	0.18***
家庭人口数	3.80	1.32	0.35	4.00	1.30	0.33	−0.19***

均值 t 检验结果显示,某省寿险公司和财险公司的保险人员在一些基本人口学变量上存在显著差异,并且这些差异均在99%的置信水平上显著。在99%的置信水平内,寿险公司保险人员的平均年龄显著高出财险公司6.32岁,女性比例高23%,农村户籍比例高16%,受教育程度低122%,党员比例低10%,宗教信仰比例高10%,平均子女数量高18%,平均家庭人口数低19%。

8.2 描述统计

描述统计(descriptive statistics)是对调查样本中包含的数据资料进行整理、概括和计算,并使用一定的统计指标对数据的特征规律进行描述,从而说明、解释经济社会现象的方法(贾俊平等,2021)。描述统计是推断性统计的基础,主要包括数据的频数分析、集中趋势分析、离散程度分析和数据的分布形状。对于研究者而言,描述统计是非常重要的,因为它能够为我们提供大量的基础性信息。

在进行精准扶贫研究时,首先需要了解有多少农户的收入低于我们设定的贫困线,其次分析这些农户的致贫原因。描述统计可以提供全面且直观的认识,因此在政策研究中,我们优先考虑描述统计。在描述统计的基础上,可以进一步分析因果关系,例如探究农村金融在缓解农村贫困方面的作用程度,以及对乡村振兴的推动程度。

以下是几个具体的例子。首先,以关于养猪户的病死猪处理与疫情报告行为的调查为例(张跃华和邬小撑,2012)。表 8-10 是针对农村的养猪户的描述性统计表,我们希望以此分析影响农户食品安全行为的因素。

表 8-10　变量的描述统计

变量名	均值	标准差	最小值	最大值
户主年龄/岁	52.34	9.28	26	84
户主受教育年限/年	6.45	2.64	0	15
户主是否为村干部	0.04	0.18	0	1
是否参加合作社	0.04	0.19	0	1
养猪经验/年	13.80	9.35	0	51
养猪收入占总收入比例/%	34.37	28.61	1	100
家庭收入/万元	0.31	0.54	0	9
是否接受过政府组织的培训	0.33	0.47	0	1
能繁母猪数量/头	11.07	23.68	0	280
是否养殖大户	0.15	0.36	0	1
是否有贷款	0.18	0.38	0	1
风险态度	1.30	0.69	1	4

由表 8-10 可知,受访农户的平均年龄是 52.34 岁。由于该调查采用了严格的随机抽样方法,这代表当地的养猪户的平均年龄在 52 岁。此外,户主的平均受教育年限是 6.45 年,这意味着农户的受教育程度为初中二年级左右,因此很多养猪户都具备了一定的学习能力。所以对养猪户进行技术培训的可行性较

高,而对养猪户进行技术培训,有可能提高他们的食品安全行为。同时,我们还收集了农户是否为村干部,以及是否参加了合作社等情况。结果显示有 4% 的农户是村干部,且只有 4% 的农户参加了合作社,这意味着当地的生猪饲养合作社是非常少的。此外,我们还发现农户的养猪经验平均为 13.80 年,养猪收入占总收入的比例是 34.37%。这意味着平均每个农户收入的 34.37% 来自养猪,因此养猪是当地农户的一个主要收入来源。我们还发现有 33% 的农户接受过政府组织的培训。政府组织的培训和企业组织的培训有所不同,通过这个数据,我们可以了解到实际上有大量的农户并没有接受过相对正规的技术培训,这可能会导致他们的生产行为出现一些问题。因此,通过对描述统计的分析,我们可以对当地养猪农户的大致状态有初步的认识。

描述统计中,一般还会有标准差的指标。因为经验法则和切比雪夫不等式表明,当一组数据呈对称分布时,约有 68% 的数据在平均数±1 个标准差的范围之内;当一组数据呈非对称分布时,至少有 75% 的数据在平均数±2 个标准差的范围内。所以,如果户主的年龄呈对称分布,户主的平均年龄是 52.34 岁,年龄在 43.06~61.62 岁的农户大约占到总农户的 68%。标准差用于描述农户的年龄相对于均值的分散程度。

描述统计中,还有最小值和最大值的指标。我们调查到的农户中,年龄最小的是 26 岁,最大的是 84 岁。因此,变量的描述统计非常重要。有些研究人员在做研究时,常常将焦点放在非常复杂的回归分析方面。但实际上,描述统计通常提供了更为丰富的信息。大约 80% 以上的信息都来源于描述统计,后续的计量结果所提供的信息相对较少。

下面介绍描述统计的表现形式。表 8-10 是全样本的描述统计,我们可以直接列出全部样本的平均年龄、性别、是否为村干部等指标。另外一种表现形式是分样本的描述统计,例如我们可以将养猪户按照性别分别进行描述统计,这样会更有意义。在调查过程中,我们发现大约有 5% 的养猪户是城市户口,这意味着有一些城市居民带着资金和技术到农村养猪。城市户籍养猪户的养殖规模和生猪存栏量的平均值一般远远高于农村户籍养猪户,这表明城市户籍的养猪户拥有更高的生产技术和更强的集约化程度。因此,将样本区分城乡后,可以明显地看出中国农村经济的发展在很大程度上依赖于从城市带着资金和技术返回农村的这批人。这也是我们实现乡村振兴的一个重要切入点。

此外,我们可以根据因变量和自变量进行分类,例如分析受到冲击后退出养猪和继续养猪的农户在哪些方面会存在一些差异。对于描述统计,我们既可以用文字的方法来表述,也可以用表格、直方图、散点图和趋势图等图像的方法来展示。

以关于农业保险需求的调查研究为例(张跃华等,2005),案例 8-3 是一段文字性描述统计的内容。

案例 8-3

文字描述统计内容

调查中的被访问者的年龄分布为:最小为 22 岁,最大为 80 岁,平均为 44.07 岁。各年龄段的分布为:25 岁及以下占 3.20%,26~35 岁占 19.1%,36~45 岁占 32.8%,46~55 岁占 32.4%,56~65 岁占 9.8%,66 岁及以上占 2.7%。7 个村(地区)的情况大体相近。被调查者的受教育时间平均为 7.52 年,具体分布为:就学时间不足 3 年的占 4.2%,3~5 年的占 11.5%,6~8 年的占 57.8%,9~11 年的占 22.3%,12 年及以上的占 4.2%。总的来看,本次被调查者回答问题的真实可靠性对于本次调查本身有重要帮助。分别来看,

2003 年 H 省调查的 6 个村的样本户的平均年收入为 2579.09 元/人。其中处于中上等的 3 个村,人均年收入分别为 3683.64 元、3293.06 元和 2652.98 元,处于中等的两个村则分别为 2440.85 元、2059.6 元,而处于中下等的上柏村为 1461.58 元。 J 省样本中,平均年收入为 2001 元/人,而标准差为 1759.8 元, 条件较差且贫富差距较大。该结果表明,在目前 H 省和 J 省 部分地区农村经济发展过程中,不平衡性问题相当严重。这 些样本有助于我们了解农民在不同初始财富情况下对风险的 偏好。本研究受××基金会的资助,对××市生猪养殖户生 产情况进行调查,了解农户需求,以利于更好地协助相关部门 改进国家农业支持政策。

可以发现,文字性的描述统计也能够为我们提供比较全面 整体的认识。然而,文字性的描述统计在表达少量因素时相对 清晰,但当我们需要表达大量信息时,就会显得非常冗长。

表 8-11 是用表格形式进行的描述统计(张跃华等,2007)。

表 8-11　农民面对的农业自然风险占比

类型	A 村	B 村	C 村	D 村	E 村	F 村	G 村	总体
旱灾	97.96	52.38	69.89	82.93	99.07	63.11	96.90	80.80
冰雹	0.00	5.95	4.30	0.00	12.04	0.00	6.20	4.80
病害	17.35	7.14	67.74	2.44	100.00	5.83	40.60	38.50
虫害	96.94	67.86	89.25	92.68	88.89	35.92	59.30	78.40
家畜疾病	78.57	22.62	0.00	2.44	0.00	0.97	6.20	18.60
其他	3.06	36.90	0.00	2.44	0.00	10.68	3.10	8.80

如表 8-11 所示,旱灾占总灾害比例约为 80%,虫害约占 78%,病害约占 38.5%。因此,通过这张表,我们可以清楚地了 解农民面临的各种灾害比例。同时,还可以快速分析出七个地

区主要面临的自然灾害类型,例如旱灾在 A 村、E 村和 G 村的比例非常高。因此,采用表格形式进行描述统计是目前的主流趋势。

接下来,以关于新型农村社会养老保险对贫困群体生活的影响调查为例,表 8-12 是主要变量的描述统计(陈欢和张跃华,2019)。

表 8-12　主要变量描述统计

变量名	(1) 全样本	(2) 参保者	(3) 非参保者	(4) (2)－(3)
被解释变量				
总生育意愿	2.048	2.030	2.082	－0.052***
生育儿子意愿	1.099	1.084	1.128	－0.044***
生育女儿意愿	1.029	1.022	1.041	－0.019**
个人特征				
年龄	49.840	51.350	46.960	4.390***
性别(男=1)	0.505	0.522	0.473	0.049***
户口(农业=1)	0.605	0.524	0.758	－0.234***
受教育年限	8.664	9.205	7.633	1.571***
健康状况	3.628	3.635	3.613	0.022*
从事农业工作	0.263	0.226	0.332	－0.107***
在国有部门工作	0.129	0.167	0.057	0.110***
在私营部门工作	0.268	0.252	0.300	－0.048***
医疗保险(有=1)	0.917	0.968	0.818	0.151***
由政府养老	0.092	0.100	0.0760	0.024***

需要注意的是,研究人员将被解释变量生育意愿分为了总生育意愿、生育儿子意愿和生育女儿意愿。表格下半部分是一些个人特征,包括年龄、性别、户口、受教育年限等。这个描述统计和前面的描述统计的不同之处在于,除了进行全样本描述统计之外,还对参加养老保险的和没有参加养老保险的农户分别

进行了描述统计,并且在第四栏检验了参保者和非参保者在生育意愿、年龄、性别等方面是否存在显著差异,这也是一个非常重要的方法。

表 8-13 是关于贫困户参保群体的描述统计,包括年龄、养老金领取年份、食品消费、房屋结构、燃料、卫生、劳动、多维贫困得分、人均收入、身体功能和婚姻状况等等(张跃华和王翌宵,2019)。首先,我们报告了观测量,以确定该研究中总共有多少个有效样本。然后,我们计算了平均值、标准差、最小值和最大值等统计量。值得注意的是,养老金领取年份变量只有 528 个观察值,而年龄变量有 1052 个观察值,这是因为并非所有人都领取养老金,所以养老金领取年份变量的样本量较小。此外,食品消费问题有 1049 个人回答,而多维贫困得分变量有 949 个人回答。这意味着,在进行回归分析时,如果涉及多维贫困得分变量,就只能使用 949 个样本,其他缺乏这个变量的样本会被自动剔除。在严格的研究中,描述性统计结果应与回归结果完全匹配,即如果回归分析使用了 949 个变量,那么描述性统计也应使用 949 个变量。

表 8-13 贫困参保群体描述统计

变量名	观测量	平均值	标准差	最小值	最大值
年龄	1052	60.551	2.198	56.250	64.250
养老金领取年份	528	2013	1.564	2005	2015
食品消费	1049	226.157	275.667	0	2300
房屋结构	1038	0.809	0.393	0	1
燃料	1038	0.433	0.496	0	1
卫生	1049	0.415	0.493	0	1
劳动	1052	0.764	0.424	0	1
多维贫困得分	949	0.597	0.128	0.150	0.750
人均收入	1052	535.110	555.997	1	2300
身体功能	1004	1.080	2.418	0	18
婚姻状况	1052	0.958	0.200	0	1

图 8-7 是描述统计的直方图形式,是使用 CFPS2016 数据对 10~15 岁儿童认知能力的描述统计结果。通过直方图,我们可以清晰地观察认知能力的分布情况。例如,在字词记忆能力方面,得分为 5 分和 6 分的样本数量最多;在数列测试得分方面,得分为 8 分和 12 分的样本也较多。

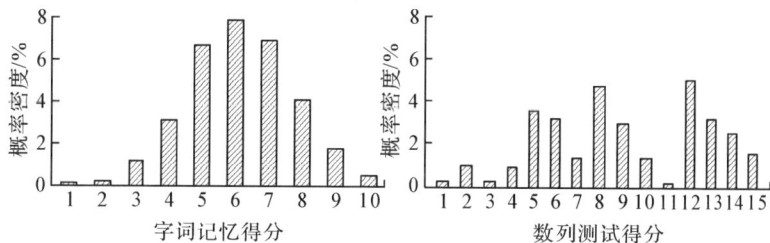

图 8-7　CFPS2016 数据中 10~15 岁儿童认知能力的分布情况

8.3　基本回归模型

8.3.1　最小二乘法

为了深入分析变量之间的关系,通常会采用一些回归模型。本书首先介绍的是最小二乘法(ordinary least squares,简称 OLS)的推导,那么什么是最小二乘法?最小二乘法的逻辑又是怎样的呢?

$$D = \sum_{i=1}^{n} e_i^2 - \sum_{i=1}^{n} (y_i - \hat{y}_i)^2 = \sum_{i=1}^{n} (y_i - b_0 - b_1 x_i)^2$$

$$\frac{\partial D}{\partial b_0} = -2 \sum_{i=1}^{n} (y_i - b_0 - b_1 x_i) = 0$$

$$\frac{\partial D}{\partial b_1} = -2 \sum_{i=1}^{n} x_i (y_i - b_0 - b_1 x_i) = 0$$

$$b_1 = \frac{n \sum x_i y_i - \sum x_i \sum y_i}{n \sum x_i^2 - (\sum x_i)^2} = \frac{\sum (x_i - \bar{x})(y_i - \bar{y})}{\sum (x_i - \bar{x})^2}$$

$$b_0 = \frac{\sum y_i - b_1 \sum x_i}{n} = \bar{y} - b_1 \bar{x}$$

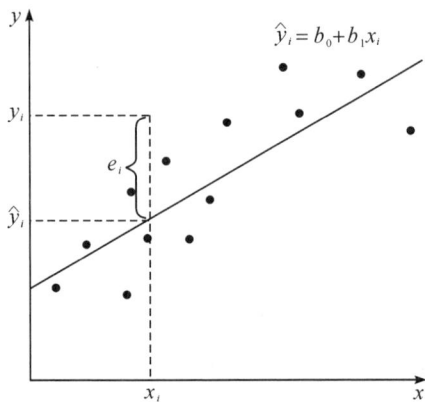

图 8-8　最小二乘法的推导方法和图示

图 8-8 中，每个数据点都代表一个样本观察值对应的 x 和 y 的取值。假设 x 表示年龄，y 表示收入，那么第一个个体的年龄就是 x_1，对应的收入就是 y_1；第二个个体的年龄是 x_2，对应的收入是 y_2。我们可以观察到这些点分散在图上，但也存在一定的规律，大致上呈现围绕一条直线上下波动的趋势。因此，可以拟合出一条直线。

如果我们认为 x 与 y 是线性相关的，那么拟合程度最好的直线应使每个数据点到这条直线的距离最短，即让残差平方和最小。所以，我们可以通过最小二乘法来寻找最优的拟合直线。最小二乘法的基本思路为：根据从总体中随机抽出的一个样本，在平面直角坐标系中找到一条直线 $\hat{y}_i = b_0 + b_1 x_i$，使得观测值 y_i 和拟合值 $\hat{y}_i$ 之间的距离和最短，即两者之间残差的平方和最小，从而达到最佳的拟合效果（谢宇，2013）。

在进行线性回归时，通常有几个非常基本的假定。第一个假定就是线性假定，即 x 和 y 符合线性规律（谢宇，2013）。

$$E(y \mid x) = \beta_0 + \beta_1 x$$

第二个假定被称为正交假定,即假定误差项和自变量 x 不相关,并且误差项的期望值为零(谢宇,2013)。**正交假定的经济含义是不存在遗漏变量的问题,即回归模型已经几乎控制了所有和因变量 y 相关,且与自变量 x 相关的变量。** 其他影响 y 的变量都被视为随机变量,和自变量 x 不相关。

$$cov(x,\varepsilon)=0 \quad E(\varepsilon)=0$$

第三个假定被称为独立同分布假定(assumption of independent identical distributed errors),它要求误差项相互独立,并且遵循相同的概率分布。这意味着不同个体间和不同时间上的观察值都是不相关的(谢宇,2013)。当满足这三个假定时,普通最小二乘法(OLS)成为最佳的线性无偏估计。

$$cov(\varepsilon_i,\varepsilon_j)=0 \quad \sigma_{\varepsilon_i}^2=\sigma^2$$

第四个假定是正态分布的假定,对于大样本数据而言,根据中心极限定理,其自然可以满足正态分布。对于小样本数据而言,只有在满足这个假定时,才能使用 t 检验(谢宇,2013)。因此,这是为了方便进行回归分析所要求的人为性比较大的假设。

当同时满足这四个基本假定时,普通最小二乘法(OLS)就可以实现最佳的无偏估计。

8.3.2 拟合优度

拟合优度(goodness of fit)R^2 即为被回归模型解释的变异的平方与总变异的平方之比,反映的是回归模型的拟合效率,即模型在多大程度上解释了因变量的变化(谢宇,2013),如图 8-9 所示。

$$
\begin{aligned}
SST &= \sum_{i=1}^{n}(y_i-\overline{y})^2 \\
&= \sum_{i=1}^{n}\left[(\hat{y}_i-\overline{y})+(y_i-\hat{y}_i)\right]^2 \\
&= \sum_{i=1}^{n}\left[(\hat{y}_i-\overline{y})^2+(y_i-\hat{y}_i)^2+2(\hat{y}_i-\overline{y})(y_i-\hat{y}_i)\right]
\end{aligned}
$$

$$= \sum_{i=1}^{n} (\hat{y}_i - \overline{y})^2 + \sum_{i=1}^{n} (y_t - \hat{y}_t)^2 + 2\sum_{i=1}^{n} (\hat{y}_i \quad \overline{y})(y_i - \hat{y}_i)$$

$$SST = \sum_{i=1}^{n} (\hat{y}_i - \overline{y})^2 + \sum_{i=1}^{n} (y_i - \hat{y}_i)^2$$

$$R^2 = \frac{SSR}{SST} = \frac{\sum (\hat{y}_i - \overline{y})^2}{\sum (y_i - \overline{y})^2}$$

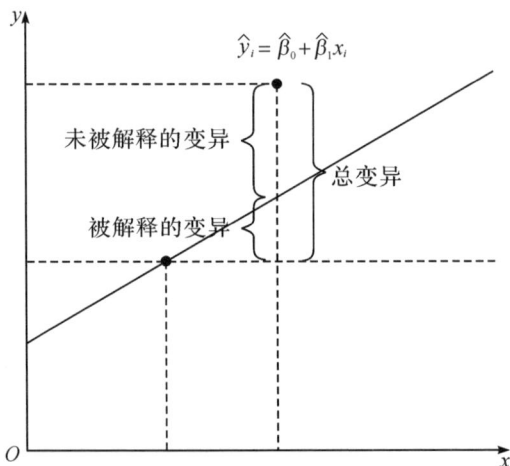

图 8-9　拟合优度的计算公式和图示

　　拟合优度的取值范围在 0 和 1 之间。当拟合优度越接近于 1 时,模型的拟合效果越好。需要注意的是,在分析 GDP 与外贸的关系时,拟合优度可能非常重要。但是,我们的研究更关注变量之间的因果关系,即注重推断 x 和 y 之间的因果关系,而非构建完善的回归模型。因此,拟合优度并不是我们关注的核心。以高血压和运动的关系研究为例,我们关注的是运动对高血压的发病率的影响程度,而不是研究高血压发病的具体原因有哪些。假设摄入盐的量对高血压发病率有影响,但与个人的运动水平无关,那么在分析运动对高血压的影响时,可以不将盐的摄入量纳入回归方程,这可能导致回归模型的拟合优度较低。但是,拟合优度低并不意味着回归分析无效,也不影响得出的结论的准确性。

8.4 相关关系分析

相关关系表示两个变量之间的统计关系可以通过相关系数度量两个变量之间相关关系的强度,但需要强调的是,相关关系并不必然等同于因果关系(谢宇,2013)。当一个事件发生时,另一个事件也同时发生,这表明这两个事件之间建立了相关关系,但并不一定意味着其中一个事件是另一个事件的原因。

例如,在某个地区,到了夏天降雨量会增多,因此雨伞的销量会增加,而在炎热的夏天,冰淇淋的销量也会增加。这两个变量之间存在正相关关系,即雨伞销量增加时冰淇淋销量也增加。然而,这并不意味着雨伞销量的增加导致了冰淇淋销量的增加,或冰淇淋销量的增加导致了雨伞销量的增加。在这个例子中,相关关系是由一个共同的第三因素造成的——季节。在雨季,雨伞的需求增加,同时由于天气炎热,人们对冰淇淋的需求也增加。因此,这里的相关关系是由季节性变化引起的,而非雨伞销量和冰淇淋销量之间存在因果联系。

在日常生活中,我们经常会遇到这类情况。在古代,由于缺乏科学的数据分析方法,人们可能会预测一些天象出现后地面发生的事件,然而实际上这只是朴素的相关关系,而非因果关系,不能成为科学推断。

相关关系研究主要描述两个变量间线性关系的紧密程度,而回归分析不仅可以揭示变量 X 对 Y 的影响的大小,还可以通过回归方程进行预测和控制。此外,当我们仅研究 X 和 Y 的相关关系时,可能会发现两者是正相关的;但是当我们控制更多的变量时,很可能它们就不再相关,甚至会变成负相关。

举一个例子,当我们分析孝顺的性别差异时,如果仅仅考虑性别与对父母转移支付的关系,我们可能会发现男孩的转移支付显著高于女孩。然而,当我们同时考虑家庭遗产分配这个变量时,会发现女孩给父母的转移支付反而高于男孩,导致原有的相关关系方向发生变化。这说明我们不能凭借相关关系来确定因果关系。尽管大多数回归分析本质上仍然是一种相关关系,但如果我们希望利用回归分析进行因果关系分析,就必须解决内生性问题、遗漏变量问题以及一些其他的潜在问题。在问卷调查中,我们通常需要使用回归模型进行数据分析,因此,了解回归分析的知识对于问卷设计非常有帮助。

以亩均小麦产量与降雨量、积温之间的关系研究为例,假设 Y 代表亩均小麦产量,X_1 代表积温,即每天温度的累加,X_2 代表降雨量。通过以下方程我们可以探讨亩均小麦产量与降雨量、积温之间的关系。

$$Y = \beta_0 + \beta_1 X_1 + \beta_2 X_2 + \varepsilon$$

但是,由于该方程没有控制其他的影响因素,因此方程的系数值不能准确反映降雨量和积温对亩均小麦产量的影响。例如,化肥对每亩小麦产量而言是一个非常重要的影响因素,如果未将此变量纳入回归方程,得出的 X 对 Y 的影响可能会有偏差,因为化肥的使用很可能与当地的天气(降雨量和积温)有关。

因此,如果遗漏的变量(如化肥、灌溉、小麦的生长周期等)与我们主要关注的 X,即降雨量和积温没有关系,那么不控制这些遗漏的变量也不会影响我们的结论。但是,当这些遗漏的变量与 X 存在关系时,它们对产量的影响可能会转移到降雨量和气温上,从而扭曲 β_1 和 β_2 的估计值。

如果我们已经分析到这个程度,在进行问卷设计时,就应该按照小麦不同的生长阶段分别分析降雨量和积温对小麦产量的影响,并同时考虑某些既影响 X 又影响 Y 的变量,例如化肥、灌溉等。

图 8-10 是年龄和认知能力的相关关系拟合图。可以观察

到,随着年龄增长,无论是字词记忆得分还是数列测试得分,都呈现逐渐下降的趋势。然而,这两条曲线的变化趋势并不相同,数列测试得分的下降速度较快,而字词记忆得分的变化相对平缓一些。因此,通过统计软件绘制的图形可以清晰直观地展示两个变量之间的相关关系,为后续的分析提供有益的思路。

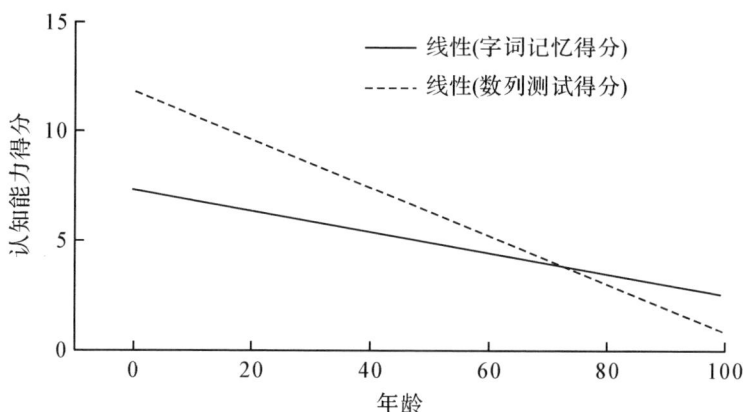

图 8-10　年龄和认知能力的相关关系的拟合图

8.5　DID 方法

双重差分法(differences-in-differences,DID 方法)别名"倍差法""差中差",是政策评价中被广泛应用的方法,也是在问卷调查里常用的一种方法。进行多次跟踪调查的目的就是通过 DID 方法得到稳健的分析结果。例如,使用 DID 方法研究国家财政补贴对乡村振兴和精准扶贫的影响,或者评估生猪使用新疫苗后的有效性等问题。

对于精准扶贫政策对贫困户数量的影响的研究,可以采取直接比较政策实施后的贫困户数量与政策实施前的贫困户数量,计算干预前后的变化量的方法。另外,我们也可以同时观察实施精准扶贫政策的地区与未实施该政策的地区之间的差异，即比较实验组和对照组的差异。然而，这两种方法都存在一些不足之处。仅比较干预前后的变化可能忽视了时间上的影响，因为贫困户数量的变化可能既与政策相关，也受到时间上的自然因素影响，即使不实施政策，每年贫困户数量也会存在波动。而比较实验组和对照组之间的差异，则可能忽视了群体间的异质性，例如两个地区的经济发展水平、贫困户基础数量等本就不一致，两个地区的贫困户变化趋势也存在根本性差异。而我们通常使用的 DID 方法，可以在一定程度上克服以上不足。

对于精准扶贫问题，假设标记为 T 的实验组代表实施精准扶贫政策的地区；标记为 C 的对照组代表未实施政策的地区；下标为 A 代表政策实施前，下标为 B 代表政策实施后。接下来，我们可以使用实验组前后的估计量和对照组前后的估计量之间的差，得到精准扶贫对贫困户的影响。简而言之，ΔDD 实际上是两个差的差，第一个差是时间序列中受试者被干预前后的变化：

$$\Delta DD = Y_A^T - Y_B^T$$

即精准扶贫政策前后贫困户的变化。第二个差是截面数据中实验组与对照组的差异：

$$\Delta DD = Y^T - Y^C$$

所以，ΔDD 为实验组政策实施前—后估计量与对照组政策实施前—后估计量的差：

$$\Delta DD = (Y_A^T - Y_B^T) - (Y_A^C - Y_B^C)$$

所以，它被称为双重差分法，是我们在设计问卷时非常关注的一种研究方法，通过这个方法，我们可以得到非常"干净"的政策干预效应，在政策评价中被广泛使用。

DID 方法的优势在于：(1)可以在很大程度上避免内生性问题。相对于微观经济主体而言，政策通常是外生的(exogenous)，因此不存在逆向因果问题。此外,采用固定效应估计(fixed effects estimation)①也在一定程度上缓解了遗漏变量偏误问题。(2)双重差分法的模型设置简单且科学,能更加准确地估计出政策效应,并且容易理解和应用。

然而,特别需要注意的是,在某些情况下,实验组和对照组的划分并非随机进行,而是事先确定的。例如,率先实施精准扶贫的地区往往与其他未实施政策的地区存在差异,两者的时间发展趋势可能不同。这样一来,在使用双重差分法时会产生偏差。在实际工作中很难做到完全随机划分,我们需要采用其他方法来控制它们之间的差异。因此,在进行双重差分回归时通常需要满足两个基本假设:第一,共同趋势假设,假定实验组和对照组在时间上的变动趋势是一致的;第二,外生性假设,协变量(covariate)②不受政策干预的影响。

下面介绍 DID 方法的基本思路。

如图 8-11 所示,图中下方的这条横线代表对照组从第 0 期到第 1 期由纯时间效应引起的变化,即未实施精准扶贫措施的村庄中贫困户数量的自然变化。而上方的横线则表示实验组在从第 0 期到第 1 期的变化,包括了处理效应(即精准扶贫措施的影响)和时间效应的总和。如果直接使用实验组前后估计量的差来代表政策效应将高估政策效应的大小。若假设对照组和实验组的时间效应是相同的,那么就可以用实验组的总效应减去对照组的时间效应,这样便得到了处理效应,这就是 DID 方法的基本思想。

---

① 固定效应估计:放弃解释组件差异,把它看作是固定的、不可改变的差异,仅关注组内差异的估计方法。模型假定各组之间的差异可以由常数项的差异来说明,在回归结果中可以体现为常数项的不同(谢宇,2012)。

② 协变量:指影响因变量的伴随变量,例如,在研究自变量 X 对 Y 的影响时,自变量 M 对因变量 Y 也存在影响,则称 M 为协变量(谢宇,2013)。

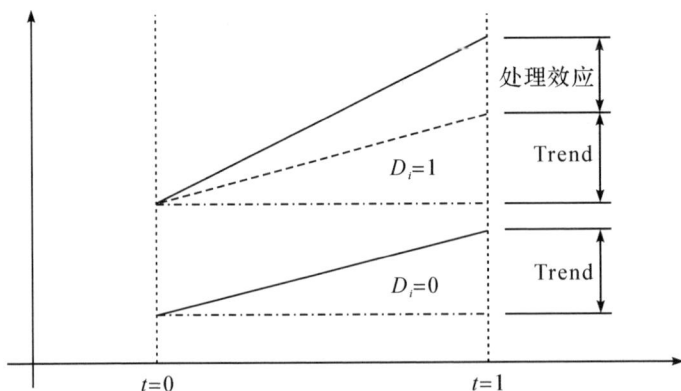

图 8-11　DID 基本思路示意

在 DID 方法的基础上，可以按照以下公式构造模型：

$$y = \alpha + \beta D_i + \gamma T + \delta(D_i \times T) + X'\delta + u_{it}$$

与常规的模型一样，α 是截距项（intercept），y 是被解释变量，X' 是控制变量，u_{it} 表示误差项。$\beta D_i + \gamma T + \delta(D_i \times T)$ 是 DID 模型特有的部分，代表处理效应，D_i 取 0 代表控制组，D_i 取 1 代表实验组，T 代表时间，即干预前和干预后。所以，倍差估计量为：

$$\hat{\delta} = (\overline{y}_{1,T} - \overline{y}_{1,c}) - (\overline{y}_{0,T} - \overline{y}_{0,C})$$

表 8-14 展示了不同情况下 $\beta D_i + \gamma T + \delta(D_i \times T)$ 部分系数的差异。

表 8-14　DID 倍差估计量的计算

	干预前（$T=0$）	干预后（$T=1$）	干预后－干预前
控制组（$D_i=0$）	A	$A+\gamma$	γ
实验组（$D_i=1$）	β	$\beta+\gamma+\delta$	$\gamma+\delta$
实验组－控制组	β	$\beta+\delta$	δ

可以发现，系数 β 是不随时间变化的两组估计量的初始差异。系数 γ 是两个时期的时间效应差异，经过两次差分得到的 δ 就是我们想要的倍差估计量。

8.6 RD 方法

断点回归方法(regression discontinuity,RD 方法),其基本思想是某一连续变量存在一个临界点,该变量决定了个体在该临界点两侧接受政策干预的概率。由于该连续变量在临界点两侧是连续的,因此个体针对该变量的取值落入该临界点任意一侧是随机发生的,不存在人为操控使得个体更可能落入某一侧的情况,在临界值附近形成了一个准自然实验。通常将这个连续变量称为分组变量(assignment variable)。断点回归方法在政策评估中非常重要,因为在断点附近似乎存在随机分组,所以一般认为断点回归具有较强的内部有效性,是一种准实验方法。

进行断点回归需要满足以下假定。

(1)断点假设:断点处个体被分配的概率存在跳跃。假设 x_i 为驱动变量,c 为断点,D_i 为处理变量。

$$D_i = \begin{cases} 1, & x_i < c \\ 0, & x_i \geqslant c \end{cases}$$

所以处理变量 D_i 会以断点 c 为分界,存在 0 和 1 两种取值。例如,假设 60 岁退休,此时断点就是 60 岁,是否退休的处理变量决定于年龄。

这里需要引入局部平均处理效应(local average treatment effect,LATE)的概念:

$$LATE \equiv E(y_{1i} - y_{0i} \mid x = c)$$
$$= E(y_{1i} \mid x = c) - E(y_{0i} \mid x = c)$$
$$= \lim_{x \to c+} E(y_{1i} \mid x) - \lim_{x \to c-} E(y_{0i} \mid x)$$

在断点回归中,我们设定处理组和对照组的截距(D)和斜率(slope)[①]$\gamma(x_i - c)D_i$ 不同,其中截距 δ 就是 LATE。因此,局部

---

① 斜率:即回归方程中各自变量的系数,表示自变量一个单位的变化所引起的因变量的变化量(谢宇,2013)。

平均处理效应实际上就是在断点前后两个非常小的区间内状态的差异。我们可以通过断点回归来研究退休对生活满意度或对健康状况的影响。但是,在进行断点回归时,需要注意一些基本问题,例如,断点处个体被分配到处理组的概率应该存在一个跳跃。具体地,是否退休这个变量在 60 岁附近的分布概率会出现一个跳跃。

(2)连续性假设:结果变量与驱动变量之间的关系在所有点都连续。比如高考分数从 498 分、499 分,一直到 500 分、501 分,所有的点都是连续的,这一点是非常重要的。

局部随机化假设:

$$(Y_{1i},Y_{0i}) \perp D_i \mid X_i \in \delta(x_0)$$

(3)独立性假设:潜在结果和干预在断点处独立于驱动变量 X。

$$(Y_{1i},Y_{0i}),D_{ti}(x),D_{0I}(x) \perp X_i,X_i \in \delta(x_0)$$

断点回归通常分为精确断点回归(sharp regression discontinuity,SRD)和模糊断点回归(fuzzy regression discontinuity,FRD)两种类型(陈强,2014)。

精确断点回归的特征是在断点 x＝c 处,个体得到处理的概率从 0 跳跃到 1。例如,是否上大学为处理变量,且完全取决于高考成绩,当某个考生高考成绩超过了 500 分时,该考生就可以考上大学,否则就考不上大学,此时就是精确断点回归。

模糊断点回归的特征是断点 x＝c 处,个体得到处理的概率从 a 跳跃到 b,其中 0＜a＜b＜1。同样以上大学为例,现实生活中高考成绩并不能完全保证上大学,能否上大学还要取决于志愿填报,有些学生即使成绩高于某个学校的录取分数线也可能上不了那个大学,甚至有些成绩上线的考生也可能因为各种原因而放弃上大学的机会。而有些学生即使成绩没有上线，也可能因为特长加分得到上大学的机会。所以，现实生活中，上大学的概率在分数线的位置会有一个不连续的跳跃，这实际上是一个模糊断点回归。

举一个例子，我们通常以高考升学率来评估学校的好坏，但这种评价方法实际上是有问题的。即使教学质量相同，重点高中的生源本来就比较好，高考升学率通常更高，且必然高于普通高中。所以，直接使用高考录取率来衡量高中的优劣是不科学的。

那应该如何衡量高中的优劣呢？我们可以采用断点回归的方法。例如，中考分数在 600 分以上的学生会进入重点高中，而 600 分以下的学生则会进入普通高中。这样，我们可以将中考分数在 600 分左右的考入重点高中的学生（略高于 600 分）和未考入重点高中的学生（略低于 600 分）进行比较。从逻辑上讲，这些学生在对知识的掌握程度和智商等方面应该都是相似的。如果我们在比较了这两组学生的高考成绩后发现，考入重点高中的学生的高考成绩远远高于普通高中的学生，那么可以认为重点高中较好，否则就认为普通高中更好。

然而，某些学生的学习成绩非常好，例如比尔·盖茨、乔布斯，他们的成就很可能和进入重点高中无关，即使上普通高中，他们也能获得非常大的成功。因此，使用断点回归分析，只能分析在中考 600 分左右的这批学生，他们是否进入重点高中对高考成绩的影响。我们无法对那些成绩非常好的人，例如 700 分的学生是否进入重点高中对他们高考成绩的影响进行分析，断点回归无法解决这个问题。这就是断点回归的局限性。

在实际应用中，可以使用断点回归的方法克服内生性问题。

以新型农村社会养老保险对贫困群体生活的影响研究为例(张跃华和王翌宵,2019),该案例以年龄作为驱动变量,60岁的领取年龄作为断点。由于现实生活中存在提前或推迟发放养老金的情况,此时应采用模糊断点回归。其回归方程如下所示:

$$D_{it} = \begin{cases} 0 & if \quad t<60 \\ 1 & if \quad t \geqslant 60 \end{cases}$$

$$P[D_{it}=1|t] = \begin{cases} f_0(D_{it}), & if \quad t<60 \\ f_1(D_{it}), & if \quad t \geqslant 60 \end{cases}, f_0(D_{it}) < f_1(D_{it})$$

上式中的D_i是处理变量,代表是否领取养老金。当年龄低于60岁时,将其赋值为0,当年龄大于60岁时,将其赋值为1。

在图8-12中,上图是贫困参保群体领取概率与年龄的关系图,我们可以发现稍大于60岁时,养老金的领取比例大幅度增加,在60岁之前的领取概率非常低,大约在60.3岁、60.4岁时产生了一个明显的断点。因此,我们可以对比60.3岁之前和60.3岁之后的两组人,探究其各方面行为和状况的变化。下图展示了非贫困参保群体领取养老金的概率与年龄之间的关系,可以发现非贫困群体与贫困群体的情况相似,断点的范围大约在60.2岁、60.3岁。

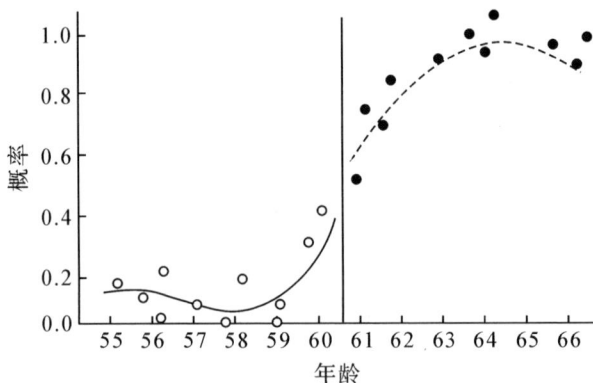

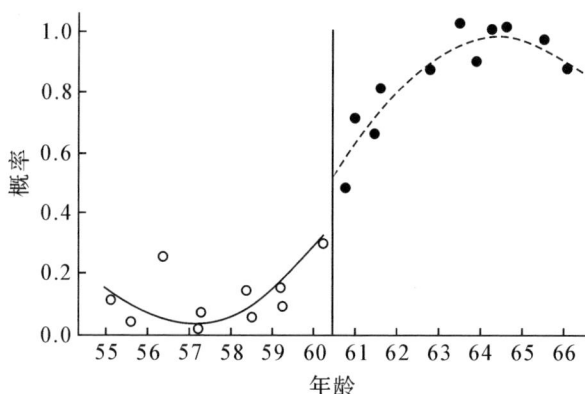

图 8-12　养老金概率与年龄关系图

表 8-15 是养老金领取与年龄关系的断点回归结果。

表 8-15　养老金领取与年龄关系的断点回归

变量名	养老金领取	
	贫困参保组	非贫困参保组
年龄	0.200***	0.160***
	(0.011)	(0.011)
交互项	−0.039**	0.022
	(0.020)	(0.020)
收入	−4.41e−06	7.94e−09
	(6.17e−06)	(4.06e−08)
婚姻	−0.022	0.017
	(0.054)	(0.032)
身体功能	−0.003	−0.001
	(0.004)	(0.005)
截距	−11.470***	−9.203***
	(0.659)	(0.635)
样本量	979	987
R^2	0.613	0.585

注：表格括号中为稳健集聚标准误。*** 表示 $p < 0.01$，** 表示 $p < 0.05$，* 表示 $p < 0.1$。

进行断点回归估计后,我们发现养老金领取对贫困参保组的食品消费和房屋结构都有显著的影响,但是参保群体的多维贫困指标的总体得分在贫困和非贫困组中都没有显著的变化,这个结论非常奇怪。

表 8-16　断点回归结果

	食品消费		房屋结构		多维贫困指标	
	非贫困组	贫困组	非贫困组	贫困组	非贫困组	贫困组
养老金领取	−51.490	74.420*	−0.017	0.109*	0.038	−0.025
	(76.150)	(44.340)	(0.066)	(0.065)	(0.031)	(0.031)
交互项	−1.468	−18.220	0.005	−0.022	−0.007	0.017*
	(22.900)	(13.280)	(0.020)	(0.019)	(0.009)	(0.009)
截距	325.100***	202.200***	0.869***	0.778***	0.151***	0.199***
	(23.410)	(15.72)	(0.020)	(0.023)	(0.010)	(0.011)
样本量	1008	1023	885	999	914	925
R^2	0.003		0.002		0.001	0.003

注:劳动、生活条件等其他被解释变量结果不显著,此处省略。

首先,结果显示养老金的领取对贫困参保组的食品消费产生了正向的影响,这是可以理解的。但是我们也发现养老金对贫困组的房屋结构产生了显著的影响,新农保的养老金数额实际上是非常有限的,不太可能直接导致房屋结构的扩大或变化。因此,这个研究还需要进一步商榷。

即使通过断点回归得出了结果,也并不意味着一定符合逻辑。我们还需要进行后续的机制检验,例如解释养老金对食品消费产生影响的机制,以及对房屋结构产生影响的机制。否则,我们得出的结果很可能只是一个伪相关的问题。因此,在研究过程中要审慎分析,并进行更深入的研究,以确保结果的可信性和科学性[本章基本概念多引自贾俊平等(2021)的《统计学》教材,如需更深入理解某些概念,请参阅原教材]。

▶ 小练习

一、简答题:

1.描述统计一般需要包括哪些指标?

2.试论述双重差分(DID)的优缺点。

3.举例说明断点回归(RD)适用于哪类研究。

4.如何理解置信区间的概念?

二、判断题:

1.描述统计可以为我们提供大量的基础信息。　　　（　　）

2.DID 在政策评价中被广泛使用,可以很大程度上避免内生性问题。　　　（　　）

3.断点回归是一种内部有效性较强的准实验方法,但其外部有效性受限。　　　（　　）

4.简单来说,如果我们发现 X 对 Y 的影响是显著的,那就说明 X 对 Y 有影响;反之,如果不显著,说明 X 对 Y 没有影响。

（　　）

5.拟合优度指被解释的变异的平方与总变异的平方之比。

（　　）

6.拟合优度越接近 0,表示我们所构建的回归模型越完善。

（　　）

7.较低的拟合优度一般表示我们得出的 X 与 Y 关系的结论不可信。　　　（　　）

8.对于不等概率抽样的数据,不能直接使用算术平均值进行平均。　　　（　　）

9.同时降低第一类错误和第二类错误发生的概率只有通过增加样本容量才能实现。　　　（　　）

10.方差是测度数据离散程度的一个重要指标。　　　（　　）

三、单选题：

1.（   ）是指对调查样本中包含的数据资料进行整理、概括和计算，并使用一定的统计指标，对该数据的特征和规律进行描述。

A. 回归分析　　　　　　　　B. 因果推断

C. 描述统计　　　　　　　　D. 推断性统计

2.一个连续变量能决定个体在某一临界点的两侧接受政策干预的概率，且临界值两侧的概率存在一个"跳跃"，这种准自然实验方法被称为（   ）。

A. 固定效应　　　　　　　　B. 倾向值得分匹配

C. 双重差分　　　　　　　　D. 断点回归

3.实际操作中，一般使用 * 、** 、*** 分别代表显著水平（   ）。

A. 1％、2％、3％　　　　　　B. 10％、50％、100％

C. 10％、5％、1％　　　　　　D. 30％、20％、10％

4.在独立同分布的正态分布总体中，数值落在距离均值一个标准差内的概率为（   ）。

A. 99　　　　B. 95　　　　C. 74　　　　D. 68

5.最小二乘法中的"最小"是令（   ）最小。

A. 标准差　　　　　　　　　B. 残差平方和

C. 方差　　　　　　　　　　D. 标准误

四、多选题：

1.下列关于拟合优度的描述正确的是（   ）。

A. 拟合优度越接近 0，代表我们所构建的回归模型越完善

B. 拟合优度就是被解释的变异的平方与总变异的平方之比

C. 度量拟合优度的统计量是 R^2

D. 拟合优度小于 1，则回归模型中的自变量与因变量无关

2.描述统计一般可以包括（   ）等指标。

A. 均值　　　　B. 标准差　　　　C. 极值　　　　D. 置信区间

3. 以下说法中,正确的是( )。

A. 断点回归是一种内部有效性较强的准实验方法,但其外部有效性受限

B. DID 又叫双重差分法,是政策效应评估中较为常用和有效的方法

C. 增加某些控制变量后,本来相关的两个变量也可能变得不相关

D. 较低的拟合优度表示我们得出的自变量与因变量关系的结论不可信

4. 一般而言,双重差分法适用的前提条件有哪些?( )

A. 临界值附近个体接受政策干预的概率存在跳跃

B. 存在具有试点性质的政策冲击

C. 具有相应的至少两年(政策实施前后)的面板数据集

D. 处理组和对照组在政策实施前具有相同的发展趋势

5. 导致内生性问题的原因有哪些?( )

A. 遗漏解释变量

B. 反向因果关系

C. 测量误差

D. 样本选择问题

五、论述题:

1. 你认为本课程中提到的哪些计量方法有助于解决内生性问题?分别是如何解决的?

2. 在加入某个控制变量后,自变量与因变量的关系由相关变得不再相关,为什么会出现这种情况?

3. 自变量对因变量的影响不显著是否就代表自变量对因变量没有影响?为什么?

参考文献

[1] 陈欢,张跃华.养老保险对生育意愿的影响研究——基于中国综合社会调查数据(CGSS)的实证分析[J].保险研究,2019,379(11):88-99.

[2] 陈强.高级计量经济学及 Stata 应用[Z].北京:高等教育出版社,2014.

[3] 贾俊平,何晓群,金勇进.统计学[M].9 版.北京:中国人民大学出版社,2021.

[4] 贾俊平,何晓群,金勇进.统计学学习指导书[Z].北京:中国人民大学出版社,2018.

[5] 罗胜强,姜嬿.管理学问卷调查研究方法[M].1 版.重庆:重庆大学出版社,2014.

[6] 谢宇.回归分析[M].社会科学文献出版社,2013.

[7] 谢宇.社会学方法与定量研究[M].社会科学文献出版社,2012.

[8] 张跃华,顾海英,史清华.农业保险需求不足效用层面的一个解释及实证研究[J].数量经济技术经济研究,2005(4):83-92.

[9] 张跃华,史清华,顾海英.农业保险需求问题的一个理论研究及实证分析[J].数量经济技术经济研究,2007(4):65-75+102.

[10] 张跃华,王翌宵.新型农村社会养老保险对贫困群体生活的影响——基于 CHARLS2011~2015 面板数据的分析[J].保险研究,2019,373(5):69-80.

[11] 张跃华,邬小撑.食品安全及其管制与养猪户微观行为——基于养猪户出售病死猪及疫情报告的问卷调查[J].中国农村经济,2012,331(7):72-83.

[12] 赵西亮.基本有用的计量经济学[M].北京:北京大学出版社,2017.

[13] Gerrig R J, Zimbardo P G, Campbell A J, Cumming S R, Wilkes F J. Psychology and life[M]. London: Pearson Higher Education AU, 2015.

[14] Wooldridge J M. Introductory econometrics: A modern approach[M]. Stanford: Cengage Learning, 2015.

问卷调查的常见问题及解决方法

► 关键术语

分级诊疗（Hierarchic healthcare/ Primary care）：指将疾病按轻、重、缓、急以及治疗的难易程度进行分级，不同级别的医疗机构承担不同级别疾病的治疗，实现基层首诊和双向转诊（李玲，2018）。

随机分配（Random assignment）：是研究者用来消除研究参与者的个体差异有关的混淆变量的主要步骤之一（Gerrig et al.，2015）。

信度（Reliability）：指研究得到的数据具有一致性或可靠性，在相似的条件下研究结果具有可重复性（罗胜强和姜嬿，2014；Gerrig et al.，2015）。

效度（Validity）：指研究得到的信息准确地测量了研究者想要测量的变量，意味着研究者能把研究结果类推到更大的范围（罗胜强和姜嬿，2014；Gerrig et al.，2015）。

显著差异（Significant difference）：符合统计学标准的差异，一般指随机因素导致差异的概率不足5%，在某些情况下还会使用更严格的概率标准（Gerrig et al.，2015）。

人口学（Demographic）：研究人口的科学，包括人口规模、人口构成、人口分布、人口密度、人口增长等特征，以及引起这些特征变化的原因及变化的结果(谢宇,2012)。

内部效度(Internal validity): 指研究设计中的因果关系是否真实和可信。随机实验或者好的工具变量都能使研究的内部效度得到大幅提高(Angrist & Pischke,2009)。

外部效度(External validity): 当情况发生改变时,研究结论的预测能力,即研究结果是否能够推广到其他情况(Angrist & Pischke,2009)。

9.1 缺乏多因素分析

问卷调查第一个常见的错误,就是缺乏对问卷调查结果多因素的分析。对问卷调查的结果的解释,需要对一系列相关变量联合分析。如果在问卷调查里缺乏这些相关的变量或相关的问题,就不能够得到有效的信息。本部分将用几个案例对缺乏多因素分析的问题进行说明。

9.1.1 办事大厅的服务窗口评分问题

目前,不论是政府、高校、办事中心,还是银行等机构,常常采取多个窗口同时工作的方式,以帮助群众处理相关事务。然而,这种工作方式不可避免地会出现不同窗口的服务质量差异较大的情况。为此,很多管理机构采取现场打分的方式,以提高工作人员的办事效率,并激励各个服务窗口的工作积极性。具体做法是,在每次服务结束时,请顾客按键选择对本次服务的满意度,包括"非常满意""满意"和"不满意"几种选项。实际上,这就是一种问卷调查,通过对不同窗口进行评分,来评估每个服务人员的服务质量。同时,也可以根据评分结果对工作人员进行激励,包括奖金、荣誉、晋升等等。

目前的问题是,如果有 A、B、C、D 四个服务窗口,且它们的评分分别为 5 分、3 分、2 分和 4 分,我们是否可以得出结论,即服务质量排序为 A 窗口>D 窗口>B 窗口>C 窗口? 简单地通过评分来评价服务窗口的优劣可能会导致一些偏差。举一个极端的例子,给 C 窗口打 2 分的受访者可能是因为受到处罚,比如被税务局罚款,从而导致他给 C 窗口打的分数很低。在这种情况下,不论 C 窗口的办事人员服务质量如何,该服务窗口被打低分的概率都很高。

另外,不同窗口的工作人员可能面对不同的工作量。C 窗口的工作人员可能每天需要处理 200 个顾客的工作;而 A 窗口的工作人员工作速度非常慢,可能只接待了 20 个顾客。通过简单的平均分数计算,可能会导致结果出现问题。

因此,在这种情况下,窗口服务评分的高低往往由 A、B、C、D 四个窗口的工作人员服务对象的差异、工作性质和工作量的差异所导致,不能仅仅通过平均分数来评价每个窗口的服务质量和工作绩效。需综合考虑各种因素,以确保评价的准确性和客观性。

在这种情况下,我们可以在分析服务质量问题时考虑更多的因素。例如,关注顾客办理业务类型、是否曾受到处罚等等一系列因素。将这些因素纳入考虑可以在一定程度上规避前面提到的问题。

同时,也可以引入更多的解释变量,例如顾客的受教育程度、年龄等。这些变量可以通过问卷调查收集,不必在每次服务后都询问。将这些因素考虑在内,就能更合理地通过窗口评分的均值来判断工作人员的服务质量。

但是,窗口评分机制的应用仍然非常普遍。因为,基于顾客在各窗口随机分配的假定,如果 A、B、C、D 四个窗口每天都会接待大量的顾客,并且这些顾客是在引导员的指示下或者其他方式下被随机分配到不同窗口的,那么窗口评分制在这种情况下仍然有意义。因此，尽管这种方法从逻辑上看可能不合理，但仍然被广泛采用。需要注意的是，如果遇到打分极低或者投诉情况，还需要进行具体的分析。

总而言之，在大样本的情况下，如果通过随机的方式将顾客分配到窗口，那么窗口评分制仍然是可行的。

下面介绍第二个窗口评价的案例。窗口服务质量的排序机制存在一个问题。有些地方为了评比窗口的服务质量排名，会让顾客对窗口进行排序，例如"A、B、C 三个窗口，您认为哪个窗口最好？第二名是哪个窗口？第三名是哪个窗口"，这种方式可能会出现一些偏差问题。

如表 9-1 所示，假设有 21 个顾客对窗口的服务质量进行评价，其中有 10 个顾客认为 A 窗口的服务质量是第一名，8 个人认为 B 窗口的服务质量是第一名，3 个人认为 C 窗口的服务质量是第一名。如果仅以每个窗口被选为第一名的频数作为服务质量的评判依据，那么 A 窗口的服务质量是最好的。然而，这个结果实际上是有问题的。

表 9-1　A、B、C 三个窗口的服务质量被评为第一名的次数

次数	A 窗口	B 窗口	C 窗口
被评为第一名的次数	10	8	3

窗口的服务质量，并不能仅以被选为第一名的频数为依据。例如，假设选 C 的三名顾客对三个服务窗口的实际评分如表 9-2 所示。

表 9-2　选 C 为第一名的三个人对 A、B、C 三个窗口的实际评价

名次	A 窗口	B 窗口	C 窗口
第一名	1	9	10
第二名	2	9	10
第三名	1	9	10

这意味着选 C 做第一名的三名顾客,认为 C 窗口的服务质量略优于 B 窗口的服务质量,又显著优于 A 窗口的服务质量。在这种情况下,为窗口的服务质量评价的这 21 名顾客,总体上应该是认为 B 窗口的服务质量最好,因为 3 名认为 C 窗口服务质量最好的顾客认为 B 窗口的服务质量远远优于 A 窗口,如果不能选 C 窗口作为服务质量最佳的窗口,这 3 名顾客会改选 B 窗口,此时 B 窗口是第一名的票数应当有 11 票。综上,在这种情况下,B 窗口是第一名,A 窗口是第二名,C 窗口是第三名。因此,如果仅以窗口的服务质量被选为第一名的频数为依据,得到的结果可能与实际群众的评价存在差异。因此,在进行问卷调查时,如果没有恰当地设计问卷,或者对问卷结果的解读有误,那么问卷调查就达不到目的。

9.1.2 小额贷款对农户收入的影响

自 2013 年以来,中国的精准扶贫政策在实施过程中取得了巨大的成就。《2013—2015 年国民经济和社会发展统计公报》的数据显示,农村贫困人口从 8249 万人减少到 5575 万人,年均减贫 1442 万人。全球 90% 以上的减贫人口来自中国,这在发展中国家中乃至历史上都是一个伟大的成就。因此,对扶贫政策进行评估成为当前中国公共政策非常重要的一环。

我们需要深入了解每项扶贫政策的具体效果,了解它们的具体作用。哪些政策在实践中取得了最好的效果? 哪些政策需要共同实施,才能取得最佳成果? 例如,对于一些贫困县,实施了金融精准扶贫政策后,我们需要考察具体的效果:贷款的发放情况如何? 坏账率有多高? 设计的金融风险防范机制是如何运作的? 这些问题都十分重要,但最为关键的问题在于这些政策是否改变了农户的生产行为? 在多大程度上提高了农户的竞争能力? 农户的收入和健康是否有相应的改善? 这些问题难以直接观察到,需要深入研究和评估。

例如,在精准扶贫的过程中,金融扶贫是实施精准扶贫政策的重要工具之一,其中包括小额信贷和农业保险等多种金融政策。小额信贷通常由政府贴息,政策性农业保险的保费也得到了国家补贴的支持。此外,政府和相关机构投入了大量资源,形成了政策实施的社会成本。因此,评估每项政策的社会效益非常关键,有助于政府进一步调整公共政策。这些都是问卷调查的重要出发点。

以小额信贷对农户的影响研究为例,小额信贷对农户的影响将决定这个政策在多大程度上获得政府的相应补贴。同时,我们也将探讨如何利用国家财政补贴,最大效率地提高农民及社会的福利。在此过程中,我们需要设计合适的问题和问卷,以纳入所需的变量。

从农户的角度出发,他们可能需要改进传统产业,例如采用新的高产的小麦品种或购买先进的农业机械。此外,有些农户还可能考虑发展新的产业,例如养猪、养羊等。这些活动都需要金融支持,因此我们将重点考虑相关的金融因素。

在农户自家储蓄不足的情况下,他们通常会维持原有的生产规模和模式。这种做法一方面是出于无奈,另一方面也是为了降低风险。如果他们需要扩大生产规模或改进生产方式,就会产生金融需求。如果农户需要贷款,研究人员就需要了解如何计算贷款对农户收入的影响。因此,在问卷调查中,需要详细了解农户的生产规模、各种作物的种植面积、牲畜的数量等变量。

此外,赊账也是农户进行农业生产融资的主要途径。小额贷款和赊账之间有着怎样的关系?它们是完全替代关系,还是部分替代关系?有了小额信贷后,是否会降低赊账的比例?在问卷设计中,也要考虑到非正式信贷和赊账的情况。例如关注利率、贷款条件、还款方式等方面的信息。

如果我们想研究小额信贷对收入的影响,一个无法回避的问题是如何测量农户的收入。例如,对于养羊的农户而言,如果羊还未成熟或出售,应该如何计算其价值? 如果农户把羊吃掉了,是否也可以算作收入呢? 因此,农户的收入,包括农业和非农业的收入、毛收入和纯收入等,这些变量和概念都很难明确界定。

另外,如果能准确计算农户的毛收入和成本,两者的差值即为农户的纯收入。但是如何计算农户的生产成本呢? 例如农户的劳动力成本如何计算,生产投入要素的成本如何计算等。很多生产要素并非来自直接购买,过去农户常以自家的牛粪作为肥料,但当生产规模扩大后,就要采用化肥作为投入成本了。

在这个研究中,最具挑战性的一点在于,即使我们通过问卷调查获得了农户的年龄、受教育程度、农业收入、成本、赊账等信息,也观察到了农户是否贷款的现象,同时也观察到了这两组农户的生产产出和收入,然而,却不能直接将有贷款的农户收入与没有贷款的农户收入进行比较! 因为两者的异质性太强,不具备可比性。在这种情况下,实际上要将农户分为四个不同的组(见图 9-1)。

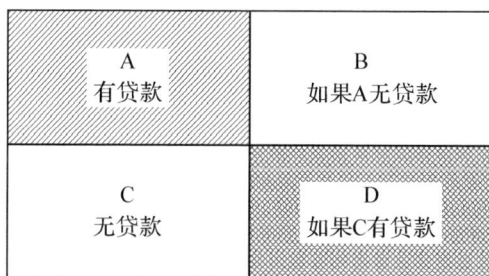

A 有贷款	B 如果A无贷款
C 无贷款	D 如果C有贷款

图 9-1　在小额贷款对农户收入影响问题中的农户分类

第一组是已贷款的农户组 A,第二组是无贷款的农户组 C。由于这两个组的农户之间可能存在显著差异,即有贷款的组 A

与没有贷款的组 C 之间可能是异质的。因此,我们不能简单地将有贷款的组 A 与没有贷款的组 C 做比较。

逻辑上,我们只能比较有贷款的组 A 与如果组 A 的人无贷款所形成的虚拟组 B 进行比较。但由于组 A 的人已经贷款了,所以他们不可能同时属于无贷款的组 B。因此,组 B 是虚拟的,无法进行观察。在经济学中,我们将这种现象称为反事实现象,这种问题相对较难处理。在本案例中,即使我们通过问卷调查获得了所有期望的变量,也未必能够得出我们期望的结果。如果我们假设有贷款的农户和没有贷款的农户是同质的,以此来分析小额贷款的作用,所得到的结果可能是有偏的,因为这个假设在很多情况下并不成立。

那么,如何处理这个问题呢? 这需要一些较为专业的知识,可能需要重新设计更巧妙的问卷、实验或使用较为复杂的计量方法来计算小额信贷对农户生产行为的影响,以及小额信贷对农户收入的影响程度。

这项研究结果具有重要意义,有助于政府重新调整关于小额信贷的公共政策,包括有关小额信贷利息补贴的政策等。同时,这些研究结果也可以推广到发展中国家,帮助更多地区消除贫困,提高公共财政的使用效率。

9.1.3 学生补课与成绩提高的关系

通过问卷调查,可以获得学生成绩以及有关补课情况的信息,但是很难得到我们所期望的答案。这个问题的难点并非在于无法询问某些变量,而是在于设计问卷时需要进行一些逻辑分析,确定哪些变量更有用,以及如何解决问题之间可能存在的内生性问题。在本案例中,若直接比较补课学生与未补课学生的成绩,会出现逻辑问题。

这个研究的背景相当深刻。家长和培训机构对于"补课"是否能提高学生成绩,以及如何补课可以最快地提高学生成绩非常感兴趣。实际上,课外辅导不仅仅是中国的问题,国外也存在这个现象。例如,在美国,高收入阶层的家长也会在放学后将孩子送到各种培训机构,学习法语等外语,或者在体育方面加强孩子的训练,这对国外孩子考取好大学有帮助。有国外研究表明,从国家层面来看,"虎妈"(Tiger Mom)的出现和社会保障水平密切相关(Doepke & Zilibotti, 2017),社会保障水平越高,"虎妈"出现的概率就会越低。同时该研究发现,近些年来美国的"虎妈"现象也越来越普遍。

在了解补课的社会背景后,我们可以开始对"补课"与学生成绩的关系进行分析,并探讨如何度量其影响。这个问题听起来很简单,但实际上是一个非常复杂的问题。不能简单地通过设计问题来得出答案,还必须充分考虑到"补课"是一个自我选择的现象。

例如,我们在设计的问卷中,加入了这样的问题,见案例 9-1。

案例 9-1

[1]您孩子上学期有没有上辅导班?

[2]上的什么辅导班? A.数学　B.英语　C.语文　D.科学

[3]上学期期末统考中,您孩子的考试成绩是多少分?

A.数学 = _____　　B.英语 = _____

C.语文 = _____　　D.科学 = _____

通过这些数据,我们可以对补过课的学生和没有补过课的学生的成绩进行直接比较。如果发现补课的学生成绩相比于未补课的学生较差,应该如何解释呢?反之,如果结果表明补过课的学生的成绩比没有补过课的学生成绩好,这个结果可信吗?

我们可以通过图 9-2 了解本案例的数据分析逻辑。

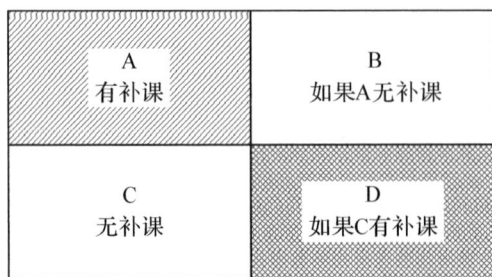

图 9-2　补课对学生成绩的影响研究中的学生分类

　　我们不能直接通过比较 A 组学生和 C 组学生的学习成绩差异,从而轻易得出补课提高(或降低)了 A 组学生的学习成绩的结论。这种说法是不严谨的,因为这两组学生可能是异质的。很可能是因为 A 组学生的成绩较差,家长感到焦虑,所以才选择送这些学生去培训机构补课。因此,尽管补课能让 A 组的成绩有所提高,但可能仍然比 C 组学生的学习成绩差。

　　在这种情况下,如果我们将 A 组学生的学习成绩与 C 组学生进行对比,即使 A 组学生的成绩较低,也不能确定补课对 A 组学生的学习成绩没有影响。因为 A 组和 C 组两组同学存在初始差异,这些差异可能由两个方面的因素引起:第一,A 组和 C 组学生在初始学习成绩(或学习能力)上本身就存在差异。第二,无法准确测量 A 组学生因补课导致的成绩变化。

　　我们的研究目的是要了解 A 组同学在补课前后的成绩是否有变化,然而,目前收集到的数据无法清晰地区分哪些成绩差异是完全由补课造成的。因此,在进行比较和分析时,需要注意这些潜在的差异,以免得出错误的结论。

　　为解决这个问题,最理想的方法是将 A 组学生补课前后的成绩进行对比。因此,我们可以假设如果 A 组同学没有去补课,他们的状态就是 B 组,而 B 组同学是一个想象出来的组。在这种情况下,通过比较 A 组学生和 B 组学生之间的成绩差异,就可以得出补课对学习成绩的影响。同样,也可以假设 C 组学生补过课,他们的状态是 D 组,这样通过比较 C 组学生和 D 组学生的成绩差异,就能得到 C 组学生补课的效果。然而,非常遗憾的是,我们无法观察到 B 组学生和 D 组学生,这是两个虚拟的组。

通过问卷调查,我们只能观察到 A 组学生和 C 组学生。但我们不能通过简单比较 A 组和 C 组学生之间的成绩差异,来解释补课对学习成绩的影响,这种问题只能通过复杂的计量经济学方法进行度量,很难通过简单的计算得出结论。

9.2 变量难以加总分析

如果问卷中问题无法加总,通常是由于问卷设计存在问题。例如,在调查种植业大户时,我们经常询问他们"对您家而言,最大的风险是什么,并进行排序",然后,农户会按照要求逐一回答,例如回答"最大的风险是养老问题,第二大的风险是自然灾害,第三大的风险是大病问题等"。当问完 100 个农户之后,很多研究人员的分析方法都是将农户选择最大风险的次数进行加总,以确定哪个风险最为突出。然而,这种加总方法是不科学的。

以班干部评选为例。对于班集体而言,如果班干部有能力、有服务精神,班集体就会更加有组织、有纪律,班级氛围也会更加活跃,因此,强有力的班委对班集体而言非常重要。通常而言,有两种评选班干部的方法:第一,采用民主选举的方式,从选举班长开始,候选人进行逐一的竞选,由全班同学投票,得票最多的候选人当选为班长。第二,一起选出班委会,让同学们写下几个他们认为合适的同学名字,得票最多的几位同学成为班干部,然后再从班干部中选出班长。

这两种方案实际上都是从班级中选出 1～5 名学生,通常会让每位同学选出 1～3 名学生,然后将这些选出的学生名字写下来,最后进行加总,得票最多的学生将成为班干部。

然而,这种简单的加总方案并不完美。举个例子,假设有三个候选人 A、B、C,A 在班长选举中获得 15 票,B 获得 13 票,C 获得 10 票。但是,选 C 的 10 个人中,他们认为 C 是班长的第一人选,B 是班长的第二人选。在这种情况下,最能代表民意的人,应该是得票最高的 B。如果按照前面的选举规则,A 会被选为班长。在这种情况下,无论同学们选几个同学,在加总时都会遇到这种问题。

如何解决这个问题呢?一个可选方案是让每位同学对所有候选人进行打分,而不是直接进行排名,例如第一、第二和第三名。每个人最多只能分配 15 分给 A、B、C 三个人。如果某人给出的分数超过了 15 分,则他的选举无效。然后,我们将同学们打出的分数按候选人进行加总,得分最高的几位同学将当选为班干部。这种方法的优点在于考虑到了每位同学对候选人选举时的权重,相对于前面的选举规则更为公平,也解决了传统选举结果不容易加总的问题。

此外,设置班干部竞选的机制时还应该考虑两个问题,第一,得分最高的人往往人缘比较好,但未必适合担任班长,但班长一定是选票最多的人之一。第二,如果选出的班长不合适需要换届,第二个当选的同学可能很难获得足够的威信。

考虑到这两个问题以后,我们可以采取一个新方法,班级只选出一个由 5 名同学组成的班级委员会。根据老师的观察,以及 5 位班委时间上的特点,从中指定一位同学担任班长,其他 4 位同学担任辅助工作。班长的职位是轮值的,每个学期可能不同,但班委会的成员是固定的。这样就避免了因重新选举而导致的班长权威难以树立的问题,同时又可以在 5 名委员会成员中,选出每个学期最合适的班干部担任轮值班长。通过这样设置权重的方法，可以解决问卷设计中难以对变量进行加总的问题。

9.3　抽样错误

我们在阅读报纸和新闻时，经常会看到类似于"87％的人认为……""几乎100％的群众都同意某个方案"等说法。然而，如果这些说法没有随机抽样的基础，就是不严谨的。抽样问题经常会导致一些意想不到的错误，其中最著名的例子就是1936年的美国大选民意预测。当时，《文学文摘》这本刊物对订阅者进行了调查，结果显示拥护兰登的选民显著高于拥护罗斯福的选民。然而，实际的选举结果却是罗斯福获得了62％的选票，远远高于兰登的38％选票。在特朗普和希拉里大选时，也发生了类似情况。多个民意调查显示，希拉里将获胜，但事实上，特朗普最终赢得了选举。为何会出现这种偏差呢？

这主要与这些民调的抽样方案有关。《文学文摘》的民意调查主要面向那些订阅杂志或拥有电话的居民，而在1936年，具备这些条件的居民通常是相对富裕的群体，无法代表整个社会的整体投票意愿。

当然，问题的设计也对结果产生了一定影响。有些受访者在民意调查中可能不愿意透露真实的政治偏好，这也是本书讨论的问题之———敏感性问题测度。同时还存在　个有趣的现象，某个小地区的选举结果与全国大选结果非常相似，这很可能是因为这个小地区具有与总体相似的某种特征，当然，这个现象是非常偶然的。

下面我们探讨问卷设计和调查中涉及的抽样问题。实际上，我们可以选择随机抽样或方便抽样的设计——并没有绝对错误或绝对正确的抽样方式，但我们需要对非随机抽样调查结果的局限性有清晰的认识。

以民众对转基因的态度研究为例。目前,转基因问题是社会舆论的焦点之一。公众对于转基因持有各种不同的观点,但到底有多少人支持或反对转基因,以及影响人们对转基因态度的因素是什么? 在进行随机调查之前,我们很难确定有多少比例的人相信或者不相信转基因,这是一个基本的统计学问题。如果问卷调查不是随机抽样的,那么由描述统计得到的结果可能会产生偏差。例如,在农村调查中,存在一个有趣的相关关系,不相信转基因的农户往往倾向于相信中医。当然,我们知道转基因和中医是两个完全不同的概念。为了验证这个相关关系的存在,我们在 Z 省和 H 省各抽取了一个县,进行了严格的随机抽样调查,目前基本验证了这个相关关系的存在。我们希望进一步了解两者之间的因果关系,因为很难判定是相信转基因导致了不相信中医,还是相信中医导致了不相信转基因。或者说这两个变量之间根本没有任何因果关系,是受教育程度或科学素养等其他因素同时影响了民众对中医和对转基因的态度,从而造成了两者的相关关系。

还有很多类似的例子,例如我们想要了解顾客对某种产品的态度。如果我们在超市门口进行抽样调查,即使最后证明了顾客对某种产品的偏好,也不能代表整个社会公众的偏好。因为我们只调查了来超市购物的顾客对商品的偏好,而那些通过互联网直接购买商品的顾客可能并不遵循这种规律。

再举一个学校管理者或者家长较为关注的例子。大学生的考研意愿和职业规划,以及这种意愿或职业规划的影响因素,我们能否通过改进教学方式或其他途径引导学生朝着更有利于个人发展的方向努力。

目前,许多学生在大学毕业时面临多种选择,有很多人考虑继续在国内读研究生,或者出国留学,还有一些学生选择直接就业或创业。那么有多大比例的学生对考取国内的研究生感兴趣？又有哪些具备创业特质的学生更适合创业呢？学校能否通过教学改革影响学生的选择呢？又该如何筛选最适合创业的学生去创业，最适合继续深造的学生继续深造呢？

为了获取这些问题的答案，我们的调查对象是在校大学生，而校园内大学生相对较为集中，所以将主要的调查地点选在大学校园内。

首先，我们选择了三个地点进行调查，第一个调研地点是图书馆。在图书馆内询问学生有关考研意愿和职业规划的问题。在这里，我们必须明确，在图书馆学习的学生，其学习态度和学习习惯很可能与不在图书馆学习的学生存在显著差异。因此，在图书馆学习的学生的考研意愿不能代表其他学生的考研意愿。

第二个调研地点是操场。在操场上，我们通过方便抽样进行问卷调查。需要注意同样的问题，经常在操场锻炼身体的学生，其考研意愿与在图书馆学习的学生是不同的。

第三个调研地点是校园内的路上，例如，在学校门口或教室门口进行方便抽样，即遇到哪位学生就询问哪位学生。在这种情况下，受访者也会有一定的偏差，因为可能有学生因为对考研没有兴趣而拒绝接受调查，是否有空闲时间也会影响学生接受调查的意愿，而空闲时间又与学生的规划有关。

总而言之，如果我们在图书馆、操场或路上进行方便抽样调查，所抽取的受访者很难代表全校学生的考研意愿和职业规划。若我们希望得到一个较为客观、符合总体的调查结果，可以在某一所大学或某一个系内，按照学生名单进行抽样，并设计抽样原则，使得每个学生被抽到的概率相同。然后对这些被抽中的学生进行调查，这样的调查结果可以较好地代表整个学校的学生对考研意愿的分布情况。当然，统计结果的准确性又取决于抽样方案的合理性和样本容量等因素。

9.4 缺乏基本变量

缺乏基本变量是问卷调查中常见的问题,在非随机调查中尤为突出。例如,我们将在高铁站进行一项服装偏好的调查,关注公众对传统与现代服装、国外与国内品牌以及颜色的偏好。对于这种问卷调查,我们通常会在火车站内随机选择某些人进行调查,但也会遇到拒绝调查的情况,导致我们的调查实际上是方便抽样。这样的调查方法存在较大的问题,因为缺乏基本变量会影响结果的代表性与可靠性。缺乏基本变量主要分为缺乏基本人口学变量和缺乏重要的解释变量两种情况。

9.4.1 缺乏基本人口学变量

首先讨论缺乏基本人口学变量的问题。以关于垃圾分类问题的调查为例。在小区内进行调查时,我们向居民询问"您打算如何处理您的垃圾,您是否知道应该将什么样的垃圾放在何种垃圾桶里",这种调查采用的也是方便抽样方法。在方便抽样中,我们的统计结果,尤其是描述性统计结果,很大程度上取决于样本分布情况。因此,在这种情况下,如果我们没有将一些基本的人口学变量纳入调查,那么所得的结论实际上无法解释任何问题。

例如,在小区进行问卷调查时,接受调查的受访者基本都是80岁以上的老年人,这些受访者可能因为年龄较大,对垃圾分类的某些具体方法并不清楚,但并不能代表整个小区的居民。又如,如果我们在白天进行问卷调查,接受调查的受访者大多是没有工作且待在家里的人,这些人的认知可能与有工作的居民群体不同,对垃圾分类的了解也会有所不同。因此,类似于年龄、工作状态等基本人口学变量很重要。再者,性别也是一个重要的人口学变量,因为调查对象对服装的偏好可能会有显著的性别差异。

在没有随机抽样的条件下,我们可能会采用方便抽样方法,但必须注意通常很多研究问题都与年龄、性别和民族等基本人口学变量相关。例如,高收入群体是否更喜欢国外品牌,低收入群体是否更偏爱现代服装。因此,当控制其他变量后,可以发现年龄、性别、民族等因素与人们对服装和人们对垃圾分类偏好之间的关系。如果问卷中没有基本的人口学变量,我们将无法解释这些结果。然而,目前大量的问卷调查都没有对基本人口学变量进行控制,因此这些调查结果缺乏科学意义。

缺乏基本变量主要可以分成两种情况。第一种情况,问卷中只包含作者关心和想研究的问题,却没有涵盖相应的基本人口学变量。第二种情况,问卷缺乏重要的解释变量。下面以街头随访小区居民对垃圾分类的看法为例,对这两种情况进行说明。

案例 9-2

街头随访小区居民对垃圾分类的看法

[1]您对垃圾分类的看法是?

A. 非常赞同   B. 一般赞同   C. 不赞同   D. 没想过。

需要注意的是,"D. 没想过"这个选项不可忽略,因为确实可能会有一些受访者没有考虑过这个问题。

在看到案例 9-2 中的这个题目后,我们可以推测该问卷的设计思路。作者可能想了解该小区居民对垃圾分类的整体看法,因此该小区的所有居民就是该研究的总体。如果调查结果要推广至全小区,那么街头随访的抽样形式是否合适?若不是随机抽样,这个调查的结论就难以推广至总体。因此无论得出何种关于总体的结论,都难以立足。

然而,如果研究人员仅希望了解对垃圾分类持赞成态度的人具有哪些特征,这种抽样方法就是可行的,而且人口学变量在此起到了重要作用。如果问卷中缺乏受访者的一些基本人口学变量,例如年龄、性别、家庭收入、子女情况等,我们则很难进行数据分析,也很难描述对垃圾分类持赞成态度的受访者所具有的特征,例如是否年龄较大的人更赞成垃圾分类,是否受过高等教育的人更赞成垃圾分类等。

换言之,如果我们希望进一步分析更深入的问题,如环保宣传对居民垃圾分类的态度或行为的影响,可以设计一些相对复杂的问题,例如,关于环保和资源再利用理念宣传对垃圾分类的影响,关于违反垃圾分类规定的罚款机制与环保宣传机制对居民垃圾分类行为的影响程度等。需要注意的是,研究这些问题的调查问卷也必须包含人口学变量。

再举另外一个例子。

案例 9-3 ·····················

[1]您觉得垃圾分类中哪些环节很难把握?
A.厨房垃圾 B.一般生活垃圾 C.有害垃圾

在案例 9-3 中,受访者可能不清楚厨房垃圾、一般生活垃圾和有害垃圾的界定标准,因此回答可能会出现偏误。在进行问卷调查时,如果有些受访者对这些问题中的某些概念不清楚,我们就需要确定具体是哪些人不清楚。如果我们通过问卷调查获得了相应的人口学变量,就可以区分不同特征的人对于垃圾分类的态度和行为差异,例如什么年龄和什么受教育程度的受访者会更容易分辨不同的垃圾分类标准。如果问卷中没有包含基本的人口学变量,研究人员将无法对调查结果进行更细致的分析,这无疑是对数据库成本的浪费。

9.4.2 缺乏重要的解释变量

下面讨论缺乏重要的解释变量的问题。有研究表明饮酒量和寿命之间存在正相关关系,即年龄越大的人,饮酒量越大。这样可能会给读者造成一种错觉,即饮酒可以导致长寿。出现这个分析结论,可能是因为我们忽视了一个重要的变量,即受访者的健康状况。如果我们控制住健康状况这个变量,年龄和饮酒量的正相关关系可能就不那么显著了。因为,身体越健康的人,饮酒量通常越大,寿命又通常比较长。反之,那些身体不健康,同时又大量饮酒的人,实际寿命相对较短,可能很早就去世了。所以,当我们看到年龄越大饮酒量越大这个结论时,实际上是一种幸存者偏差,因为我们没有搜集到那些大量饮酒并且过世的人的数据。所以,如果关于饮酒与寿命关系的研究缺乏非常重要的解释变量,例如健康状况时,年龄和饮酒量之间可能会出现伪相关关系,并不能说明饮酒可以导致长寿。事实上,已有研究表明,最佳饮酒量是零,不存在适度饮酒的说法,这篇文章发表在著名的医学期刊《柳叶刀》上。[13]

因此,在设计问卷时应当注意:第一,人口学变量非常重要。第二,不能遗漏某些非常重要的解释变量。例如,在分析饮酒量与寿命之间的关系时,健康状况这个变量非常重要,如果缺失了这种变量,可能会导致伪相关问题。

9.5 问卷过于冗长

在随访或者随机调查中,调查问卷最好让受访者在 25 分钟内完成。当然,问卷调查的时间可以有所变化。研究人员往往会在前期进行大量工作。以 CHARLS 为例,在调查开展之前负责人会与当地的基层政府和居委会联系,请被调查地的居委会或村委会发送信函通知受访者即将进行调查的信息,同时告知受访者参与调查可能获得的报酬。如果做足了前期准备,问卷长度则可以适当延长,有的问卷调查甚至可以延长到4~5个小时。但是,对于我们的研究而言,问卷的长度还是不宜过长。若受访者回答问卷的时间过长,访问效率可能会较低。例如,在火车站进行问卷调查,25分钟的问卷可能就会被认为很长;如果通过电话进行问卷调查,访问时间超过5分钟,受访者就可能失去耐心,并不再愿意回答问题。即使是入户调查,如果前期的准备工作不充分,或者支付的报酬不够高,受访者也可能不太愿意配合调查。

因此,最理想的问卷就是当受访者听到问题后,无须进行任何复杂计算,就能快速直接回答。换言之,受访者回答问题的速度快,就意味着问卷问题设计得好。如果受访者回答问题时需要深思熟虑或进行复杂计算,问卷调查结果出现偏差的可能性就会增加。因此,在设计问卷时,需要将受访者面对的问题简化。如果涉及需要复杂计算的问题,则可以由研究人员完成后续的计算工作,受访者仅需提供关键信息即可。另外,在问卷调查结束后,我们也可以将受访者提供的信息录入计算机,由计算机进行计算,这样可以提高调查效率。

此外,还有一种避免问卷过于冗长的基本方法,就是在设计问卷时,充分考虑每一个问题的使用方式。换言之,我们不能简单地按照序号排列问题。相反,我们需要在设计问卷时首先列出研究提纲,明确研究目标,确定基本因变量和自变量,以及其他控制变量、中介变量、代理变量和工具变量等。在研究提纲中确定了基本变量之后,我们会明确问卷中每个问题对应的变量,以及这些变量在数据分析环节的作用。

问卷调查结束后,在数据分析环节,通常需要进行描述性统计分析。通过描述性统计分析,可以对研究问题有一个概括性的描述,向读者展示研究对象的基本信息。例如,可以描述随机抽样得到的受访者的年龄分布、基本收入分布以及居住地分布(山区、平原或丘陵等)情况。通过对这些信息的描述,可以为读者提供一个场景,使他们在阅读研究文章或调查报告时,可以构建出调查对象的基本特征。

此外,我们还需要解释一些基本政策,例如计划生育政策、农业保险政策、精准扶贫政策和乡村振兴政策等,对这些信息进行描述有助于向读者展示调查研究的背景。

在这个前提下,我们研究中最重要的仍然是回归分析。回归分析的目的是进行因果关系的分析,因此我们必须明确进行回归的基本变量(自变量和因变量)。例如,我们想了解购买农业保险是否会影响农民其他的风险防范行为,具体表现在是否会使其减少使用疫苗或增加饲养生猪的数量。在此问题中,疫苗使用量和生猪饲养量是因变量,那么自变量是什么呢?其中一个关键自变量是农户是否购买了农业保险。此外还需要考虑一些基本的控制变量(年龄、性别、收入,以及既与自变量相关又与因变量相关的变量等等)。

因此,我们可以围绕因变量建立回归方程。例如,我们关注的是疫苗使用量,可以研究农民购买农业保险对疫苗使用量的影响。但是,在这个问题中,疫苗使用量和购买农业保险的行为都受到个人风险态度的影响,自变量和因变量之间可能存在相关关系,但不一定是因果关系。因此,我们的研究目的是识别何时"购买农业保险"真正地影响了"疫苗使用量",从而找到农业保险的实际作用,形成一个有意义的故事。由此,做研究实质上就是在讲故事。

在设计问卷时,通常需要设定时间限制,确保受访者在25分钟内能够完成问卷。同时,需要考虑如何在短时间内高效地获取所需变量，并构建有效的研究场景。只有达到这个目标，我们的研究才能比较成功。

表 9-3 是一个统计报表式的调查问卷。

表 9-3　统计报表式问卷案例

家庭成员	姓名	年龄	教育程度	职业	工作地点	月收入	是否党员
1							
2							
3							
4							
5							
6							

有些调查问卷是以表格形式呈现的，这些表格看起来简短、整齐醒目、条理清晰。然而，以表 9-3 为例，实际上每个人完成这个表格可能需要 5～10 分钟，假设一个受访家庭中有 6 个人，我们就需要询问 6 个人，每个人需要回答 7 个问题，意味着总共要提问 42 个问题，才能完成该表格，且需要相当长的时间。因此，在问卷调查的过程中，我们应当尽量避免使用表格形式进行提问。

以农业保险对家庭收入的影响研究为例，实际上我们更关注家庭决策者的基本变量，而并不是其他家庭成员的情况。或许我们会询问受访者"您家受教育程度最高的是谁"，通常不会包括学生，因为学生往往并没有真正地参与实际生产过程中。我们需要有针对性地选择特定的人进行提问，从而缩减问题的范围。需要注意的是，问卷的冗长指的是回答问题所花费的时间，而不仅仅是指问卷的篇幅。有些问卷看起来很短，例如表 9-3，但实际回答所需时间可能很长。

9.6　未明确研究的主题和方法

　　明确研究的主题和研究方法是问卷调查的一个关键步骤。否则在进行问卷调查时,设计出来的问卷的使用效率可能较低,难以令人信服。通常情况下,优秀的问卷设计是建立在问卷设计者的经济学分析和数据处理能力的基础上的。因此,问卷设计者对问题的分析必须透彻,对计量经济学方法必须熟练,这样设计出的问卷才会更加成熟,才能解释自变量和因变量之间的因果关系。

　　在调查问卷的设计阶段,我们通常会邀请来自不同领域的专家,尤其是一些计量经济学领域和统计学领域的专家,甚至包括被调查地区的干部,一起参与其中,以结合不同视角的建议,设计出更完善的调查问卷。下面举几个例子进行说明。

9.6.1　小额贷款还款率问题

　　第一个研究案例是关于小额贷款的还款率问题。在发展中国家,小额信贷是帮助农户发展生产、摆脱贫困的重要方式,也是一种公共政策。我们在 N 省和 S 省的调查中发现,很多小额贷款发放后,农户的还款率较低,坏账率很高。但是,在 H 省的A 县,农户还款的比例则很高,坏账率很低。

　　在本案例中,我们关注的是影响农户还款的因素,同时我们还关注一些更重要的问题:在不同地区,特别是中国的中西部地区,小额信贷对农户脱贫有多大影响? 它是否能使建档立卡户更快地脱贫? 在受教育程度、健康状况等因素相同的情况下,为贫困群体增加一些小额贷款,能在多大程度上降低贫困率?

　　在设计问卷时,我们需要考虑以下问题:是否仅有一部分人获得了贷款,另一部分人并没有获得贷款? 如果我们只分析获得贷款的人，那么我们只能了解到这些已贷款的农户的还款特征，无法了解那些没有贷款的农户的特征——如果他们获得了贷款，影响还款的因素是否与已贷款的农户相似？我们缺乏这些农户的基本信息。

银行只能观察到贷款农户的行为，而无法观察到没有贷款的农户的行为。因此，通过银行的观察数据得出的估计结果并不能代表所有精准扶贫户，也不能代表全国农民的情况。获得贷款的农户和未获得贷款的农户之间可能存在差异，例如获得贷款的农户更倾向于承担风险，更有可能无法按时还款；未获得贷款的农户可能是因为不愿意贷款，这些人通常更偏向规避风险，破产的可能性也较小，因此这些人如果贷款，其按时还款的可能性更高。因此，在明确研究主题后，我们也需要考虑调查没有贷款的农户，并采用适当的研究方法解决这个问题。

在本研究中，只能观察到已贷款的农户的还款意愿，而无法了解未贷款的农户的还款意愿。为了解决这个问题，我们可以考虑采用两阶段的模型，例如使用样本选择模型（Heckman 模型）。这样可以回答"没有贷款的农户，如果贷款，他们的还款行为会如何"这类问题，使我们的研究更加完整。如果我们没有调查未贷款的农户的信息，研究结果就会显得不够全面。

另外，如果研究一些生产规模较大的农户的生产行为，也不能仅调查生产规模较大的农户。例如，当我们想研究新型农业生产主体面临的风险以及政府政策对其产生的影响时，有的研究人员可能会选择调查几百个甚至几千个大农户的生产行为，但这在逻辑上是不正确的。我们要么需要找出一组没有受到政策干预的大农户作为对照组，要么必须找一些小农户作为对照组。然而，大农户和小农户本身就存在较大差异。因此，我们可以运用一些回归方法，例如断点回归，比较分析断点附近的大农户和小农户在政策干预前后的差异。

综上所述,如果我们掌握更多的研究方法,设计出来的问卷就会更有趣,识别能力也会更强,也会得到更精彩的结果,这样的研究将更加丰富和全面。

9.6.2　新农合对农户就医行为的影响

第二个研究案例是关于新型农村合作医疗(以下简称新农合)对农户就医行为的影响,即农户购买了新农合后,其就医行为是否会发生变化。需要注意的是,如果我们直接问受访者"购买了这个保险后,您的就医行为有没有变化",这样的问法显然是不合适的。我们需要观察其是否受到影响,而不是农户自己来陈述。相反,我们可以询问一些相关问题,例如"您看病的花销是多少? 您去了几次医院? 如果您生病了,您会在家里忍几天"。通过这些问题,我们可以比较没有购买新农合的人与购买了新农合的人之间的相关变量,以确定两者的就医行为是否存在差异。

此外,在问卷调查中通常需要明确时间跨度。例如,如果我们询问"您最近去了几次医院",由于每个人对"最近"的理解是不一样的,这种问法得到的调查数据口径可能并不相同。又如,询问受访者"您今年看了几次病",因为有的受访者用的是阳历年,有的受访者用的是阴历年,因此在这种情况下大家回答的口径也会存在差异。但如果我们问的是最近一个月,这样就可以向受访者明确界定时间跨度。例如,可以询问受访者"最近一个月您去医院的看病频率是多少",身体不好的人在最近一个月内看病的频率较高,其在一个月以前看病的频率也会相对较高。因此,当在问卷中清楚体现时间跨度时,我们的研究数据将会更加"干净",因为每位受访者回答的都是同一时间跨度的情况。

另外,我们需要明确自变量和因变量。如果我们假设农户购买了新农合后,看病的花费可能会增加。对于因变量的测量,我们可能会询问受访者"购买了新农合后,每次生病时,您会在家里忍几天才去医院"。通常情况下,农户购买了新农合后可以报销医疗费用,其生病后在家里忍耐的时间可能会缩短,这是我们的一些基本假设。此时,因变量即为"忍耐时间",而自变量则是"是否购买了新农合"。

同时,我们还需要加入一些控制变量,例如,不同年龄的人看病的花费是不同的,不同自我健康评价的人看病的花费也是不同的,甚至不同受教育程度的人看病的花费也可能不一样。在这种情况下,我们需要注意,加入的这些控制变量一定要既与看病花费相关,同时又与关键自变量相关。将哪些因素作为控制变量,也是我们在问卷设计中需要考虑的问题。

在考虑需要哪些控制变量时,通常还要注意是否存在内生性问题。例如,对于看病花销较高的人,由于其身体状况本身较差,可能更倾向于购买新农合,所以不能简单地将新农合与看病花销之间的关系归为因果关系。因此,如何选取合适的调查样本是一个较为复杂的问题。

为了解决这个问题,通常会采用以下方法:根据不同地区加入新农合的时间差异,将尚未开展新农合的地区作为对照组,将已经实施新农合的地区作为实验组,然后将实验组和对照组进行对比。在这个过程中,我们会加入一些控制变量,以消除其他因素对结果的干扰。通过合理地选择样本和控制变量,能够更准确地研究和评估我们所关注的因果关系。

因此,在这个案例中,在明确了研究主题之后,接下来的基本思路就是:首先,明确研究的基本变量,若要研究新农合对农民就医行为的影响,就需要准确定义"就医行为"。其次,找到那些没有加入新农合的农户并将其作为对照组。最后,比较两组人就医行为的差异。

9.6.3 新农合的绩效评价问题

第三个研究案例是关于新型农村合作医疗的绩效评价问题。

近些年来我国在新农合政策上已经投入了 2 万亿元人民币，那么新农合到底有没有对农户的健康状况产生影响呢？这实际上是一个国家财政投入的绩效评价问题。如果我们发现新农合显著地提高了农户的健康状况，意味着这个财政补贴是有效的，那么提高的程度有多大呢？即财政补贴每多投入 1 元，农民的健康会产生什么样的变化？这个研究对于提高国家财政资金的使用效率具有重大意义。当然，在这个研究中，除了考虑新农合对农户健康状况的影响，还会考虑新农合对就医行为的影响。

这个研究中的因变量是农户的健康状况，自变量是农户是否加入新农合，研究问题是加入新农合后，农户的健康状况是否会发生变化。需要注意的是，这里的"变化"既包括了前后的变化，也包括了同时期的变化。前后的变化指农户在加入新农合前后的健康状况变化，同时期的变化指未参加新农合的农户和已参加新农合的农户之间的差别。对于这个问题，从 2010 年开始，我们做了很多年的研究，但是一直没有发现新农合对农户的健康状况产生显著的影响。为什么农户购买了新农合以后，他们的健康状况没有发生变化呢？在之前的研究中，我们发现，如果农户购买了新农合，他们每次生病在家忍耐的时间会缩短。从这个角度出发，我们认为农户的福利得到了提高。但是，我们最关注的农户健康状况（例如自评的健康状况，或者通过具体的医疗指标来进行衡量的健康状况），却没有非常显著的变化。

后来，有一篇文章讨论了这个问题(Sylvia et al.,2015)。研究人员在经过了斯坦福大学伦理委员会的批准后，进行了一项经济学实验。他们选择了几个在中国 S 省的农户，伪装成痢疾和心绞痛病人，然后随机抽取了 S 省内的一些乡村诊所，调查时他们询问这些乡村诊所的医生"您在看到和听到病人的这些疾病特征时,您认为这个病最可能是什么"。研究结果表明,在乡村诊所中,对两种病的误诊率非常高,达到了40%以上。

这意味着即使农户购买了医疗保险,但就诊的医生技术水平并不高,很可能会导致其医疗保险对健康状况的影响并不显著。换言之,农户的健康状况有没有发生明显的变化,可能是由基层医疗机构的技术水平决定的,而不是由是否购买了医疗保险决定的。Sylvia et al.(2015)的研究结果表明乡镇卫生机构的诊疗水平较低,这意味着"看病难"可能是农村医疗改革的方向之一。所谓"看病难",是指在某些地区内合格或合适的医生较少,有效的医疗供给可能不足,分级诊疗存在许多困难。如果社区或乡镇卫生机构的医生技术水平较低,即使是小病,当地居民或村民很可能也会选择到大医院就诊,这对分级诊疗造成了极大挑战。但是,如果该数据只是说明在某些不发达的省份可能会出现这种情况,那么在大城市中可能不适用。例如,现在很多三甲医院的诊疗水平非常高,而且国家和地方对三甲医院的财政投入也很高。很可能是向大城市里三甲医院投入过多,从而导致对乡镇卫生机构投入不足。因此,可以通过问卷调查做相关研究,为我们提供更多有助于政策调整的信息。

9.7 部分样本访问不到

9.7.1 导致样本访问不到的原因

导致样本访问不到的原因主要有以下三点。

第一个原因,抽样阶段与实际调研阶段存在时间差。在随机调查中,我们通常会通过样本总体得到抽样框,并随机抽取所需的样本,然后对样本进行调查。然而,抽样阶段和实际调研阶段可能存在一定的时间差,从而使得在实际调查中有些样本已经不存在了。例如,2009年我们在Z省的A市进行了一次关于养猪户生产行为的调研,通过普查发现A市共有10003位养猪户。我们采取了分层抽样的方法,每7位农户抽取一个样本,一共抽取了1429位养猪户,欲对其进行问卷调查。然而,在2010年的实际问卷调查中,我们只调查到了1300位养猪户。这是因为有些养猪户在2009年末或2010年初已经退出了养猪行业,不再养猪了。因此,在实际的调查中我们无法访问到这些刚退出养猪行业的农户,这些样本的缺失就是由抽样和调查阶段存在时间差导致的。但是通常情况下,这样的样本缺失不会对研究结果产生影响。

经过梳理,我们整理了2018年该项调查中未完成问卷的名单及原因,详见表9-4。我们可以看到第一行问卷编号为1011的刘某某,未参加调查的原因是自称家太远无法前来;第二行问卷编号为1012赵某某,由于上班不在家而未参加调查;第三行问卷编号为1018的赵某某则因不再养猪,而未参加调查……因此,通常需要将调查不到的样本整理成表格,以确定未调查到的受访者和可能不需要调查的受访者。然而,对于我们的研究而言,即使受访者不再养猪,仍会对其进行调查,因为我们的研究问题是哪些人在退出养猪行业后会重新开始养猪。通过连续跟踪6~8年,可以分析影响某些人进入或退出养猪行业的因素,这是一个生产行为问题。

第二个原因,在调研期间未能访问到特定的受访者。受访者的工作时间可能与问卷调查时间有冲突,导致在调研期间内无法调查到特定的受访者。因此,我们需要注意以下问题:首先,在农忙时期尽量避免进行农户调查,以免样本缺失过于严重。其次,尽量选择农户在家的时间进行调查,例如晚饭后等时段。每个农户的时间安排可能有所不同,若能捕捉到农户的空闲信息,将有助于提高调查的有效性。

第三个原因,一些受访者拒绝参加调查,这是最重要的问题之一。受访者拒绝调查主要有以下几个原因:第一,问卷太长,农户不愿意回答。第二,农户不信任调查者。第三,调查员的调查方式不当,例如不礼貌、措辞不当等。因此,如果我们能确定受访者拒绝调查的具体原因,就可以根据原因进行相应的调整,使受访者更愿意回答我们的问题。

表9-4　2018年**调研未完成名单及原因

问卷编码	镇	村	姓名	电话	原因
1011	**	**	刘**		家太远
1012	**	**	赵**		上班,不在家
1018	**	**	赵**		不养猪
1019	**	**	牛**		不养猪
1034	**	**	李**		在外地
1045	**	**	朱**		住院
1049	**	**	王**		不养猪
1050	**	**	王**		在外地
2003	**	**	陈**		原因不明
2006	**	**	孔**		不养猪
2010	**	**	任**		没空
2012	**	**	常**		不养猪
2013	**	**	李**		不养猪
2016	**	**	王**		不养猪
2025	**	**	王**		脑血栓
2026	**	**	王**		不养猪
2035	**	**	梁**		不养猪
2036	**	**	韩**		不养猪
3001	**	**	宋**		不养猪
3009	**	**	李**		不养猪
3038	**	**	李**		不养猪
3043	**	**	段**		不养猪
3088	**	**	郑**		实验部分题目遗漏

9.7.2　缺失调查样本带来的影响

调查样本缺失首先会影响调查的随机性,即样本不能准确反映总体特征。在第一种情况下(抽样阶段与实际调研阶段存在时间差),不会直接影响研究的外部效度;但在第二种情况(在调研期间未能访问到特定的受访者)和第三种情况(拒绝调查)下,样本缺失将对研究的外部效度产生影响。样本缺失有时并非由于完全失去样本,而是调查到的农户拒绝回答某些问题,从而影响了该样本的代表性。例如有些农户可能会拒绝回答关于收入的问题,导致相关变量大量缺失。

9.7.3　如何避免调查样本访问不到

第一,在正式调查前进行预调查。通过预调查可以了解受访者可接受调查的时间段。以对养猪户的生产行为调查为例,尽管无法涵盖所有人,但至少可以了解被调查地的受访者的一些生产习惯,例如养猪户什么时候在家,什么时候不在家。这些信息有助于我们安排后续的调查时间。

第二,需要制定研究计划和研究方案。对于因时间问题无法参加调查的受访者,我们可以提供多个时间段供他们选择,以确保调查的系统性和科学性。

第三,需要巧妙地设计问题,使用明确且易回答的方式。我们可以规避一些敏感性问题,避免引起农户的反感,并保护他们的隐私。例如,对于收入这个敏感的控制变量,可以询问受访者其家庭是否有汽车或按照收入水平(例如:1～3万元,3～6万元,6～10万元)进行提问,这样可以在一定程度上保护受访者的隐私。

第四,如果前面的方式都不奏效,我们可能需要多次上门拜访。有些受访者可能在第一次调查时不在家,这时我们需要进行第二次访问。通常情况下,我们需要多次访问一位受访者,如果三次访问他们都不在家或拒绝访问,我们才会考虑选择其他调查对象。此外,如果在第一年的调查中无法找到某个受访者,在第二年的跟踪调查中还会继续寻找。假如找到了该受访者,可以在第二年的跟踪调查中补充其数据。事实上,国内的一些大型数据库,如 CHARLS 数据库等,有时也会通过第二年或第三年的跟踪调查,补充之前未调查到的信息。

9.8　应答率问题

9.8.1　问卷应答率的概念

应答率是指调查对象中能做出回答的受访者所占的百分比。应答率包含两层含义:**第一层含义是问卷应答率,即有效问卷的回收率。**假设有 90％的有效问卷,这意味着有 10％的受访者没有回答问卷或者回答的问卷无效。这部分样本的缺失可能会影响样本的代表性。例如,如果高收入阶层不愿意参加调查,那么总体的收入水平可能会被低估。**应答率的第二层含义还包括问题的应答率,即特定问题回答的百分比。**假设有 70％的受访者回答了关于收入的问题,那么在回答了问卷的受访者中,有 30％的受访者没有回答与收入相关的问题。如果这是因为高收入群体不愿意透露自己的收入,那么调查结果将进一步低估总体的收入水平。因此,应答率在研究中扮演着重要的角色,影响着样本数据的可靠性和有效性。

9.8.2　问卷应答率对样本偏差的影响

毫无疑问,若部分受访者未回答问题,则需要考虑我们调查到的人在多大程度上能够反映总体。无论是因为拒访导致的样本缺失,还是因为拒绝回答某些问题导致的分析样本缺失,都会引起样本选择偏差问题。样本选择偏差意味着我们可能调查到了具有某种特征的人,而没有调查到不具备这种特征的人,从而导致样本无法完全反映总体。由于几乎不可能达到100%的应答率,问卷调查相对总体而言总会有一定程度的偏差,我们需要判断这个偏差是否在可接受的范围内。

以表9-4为例,我们看到最后一个问卷编码为3088的受访者,在实验部分的题目遗漏了,即该受访者已经回答了其他问题,但这个特定问题却没有回答,因此导致该问题的数据缺失了。

9.8.3 插补缺失的数据

缺失数据的插补是统计学上一个相当复杂的问题,近年来已经涌现了很多种方法以处理缺失数据。例如,删除个案,即如果某个问卷中我们需要的变量缺失,那么就删除整个样本的所有信息。在进行回归分析时,系统通常会自动删除缺失值。因此,如果删除的样本量较少,研究结果仍然有效,但如果删除的样本量较大,则描述性统计将无法代表总体特征。又如,可能值插补,它通过推测最可能的值来填补缺失值,相比于删除个案法,这个方法信息丢失较少。具体而言,当遇到缺失值时,我们可以采用一些方法,例如均值插补、极大似然估计或多重插补等数学方法,以填补缺失的值。这实质上是通过数学手段进行"补充"。然而,本书不专注于深入讨论这些数学方法,而主要关注问卷调查及如何通过问卷调查来解决缺失数据的问题。

9.8.4 通过问卷调查弥补数据缺失

我们大部分调查都是跟踪调查,相对于截面数据,跟踪调查最大的优势在于它可以在一定程度上解决数据缺失的问题。因为我们有受访者的姓名、电话号码等信息,所以可以采取以下方法来处理缺失数据。

第一,调研结束后整理问卷。如果发现缺失数据,特别是人口学变量的缺失,我们可以进行分类和统计,查看缺失数据较多的问题,并进行分类。第二天,我们可以直接致电受访者,填补这些数据。电话填补数据是最有效的,因为前一天受访者刚刚进行过调查,还记得调查员,因此电话填补数据的准确率较高。

第二,在数据清理阶段,如果发现问题,可以通过电话进行纠正或确认。数据清理时,有时会发现一些异常数据,例如受访者回答"我今年121岁",或者受访者回答"家中有5万头猪"。由于我们前期掌握的数据根本没有这么大,所以肯定是受访者或调查员填写错误。在这种情况下,我们可以通过电话进行确认或纠正。但在这种情况下,操作难度相对较高,因为数据清理阶段通常在调查结束后的几个月进行,受访者可能不会及时接听我们的电话。

第三,利用跟踪调查弥补某些数据的缺失。我们可以将上一年出现问题的某些客观变量的缺失,在跟踪调查时进行填补。举个例子,第二年进行跟踪调查时,可以在该受访者的问卷里附上一张第一年的问卷,排查该受访者上一年没有回答的客观问题,并在第二年的跟踪调查中进行补充。有些问题虽然不是客观问题,但可以当作客观问题进行插补。举个例子,就风险态度而言,假设风险态度在短期内不会改变,那么对第一年没有进行风险态度实验的人,我们可以使用其第二年实验的结果,但需要在数据库中注明这一点。

小练习

一、简答题:

1. 如何处理访问不到的样本?

2. 问卷调查有哪些常见错误?如何规避这些问题?

3. 较低的问卷应答率会导致样本的选择性偏差吗?如何

处理?

4.1936 年美国大选前,《文学文摘》杂志调查预测兰登选票高于罗斯福,而事实却恰恰相反,为什么会出现这种情况?

二、判断题:

1.拒绝接受访问和拒绝回答某些问题都会产生样本的选择性偏差。　　　　　　　　　　　　　　　　（　　）

2.样本缺失影响了调查的随机性,导致样本无法反映总体特征。　　　　　　　　　　　　　　　　　（　　）

3.抽样阶段与实际调研时间差导致的调查不到的样本也会影响研究结果。　　　　　　　　　　　　　（　　）

4.内生性问题即解释变量与误差项存在相关关系。（　　）

5.受访者拒绝回答导致的样本缺失不会对研究的有效性产生影响。　　　　　　　　　　　　　　　　（　　）

6.问卷应答率是指调查对象中回答有效问卷的人所占的百分比。　　　　　　　　　　　　　　　　　（　　）

7.缺乏人口学变量将导致回归结果难以解释。　　（　　）

三、多选题:

1.本课程中所提到的基本人口学变量可以包括（　　　）。

A.性别　　　　　B.年龄　　　　　C.收入　　　　　D.教育程度

2.对于数据中存在的缺失值,可以进行（　　）处理。

A.数据插补　　　　　　　　B.删除变量或样本

C.跟踪调查补充　　　　　　D.回访补充

参考文献

[1] 李玲.分级诊疗的基本理论及国际经验[J].卫生经济研究,2018,369
(1):7-9.

[2] 罗胜强,姜嬿.管理学问卷调查研究方法[M].1版.重庆:重庆大学出版社,2014.

[3] 适量饮酒,管住嘴和不吸烟等行为可显著延长寿命[J].中国食品学报,2020,20(2):247.

[4] 适量饮酒或有益于阿尔兹海默症患者[J].食品工业,2016,37(2):91.

[5] 谢宇.回归分析[M].北京:社会科学文献出版社,2013.

[6] 谢宇.社会学方法与定量研究[M].北京:社会科学文献出版社,2012.

[7] 赵西亮.基本有用的计量经济学[M].北京:北京大学出版社,2017.

[8] Angrist J D, Pischke J S. Mostly harmless econometrics: An empiricist's companion[M]. Princeton: Princeton University Press, 2009.

[9] Babbie E R. The practice of social research [M]. Stanford: Cengage Learning, 2020.

[10] Doepke M, Zilibotti F. Parenting with style: Altruism and paternalism in intergenerational preference transmission[J]. Econometrica, 2017, 85(5): 1331-71.

[11] Gerrig R J, Zimbardo P G, Campbell A J, Cumming S R, Wilkes F J. Psychology and life [M]. London: Pearson Higher Education AU, 2015.

[12] Griswold M G, Fullman N, Hawley C, Arian N, Zimsen S R, Tymeson H D, Venkateswaran V, Tapp A D, Forouzanfar M H, Salama J S. Alcohol use and burden for 195 countries and territories, 1990-2016: A systematic analysis for the Global Burden of Disease Study 2016[J]. The Lancet, 2018, 392(10152): 1015-1035.

[13] Sylvia S, Shi Y, Xue H, Tian X, Wang H, Liu Q, Medina A, Rozelle S. Survey using incognito standardized patients shows poor quality care in China's rural clinics[J]. Health Policy and Planning, 2015, 30(3): 322-333.

[14] Wooldridge J M. Introductory econometrics: A modern approach[M]. Stanford: Cengage Learning, 2015.

案例分析

案例分析的主要目的是回顾本书中已讨论的内容,特别是在问卷设计步骤和问卷设计范式方面。需要强调的是,案例仅用于说明本书涉及的一部分知识点,并不具有进行某种研究的典型意义,仅供学习参考。此外,读者还可以通过公开数据库获取一些问卷的设计方式进行参考。

10.1 居民养老和医疗情况调查

第一个例子是对 H 市某一个居民小区进行的关于居民养老和医疗情况的调查,见案例 10-1A。在调查之前,我们首先要进行深度访谈。深度访谈的目的是获取并进一步理清研究问题,明确主要研究目标。例如,对于老年人的访谈提纲包含了 8 个问题,但是在进行正式调查时,问题可能会增加到 20~30 个。

案例 10-1A

深度访谈提纲——老年人的访谈

[1]您平时身体情况怎么样?

[2]您在生活上遇到问题会向他人或者社区求助吗?

[3]社区工作人员有经常上门走访吗?平时和社区联系多吗?

[4]平时社区组织的活动多吗?您参不参加?

---

[5]您对社区组织的活动有没有什么意见建议？

[6]您对社区的各种养老服务了解吗？

[7]您对社区的服务评价如何？

[8]您觉得这些服务能满足您的需求吗？有什么意见建议？

通过这些问题，研究人员的主要目的是了解哪些人经常向社区工作人员寻求帮助，以及有哪些因素阻碍了社区的老人向社区工作人员寻求帮助等问题。因此，在进行深度访谈时，我们基本上可以获得一个大致的、定性的了解。

在深度访谈之后，我们又对社区的书记和工作人员进行了一次访谈，见案例 10-1B。

案例 10-1B

深度访谈提纲——社区党支部书记及工作人员的访谈

[1]请简单介绍一下目前社区的养老服务内容。

[2]社区有没有组织老年人的活动？

[3]社区有没有老年人的活动场地？

[4]很多老年人希望社区建立老年食堂，您对这个意见了解吗？社区有什么行动吗？

[5]作为社区工作人员，您对老年服务工作有什么看法吗？

[6]本社区的老年人有没有向您反映他们的需求？有哪些？

通过对社区党支部书记及工作人员的访谈，我们基本上可以了解社区目前的状况，因此在设计问卷时会更加具有针对性。

下面就是我们设计的问卷，首先是问卷的引导语，见案例 10-1C。

案例 10-1C

问卷引导语

2018年居民养老和医疗情况调查问卷

各位居民朋友,您好!本研究受××基金委员会资助,对Z省H市老年人养老和医疗情况进行调查,了解居民需求,以利于更好协助相关部门改进国家养老政策。您回答的信息仅用于科学研究,我们会严格按照相关要求进行保密。如在问卷调查中有疑问可直接联系:×××,电话×××××××××××。

所以,在问卷的引导语中,我们需要明确介绍本研究的资助机构、研究目的,以及强调研究数据的严格保密性。如果受访者有任何问题,可以直接联系研究人员。通过这样的引导语,可以更清楚地向受访者解释调查的信息。

接下来,是本书反复强调的,在进行问卷调查时必须询问的人口学变量。例如在这份问卷中,第一部分是关于受访者的基本情况调查,见案例10-1D。

案例 10-1D

基本情况

[1]姓名:_____ 年龄:_____周岁 家庭住址:_____

[2]家庭常住人口_____人(不包括在外读书的孩子或出外务工的家人) 电话:_____

[3]您的文化程度如何?

　　A.从未上过学　B.小学　C.初中　D.高中

　　E.大专及以上

[4]您 A.是　B.否 党员

　　您的户口:A.非农业户口　B.农业户口

---

[5]您的健康情况如何?

    A.非常好 B.很好 C.一般 D.不太好 E.很不好

[6]您平时抽烟吗? A.是 B.否

    您平时喝白酒吗? A.是 B.否

    今年喝醉过吗? A.是 B.否

[7]您平时和谁一起居住?

    A.和子女住 B.独居 C.和老伴住 D.住养老院

    E.其他

[8]您目前有几个健在的孩子:儿子_____个;女儿_____个

第一个问题首先询问了受访者姓名、年龄和家庭住址等信息。因为此问卷调查是跟踪调查,在知晓姓名和家庭住址后,才能在第二年或第三年进行跟踪调查。接着,第二个问题是关于家庭常住人口以及电话号码,以确定该家庭的居住人口基数,并获取跟踪调查过程中至关重要的联系方式。第三题是关于受访者的受教育程度,这也是一个基本人口学变量。第四题涉及政治面貌和户口类型,需要注意党员身份可能对其经济行为产生影响,因此该问题也很重要。第五题询问受访者的健康状况。第六题询问受访者的抽烟、饮酒情况,这些变量主要用于衡量受访者的风险态度。第七题是关于受访者平时与何人一起居住的,需要注意,此类问题的回答必须覆盖所有可能情况,以确保在实际调查中受访者能够正确回答。最后,第八题是"您目前有几个健在的孩子",由于该研究与养老问题相关,因此子女的数量非常重要。以上大部分问题都是客观问题,通常较易回答。在有限的时间内,多问客观问题有利于获取更多信息。

下面,我们询问了受访者的健康情况,见案例 10-1E。

案例 10-1E

健康情况

[9]您是否患有以下疾病?

高血压病	是	否
高血脂或低血脂	是	否
糖尿病或血糖升高(包括糖耐量异常和空腹血糖升高)	是	否
癌症等恶性肿瘤(不包括轻度皮肤癌)	是	否
慢性肺部疾患如慢性支气管炎或肺气肿、肺心病(不包括肿瘤或癌)	是	否
肝脏疾病(不包括脂肪肝、肿瘤或癌)	是	否
心脏病(如心肌梗死、冠心病、心绞痛、充血性心力衰竭和其他心脏疾病)	是	否
中风	是	否
肾脏疾病(不包括肿瘤或癌)	是	否
胃部疾病或消化系统疾病(不包括肿瘤或癌)	是	否
情感及精神方面问题	是	否
与记忆相关的疾病(如老年痴呆症、脑萎缩、帕金森病)	是	否
关节炎或风湿病	是	否
哮喘	是	否

需要注意的是,本调查问卷包含了一张表格,包括对受访者是否有高血压、高血脂或低血脂、糖尿病或高血糖、癌症等疾病的提问。虽然表格的题项看起来很多,但实际上回答起来非常简单,只需在后面的"是"和"否"选项中选择即可。因此,调查员在询问时可以非常快速地完成这张表格,这些问题基本上也都是一些客观问题。

该问卷的第二部分是社会交往问题,也是本研究所关注的重点领域。为保护知识产权,本书仅对部分闪光点内容进行展示。

案例 10-1F ··

社会交往问题

[21]您多长时间见到孩子?

A.差不多每天　B.每周2~3次　C.每周一次　D.每半个

月一次　E.每月一次　F.每三个月一次　G.每半年一次

H.每年一次　I.几乎从来没有　J.其他

[22]您和孩子不在一起住的时候,您多长时间跟孩子通电话、

短信或者微信?

A.差不多每天　B.每周2~3次　C.每周一次　D.每半个

月一次　E.每月一次　F.每三个月一次　G.每半年一次

H.每年一次　I.几乎从来没有　J.其他

[23]您有多少关系密切,可以得到支持和帮助的朋友?

A. 一个也没有　B. 1~2个　C. 3~5个　D. 6个及以上

[24]您与邻居的关系如何?

A.互相之间从不关心,只是点头之交

B.遇到困难可能稍微关心

C.有些邻居很关心您

D.大多数邻居都很关心您

　　案例 10-1F 中的这些问题在很大程度上既可以当作因变量,
也可以当作自变量,这取决于研究问题是什么。

　　另外,研究人员在获取认知情况的信息时,采用了一种学术
界常用的方法。

案例 **10-1G**

认知情况

[25]您觉得自己现在的记忆力怎么样？

A.非常好　B.很好　C.好　D.一般　E.不好

· 以下问题请参考：

A.很少或者根本没有(<1 天)

B.不太多(1—2 天)

C.有时或者说有一半的时间(3—4 天)

D.大多数的时间(5—7 天)

[26]我因一些小事而烦恼(　　　)

[27]我在做事时很难集中精力(　　　)

[28]我感到情绪低落(　　　)

[29]我觉得做任何事都很费劲(　　　)

[30]我对未来充满希望(　　　)

[31]我感到害怕(　　　)

[32]我的睡眠不好(　　　)

[33]我很愉快(　　　)

[34]我感到孤独(　　　)

[35]我觉得我无法继续我的生活(　　　)

[36]我希望待在家里而不愿意去做些新鲜事(　　　)

所以,在受访者回答完案例 10-1G 中的这 12 个题目之后,我们基本上可以了解该受访者的认知情况。从这个角度出发,在调查中测量抑郁、疼痛和失能程度等因素时,可以尽量采用规范的问卷方法,这样,在完成研究后就更容易与他人的研究进行比较。

综上，以关于居民养老和医疗情况的调查为例，问卷调查主要包括以下几个步骤。

第一步，进行深度访谈。 在进行深度访谈时，每位访谈员都需要制定访谈提纲。提纲的制定需要经过充分思考，这将有助于后续研究的有序进行。但是，在提问时，访谈员并不完全受限于访谈提纲，如果发现新的问题，也应及时记录并补充。

第二步，深度访谈结束后，进行问卷设计。

第三步，进行预调查。 在问卷设计完成后，进行预调查。实际上，此问卷对社区内的部分老年人进行了2～3次预调查。经过预调查，确定问卷没有问题，才会进行大规模的正式调查。

第四步，进行抽样。 在进行大规模的正式调查之前，首先需要进行抽样。由于本研究已掌握整个社区内所有住户的基本信息，故采用分层抽样的方法从4000多个住户中随机抽取了900多个样本。对于家中有老年人的住户，抽样比例较大；而家中老年人较少的住户，抽样比例较小。

第五步，进行实际调查。 实际的问卷调查采用了面对面访谈的调查方式。

第六步，收集并录入问卷。 问卷调查结束后，由调查员们收集并整理问卷，并通过软件录入。

第七步，归档并扫描问卷。 录入完成后，将原始问卷装订并归档，同时将每份问卷扫描成电子版。

第八步，清洗数据。 对已录入数据库的数据进行清洗，排除不符合逻辑的数据。对于某些不清晰的数据，通过电话联系受访者以确认。

第九步，建立数据库。 建立数据库，并为其添加必要的备注和解释。

第十步，分析数据。 对数据进行分析。

10.2 某省保险人员职业伦理研究

10.2.1 问卷设计

第二个例子是某省保险人员职业伦理研究,使用的是网络调查的形式。为明确我们的研究问题,即什么是保险职业伦理问题,影响保险职业伦理的因素有哪些等,我们先通过文献分析法梳理了保险人员职业伦理问题相关的定义、来源和准则,再根据这些内容进一步梳理我们的研究问题,确定访谈对象并撰写访谈提纲。

在本案例中,我们选择了某省 E 财险公司、C 财险公司、D 财险公司、G 寿险公司、H 财险公司、A 寿险公司、F 寿险公司等公司的中高层管理人员进行半结构化的小组访谈,访谈提纲如下。

案例 10-2A

深度访谈提纲——对保险公司管理人员的访谈

[1]保险行业口碑比较差,最主要的原因是什么?

[2]作为保险人员最重要的品质是什么?

[3]您是否认为销售保险的时间越长的员工,职业道德水平越高?

[4]保险人员的道德风险主要表现在哪方面?

[5]违反职业道德的行为主要体现在哪些方面?

[6]在比较完善的制度下,还有违反职业道德的行为存在吗?

[7]您如何看待保险行业的监管制度?

---

[8]什么样的人可能最适合从事保险工作？

[9]遵守最大诚信重不重要？

[10]您是否认可理赔是可以控制的？

[11]建设职业伦理的时候，需要考虑哪些方面？

[12]保险产品都是一样的，为什么有的保险销售人员投诉就比较少？

[13]客户将保费交给了协保员，但没有及时交给保险公司，出险之后公司说不赔。面对这种情况应该怎么处理？

我们主要希望通过这些问题，了解保险公司的企业文化、工作氛围、可能存在的职业伦理问题、影响职业伦理的因素等信息。在进行小组访谈时，我们可以初步了解这些信息，并且获取问卷调查的问题和题项。

通过阅读文献和访谈，我们大致将保险人员的职业伦理问题分为职业伦理认知和职业伦理行为两个模块。职业伦理认知包括价值观、责任感以及对违反职业伦理的行为的态度等，能够在一定程度上反映保险人员的工作氛围以及违反职业伦理的倾向；职业伦理行为包括是否曾经做过违反职业伦理的行为、做过什么违反职业伦理的行为，这能直接反映保险人员的职业伦理问题。我们可以据此基本确定本研究中的核心因变量有哪些，接下来进一步确定本研究的自变量，即影响保险职业伦理问题的因素有哪些。通过阅读文献和访谈，我们又可以把影响保险职业伦理问题的因素分为个人因素、家庭因素、企业因素以及行业因素等层面，并进一步细化为具体的变量和问题。

案例10-2B就是我们设计的问卷，首先是问卷的引导语。

案例 10-2B

问卷引导语

2023年某省财险从业人员调查问卷

各位同仁,您好!

本研究受某省保险行业协会委托,对某省保险从业人员的工作状况进行调查,旨在促进保险行业的发展,不针对某一从业人员和保险公司。

您回答的信息仅用于科学研究,我们会严格按照相关要求进行保密。

如在问卷调查中有疑问可直接联系:Z大学公共管理学院×××教授,电话:×××××××××××。×××@×××.××。

在问卷的引导语中,需要详细介绍本研究的资助来源和研究目的,同时提供研究负责人的联系方式,以便受访者有疑问时能够直接沟通。这样可以让受访者对调查的背景信息有清晰的了解。另外,由于保险人员的职业伦理问题属于敏感信息,必须强调本研究的数据将严格保密,且不会针对任何特定从业人员或保险公司。

案例 10-2C 是问卷的主体部分,首先是一定要询问的人口学信息。

案例 10-2C

人口学信息

[1] 问卷编号:_____ 工号:_____

[2] 年龄:_____ 性别:A. 男 B. 女

[3] 户口:A. 农村户口 B. 城市户口

[4] 受教育程度:A. 小学及以下 B. 初中 C. 高中及中专
D. 大学专科 E. 大学本科及以上

[5] 您 A. 是 B. 否 党员 您 A. 是 B. 否 有宗教信仰

　　这些人口学信息在研究中有两个主要用途：一方面，可以用作对被调查者进行分类比较的依据；另一方面，通过将问卷收集到的基本人口学信息与公司提供的样本的基本人口学信息进行匹配和对比，可以初步判断受访者是否认真填写问卷。由于本研究是跟踪调查，因此需要知道被调查者的工号，以便后续调查的进行。需要注意的是，由于本研究涉及敏感性问题较多，并且采用的是网络问卷形式，所以不再询问受访者的姓名。

　　在后续的数据处理中，可以通过问卷编号和工号将受访者填写的信息与保险公司提供的信息进行匹配。在保险行业协会和各保险公司的支持下，我们获得了受访者的性别、年龄、受教育程度、奖惩记录、去年的保费收入、去年的出单量等信息，与受访者填写的信息进行匹配，从而清理无效问卷。

　　在案例10-2C中，第二个问题中的年龄是自填题目，这主要是考虑到变量的精确性问题以及便于与公司提供的信息进行比较。不过，在实际操作中，特别是在网络调查中，如果年龄不是一个非常重要的变量，可以将该变量转化为分类变量并设置为单选题，以减少受访者填写问卷的时间。而第二个问题中的性别则是单选题。第三到五题涉及受访者的户籍类型、政治面貌和宗教信仰。需要特别注意，户籍信息可以作为一个衡量受访者社会经济地位的指标，也可能会影响受访者的职业伦理。党员的身份和宗教信仰也很可能会对保险人员职业伦理产生影响，因此，这些问题的重要性不容忽视。

　　案例10-2D，我们询问了受访者的家庭背景。

案例 10-2D ·················

家庭背景

［6］婚姻状态：A. 未婚　　B. 已婚　　C. 丧偶或离异

［7］子女数量：A. 0　　B. 1　　C. 2　　D. 3及以上　　家庭总人口数（同灶吃饭的人）：_____人

---

[8]您的家庭年收入大约在_____万元　您的家庭年消费支出大约在_____万元

[9]您 A.是　B.否　有共同生活的伴侣？如果有,您的伴侣目前 A.是　B.否　有从事的工作？他的收入 A.是　B.否　稳定,比您 A.高　B.低

[10]为保障家庭生活水平,您是否感觉到施加在您身上的经济压力？A.是　B.否

家庭背景信息主要包括婚姻状况和子女数量、家庭总人口数、家庭年收入、是否有同居伴侣、家庭经济压力等。因为家庭背景关系到一个人的价值观念、经济行为等,所以在保险人员的职业伦理问题研究中也非常重要。

案例 10-2E,我们询问了受访者在基本工作情况、专业水平、职业规划、团队氛围、业绩水平、企业文化感知等方面的信息。

案例 10-2E ....

其他基本信息

[11]除保险销售工作外,您 A.是　B.否　从事另一份副业

[12]您现在销售哪些保险险种(多选)？

A.车险　B.农业保险　C.信用/保证保险　D.意外/健康险
E.其他非车险　F.寿险

[13]您销售财产保险多长时间:_____(不足1年算1年)

[14]您销售人寿保险多长时间:_____(不足1年算1年)

[15]您目前总的签约客户数:

　　A._____(请填写)　B.记不清　C.不适用

[16]您2022年全年新增客户数量:

　　A._____(请填写)　B.记不清　C.不适用

[17]2022年,您有_____客户续保,有_____客户退保(若不知道,请填写999)。

[18]您近3年(2020.1—2022.12)为您和您的家人购买了_____份保险。其中,为完成业绩购买的保单有_____份。

[19]您近3年(2020.1—2022.12)换过几份工作?

　　A.0　B.1　C.2　D.3　E.4及以上

[20]您上一份工作 A.是　B.否 与保险相关。(若没换过工作,选择"是"即可)

[21]您现在 A.是　B.否 一个销售团队的领导者(团队长)。

[1]您所在公司的企业文化中 A.是　B.否 有与"职业道德"相关的说法。

[1]您 A.是　B.否 有长期(5年及以上)从事保险销售工作的想法和规划。

[1]您 A.是　B.否 学习过《保险学原理》等保险学专业方面(不包括销售话术等)课程(自学或系统学习均可)。

[2]您 A.是　B.否 参加过保险行业相关资格证书(包括但不限于保险从业资格证、保险代理人资格证)的考试。

[3]您的业绩水平在团队中的表现如何(单选)?

　　A.较高　B.中等　C.较低

[4]您团队中离开保险行业的同事一般从事保险销售工作的时间有多久(单选)?

　　A.1个月　B.3个月　C.9个月　D.13个月　E.2年以上

　　这些都是可能影响保险人员职业伦理的相关因素,包括个人因素、企业因素和行业因素等,这些因素可以作为保险人员职业伦理选择的依据进行分析,为进一步提出政策建议提供支持。同样地,我们在问卷中提出的大部分问题都是客观问题,通常比较容易回答。在有限的时间里,多问客观问题,可以让受访者提供更多的信息。

这份问卷的第二部分是认知判断问题,也是本研究关注的重点问题。例如,在问卷中调查了保险人员对于同事在工作中遵守"最大诚信"的程度、对于保险专业知识的学习、在销售过程的哪个阶段向客户说明免赔条款以及是否告知客户退保注意事项等问题,通过这些问题提供的信息可以反映保险人员的职业伦理选择。出于保护知识产权的原因,这里我们仅展示部分内容,例如帮助测度敏感性问题的认可实验。

案例 10-2F

保险人员的职业伦理问题判断的依据(财险公司)

· 网络问卷平台自动生成随机问卷,使得每个受访者有 1/2 的概率填写 A 问卷,有 1/2 的概率填写 B 问卷

对照组(A 问卷):	实验组(B 问卷):
某客户投保的车辆发生了交通事故,进入理赔环节。此时该客户的销售员有熟悉的修理厂,销售员将该修理厂介绍给客户。 您认为该行为 A.是 B.否 违背职业道德?	某客户投保的车辆发生了交通事故,进入理赔环节。此时该客户的销售员有熟悉的修理厂,销售员将该修理厂介绍给客户。(备注:销售员从中能够获利,该修理厂的修理费高于其他修理厂) 您认为该行为 A.是 B.否 违背职业道德?

在案例 10-2F 中,B 问卷与 A 问卷的差别在于 B 问卷增加了"销售员从中能够获利,该修理厂的修理费高于其他修理厂"的备注信息,由于实验组和对照组的两批人是完全随机分组的,在统计学意义上是同质的,因此可以认为 A、B 两组回答的区别只是由增加备注信息引起的。又因为在保险职业伦理领域,存在一个灰色地带,即如何通过客户资源间接获利的问题,销售员介绍熟悉的修理厂给客户是否违反职业伦理尚存在争议,销售

员介绍熟悉的修理厂给客户并且获利是否违反职业伦理也存在争议。在保险行业中往往存在一个主观的界定边界,即"获利了多少钱才算违反职业伦理"。但是如果获利的过程损害了客户的利益则肯定违反了职业伦理,保险人员对于这一边界是否足够清晰呢?为了探讨这一问题,我们设置了这样的问卷题目。可以通过比较 A、B 两组回答结果的差异,判断保险人员的职业伦理边界认知是否清晰。问卷结果如图 10-1 所示。

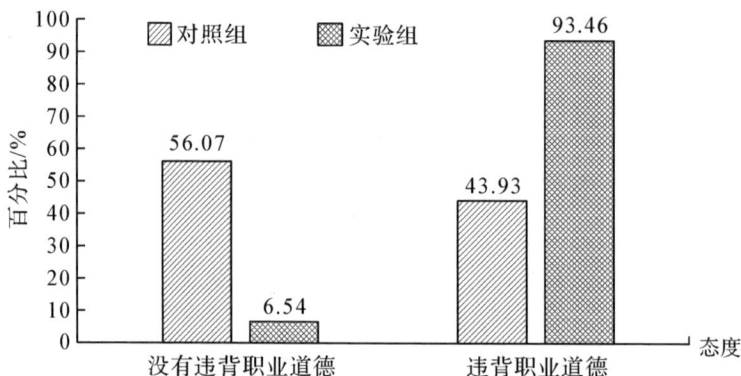

图 10-1　保险人员认可实验结果(财险公司)

由图 10-1 可知,在添加备注信息之前,有 56.07% 的保险人员认为推荐熟悉的修理厂给客户并不违背职业道德,但也有 43.93% 的保险人员认为其违背了职业道德。与访谈获得的信息一致,这两个比例非常相近,说明这个问题确实是保险职业伦理领域中的"灰色地带"。但在加入备注信息后,仅有 6.54% 的保险人员认为该行为并未违背职业道德,有 93.46% 的保险人员认为其违背了职业道德,这说明绝大多数保险人员对保险职业伦理问题的判断有一个较为清晰的界定,即"如果获利的过程损害了客户的利益,那便违背了职业道德"。

在本次问卷调查中,我们在前期访谈中发现,保险人员实际工作过程中可能存在返佣和劝说客户退掉已买保险从而购买新保险等违反职业伦理的行为。由于这种行为比较敏感,大多数人不愿提供真实的回答。因此,我们采用了经济学实验中的认可实验和列表实验的方法,尽可能减少因问题敏感性带来的回答误差,这是本次问卷调查的亮点之一。

10.2.2 调研过程及方法

1.确定研究范围

本次研究主要面向某省域范围内的保险公司。由于某省域内 A 寿险公司、C 财险公司、B 寿险公司以及 D 财险公司四家公司的保费占比和保险人员占比较高,规模较大,因此选择这四家公司进行问卷调查,获得的数据经合适的统计学方法处理后可以有效地代表某省域的保险从业人员的状况。

2.确定样本框

将四家公司 2022 年出单量＞0 的业务员名单列出来①。从公司提供的数据中提取的样本框如表 10-1 所示。

表 10-1　总样本框

单位:人

单位	业务员人数	个人代理人数
A 寿险公司	23357	/
B 寿险公司	7115	/
C 财险公司	4067	1629
D 财险公司	1414	/

3.分层抽样

由于四家保险公司保险人员的数量不同,为确保抽取的样本能够较好地代表四家保险公司的员工总体,考虑了问卷回收率等问题之后,在随机抽样时对每家公司赋予了个不同的权重。

---

① C 财险公司提供名单时未筛选掉出单量＝0 的从业人员,提供的名单中包括业务员和个人代理。

根据四家保险公司提供的员工列表,使用 Stata 软件分别依据"所属市公司"的排列顺序以及对应的抽样权重进行分组,每组随机抽取 1 个样本,使得抽取的样本具有代表性。抽样权重及结果如表 10-2 所示。

表 10-2　抽样情况

单位		总样本量/人	抽样权重	抽样结果/人
A 寿险公司		23357	50	468
B 寿险公司		7115	20	356
C 财险公司	业务员	4067	10	407
	个人代理	1629	10	163
D 财险公司		1414	8	177

4.发放问卷

由于销售险种的差异,保险人员在实际工作中会面临不同的职业伦理选择。因此,财险公司与寿险公司的问卷略有不同,比如财险公司问卷中问到"您是否认可'保险理赔是可以控制的'的观点",而寿险公司的问卷中则问到"您是否认同'寿险销售起点之一就是让新员工先去找自己的亲戚朋友'的观点"。设计好问卷后,导入网络问卷发放平台中,问卷中的两个认可实验和三个列表实验问题以排列组合的方式形成了六份问卷,软件系统将按照均等的比例随机分配给被调查者,充分实现随机调查,使调查结果更能反映总体特性。

5.回收问卷

C 财险公司的问卷自 2023 年 4 月 10 日发出,A 寿险公司、B 寿险公司以及 D 财险公司的问卷自 2023 年 4 月 11 日发出,共发出问卷 1571 份。截至 2023 年 4 月 21 日结束问卷收集工作,对收集回来的问卷进行相关处理后,得到的问卷情况如表 10-3 所示。

表 10-3　最终问卷回收结果

单位	样本量/个	回收问卷数/份	去重后问卷数/份	有效问卷数/份
A 寿险公司	468	500	445	432
B 寿险公司	356	279	272	266
C 财险公司	570	558	536	472
D 财险公司	177	196	173	171
总体	1571	1533	1426	1341

本次问卷调查问卷回收率为 90.8%[①]，有效问卷率 85.35%。无效样本清理规则如下。

第一，将受访者自填性别与公司提供信息冲突的问卷删除；

第二，将受访者自填年龄与公司提供信息相差大于 5 岁的问卷删除；

第三，重复填写的样本保留一个；工号和问卷编码都错填、无法匹配的问卷删除；将代填、多填的问卷删除；

第四，将"为完成业绩而帮家人购买保险的数量"大于"为家人购买保险数量"的问卷删除；

第五，将受访者自填销售保险的时间大于（年龄－15）岁的问卷删除。

经过数据清理与分析，得知某省保险人员的男性比例约为 25.4%，现要求估计误差为 2.5%，在 95% 的置信区间下，根据估计误差公式[②]，求得所需的样本量为 1164 个。现抽样 1571 人，有效样本数为 1341 人，有效样本数高于所需的样本量，说明数据具有可靠性。

---

① 按照去重后的问卷数计算。

② $E=Z_{a/2}\dfrac{\sigma}{\sqrt{n}}$，$E$ 是估计误差，σ 是总体标准差，$Z_{a/2}$ 的值可直接由区间估计中所用到的置信水平决定，$Z_{a/2}$ 的值和样本量 n 共同确定了估计误差的大小。

这就是问卷调查执行的案例,这里我们通过两个案例进行了简单地介绍。虽然对于不同的研究问题,问卷设计的方法也有所不同,但是问卷调查也有一些非常基础的、互通的地方。所以,大家可以多去了解他人设计的问卷,然后深入思考自己想要研究的问题,最终设计完成一份高质量的问卷。

▶ 小练习

一、论述题:

1.对于本门课程所引用的案例,你认为有哪些还存在可以改进的地方?

2.通过本门课程的学习,你有哪些收获?

后　记

　　使用问卷调查作为研究的基本工具,源自我的博士研究生期间,至今已经 20 余年。当时,我在上海交通大学跟随顾海英教授从事农业经济方面的研究工作,每天的工作就是学习经济学,以及各种定量研究方法。博士生期间,我经常做一些田野调查,亦师亦友的史清华教授是我做问卷调查的老师和引路人。2000年前,中国的经济学研究大多采取定性研究的方法,文章中出现一些图表都是很"定量"的事情。这种现象的出现主要是由于当时中国在微观数据统计工作方面还相对滞后,学者们很难获取高质量的微观数据进行研究。同时,当时计量经济学在中国的发展基础也较为薄弱,很少有学者熟悉世界上主流的微观计量方法,因此即使是做微观数据调查,也缺乏设计高质量问卷调查的能力。

　　第一,预调查的重要性。

　　我于 2002 年到上海交通大学读博士,直到 2004 年左右才开始设计第一份调查问卷。2004 年夏天,我们在上海长兴岛进行了农业保险与种植业产量间关系的问卷调查。上海财经大学的杨敬梅和孟岩同学,以及上海交通大学戴卫平同学和我一起从宝山码头乘轮渡过江并住在农户家,以农村街头随访的形式进行问卷调查,这次调查给了我太多的感悟。比如,如何去进行调查?是按照问卷的问题顺序来问,还是在农户回答后见缝插针地重新组织问题来问?我们发现问卷调查的问题顺序是非常重要的,也发现很多原本设置的问题根本不适用,这就从根本上提醒了我们"预调查"的意义。我们在办公室设计和讨论问卷时,很多情况下都是在做假设,例如,我到浙江农村了解养猪农户是否销售病死猪的问题,初始问卷设计的是"您的猪死亡后是如何处置的"。预调查中发现农户处理大猪和小猪的方法是截然不同的,这就要针对大猪和小猪分别进行问卷调查。再如,我们调查农户如何使用兽药的问题,只有走进了猪场,我才发现很多农户使用的兽药品种以及使用的方法比我们的想象更加复杂。只有对兽用抗生素滥用问题有深入的理解,才可以设计出深刻的问卷问题。

第二,如何看待被访者不如实回答问题?

在学习问卷调查时,对我冲击最大的事情是我根本无法相信被访者会如实回答问题。2004 年,上海交通大学史清华教授在山西省做了一套有关农村风险问题的调查问卷,我协助史老师认真地清理每一份问卷数据。清理过程中,我发现很多问卷的笔迹类似,而且回答的问题也大同小异,我向史老师提出来"这些问卷很可能都是乱填的"!史老师对问卷笔迹类似现象做了解释,因为问卷是调查员填写的,字迹肯定是类似的。而对于问卷回答之间的高度类似的疑问,史老师并未能够说服我,后来这篇文章发表在《管理世界》。可能是我对问卷真实性的质疑触动了史老师,史老师说了好多次:"跃华不相信这个数据,发到《管理世界》了,看你相不相信?"不过,我还是不相信,也不认为发表就能够证明数据的真实可靠性,所以,每次说到这个事情,我都要和史老师唇枪舌剑一番。不过,史老师对这个问题的解释其实是说服了我的,史老师认为农户没有义务一定要填写你的问卷,也有权利不如实回答问题,为什么你的问卷别人就要老老实实回答呢?别人不回答问题,从根本上讲是问卷设计出了问题,或者本来就不应该问某些问题,或者你的问卷不能够保护被访者的隐私。因此,问卷调查是有缺陷的,很多问题的回答受到主观因素的影响,也是不精确的。相比较而言,可以直接观察到的大数据(例如医保数据),更能反映患者行为的真实性。但并不是所有的研究都有真实可靠、可以获得的大数据支持,所以尽管问卷调查有很多缺陷,但也是一种非常重要的研究手段。

但是,问卷调查真的是有用的。经过 20 多年的农村问题研究、医疗问题调查和研究,尤其是问卷调查实践,我发现如果问卷调查的抽样方法合适、问题设计合理,数据分析的结果与调研的感受是高度统一的,而且可以更精准地理清楚问题的重要程度,发现肉眼无法发现的问题,这也是问卷调查的魅力所在。与定性研究相比,定量研究在解释问题的方法上有更强的可信度,当然定量研究的基础也离不开定性分析。

第三,定量分析的训练与问卷调查设计。

一份很好的问卷调查设计背后往往是高超的数据运用能力。因为只有了解数据是怎么用的,才可以更好、更精准地设计问卷中的问题。例如,不了解随机抽样的概念,就无法理解在一个县域内调查 500 个农户与调研 1 万个农户之间的区别,也不能够理解为什么随便抓一把农户名单不是"随机"。问卷调查最重要的点就是随机抽样,而且往往至少 50% 的调查成本是由随机抽样造成的,因为我们必须去找到指定的农户进行调查,而不是碰到哪个是哪个,也不是找不到指定农户就随便再拉个人做调查。问卷调查需要能够反映所调查区域内的总体特征,无论是简单随机抽样还是分层抽样,都要遵循科学的原则。

问卷调查的数据往往需要做因果关系识别,类似于"生猪保险是如何影响农户存栏量的""生命教育是如何影响患者死亡质量的",这就要剔除掉其他可能影响因变量的因素,精准识别自变量(例如生猪保险或者生命教育)对结果的影响。但是我们观察到的数据往往都有内生性(例如互相因果或者自我选择等)。

因此就要通过计量经济学的训练来协助我们设计问卷,例如利用断点回归模型的理念,通过不同县域或者乡镇的边界作为断点来分析不同乡镇之间的政策影响差异;再例如通过深刻理解工具变量的研究思想,在问卷调查中插入恰当的工具变量用以解决内生性问题,甚至可以直接采取准实验的方法,通过问卷调查采集相关数据。

第四,问卷调查往往是"脏活"。

十多年前,我在广州开会时认识了当时加州大学伯克利分校的博士生卢倞和杜晓雪,现在他们都已经是爱达荷大学的终身教授了。在和他们关于学术问题的讨论中,我印象最深的一句话是卢倞说,我们的关于生猪保险等问题的研究属于"Dirty Economics",用中文来表示就是脏活累活的研究。大部分学者们都喜欢在象牙塔里推导模型,搞一些高大上的研究,但是这些学者其实都知道很多脏活和累活有极其重要的意义,只是大家不愿意做"脏活和累活"。

问卷调查可能就属于这种脏活和累活。我们起早贪黑,筹集调研经费,带领大队人马下乡调研;对各种可能出现的意外提心吊胆,例如学生生病、意外风险、当地政府配合度等。忙完了这些,问卷收集上来后,还不知道进行数据分析后会呈现什么结果。往往忙了大半年,也没有得到显著的成果。这就是"脏"和"累"的含义。

但是,如果能够真正理解问卷调查,会发现这种方法不是慢,而是快!我们使用公开数据,根据别人设计的问题绞尽脑汁地思考各种各样的研究思想,往往会遇到想要的变量没有,重要的技术性问题因为找不到工具变量或者巧妙的研究设计,几个月、半年的时间转瞬即逝却毫无进展等问题。相比较而言,问卷调查是如此高效。设计了问卷之后,只要经过半个月左右的摸爬滚打,就会有一套完全符合自己需要的数据库了! 可以最大限度地将自己的研究思想和想象力发挥出来,同时在调查中还会有新的研究问题出现,形成正向的反馈。

第五,问卷调查就是记录现实。

我们如果把问卷调查理解为"拍照片",就会更形象。我们当下拍的照片,往往都是要等到 20 年后再看才会更有价值。问卷调查就是在记录每一个时刻社会的变迁,我们读过费孝通先生的《江村经济》,就会感叹 20 世纪 30 年代的中国人原来与现代人的思想差距这么大啊,也会感叹 100 年前江南的社会习俗原来和现在河南的很多习俗也差别不大啊。农业农村部固定观察点从 20 世纪 80 年代就开始对从中国大部分省份抽样的乡村进行跟踪调查,获得的这批数据很好地反映了中国的社会变迁。我访问过浙江省和河南省几乎所有的调查点,通过往年数据分析和实地观察确实有一种历史感以及国家发展的成就感。

因此,我强烈建议在进行问卷调查时,有条件的话最好能够进行跟踪调查。第一次的随机抽样工作非常重要,这样的调查就会与其他地区的调查一起形成中国社会发展和经济发展最好的"照片"和数据宝库。从 2006 年开始,我在浙江省的德清县、江山市等地,以及河南省做过大量跟踪调查,尤其是河南省。2013—2024 年,我们对济源市通过严格随机抽样产生的 1300 家养猪户进行了长达 12 年的跟踪调查,一共调查了 10 轮,形成了一套非常有价值的科学数据。在河南的调查中,济源市农牧局的党五军副局长、刘国辉副局长、黄俊克科长、李艳芬高级畜牧师、郭静同志等给予了极大的支持和帮助,同时当地 H 财险公司、E 财险公司、中原农险等机构负责人李松贞、李锋、王卫强、邢秀兵、李庆军、范洪峰、王卫华等同志也给予了很大帮助。如果不是这些志同道合的朋友帮助,我们不可能进行一套长达 10 多年的连续跟踪调查。

最后，本书的形成也感谢我所在的浙江大学公共管理学院的大力支持，以及社会保障与风险管理系诸多同仁的批评指正，尤其是有姚先国教授、李实教授、何文炯教授等大咖的加持，使得我们能够在平静、和谐与温暖的学术环境中度过美好岁月。

本书形成过程中，以下同学在校对、内容补充和行文修改等方面给予了很多帮助：李彤、向煜昕、白文晓和杨淑婷，在此表示感谢！

张跃华
于浙江大学紫金港校区
2024 年 11 月 22 日